双渠道

顾客消费行为研究

RESEARCH ON THE CONSUMING BEHAVIOR OF
DUAL CHANNEL CUSTOMERS

王亚卓◎著

新华出版社

图书在版编目（CIP）数据

双渠道顾客消费行为研究 / 王亚卓著. —北京：
新华出版社，2019.2

ISBN 978-7-5166-4440-9

Ⅰ.①双… Ⅱ.①王… Ⅲ.①消费者行为论－研究
Ⅳ.①F713.55

中国版本图书馆CIP数据核字（2019）第005656号

双渠道顾客消费行为研究

著　　者：王亚卓

责任编辑：蒋小云　　　　　　　　　　封面设计：中尚图

出版发行：新华出版社
地　　址：北京石景山区京原路8号　　邮编：100040
网　　址：http://www.xinhuapub.com
经　　销：新华书店
购书热线：010-63077122　　　　中国新闻书店购书热线：010-63072012

照　　排：中尚图
印　　刷：河北盛世彩捷印刷有限公司
成品尺寸：240mm×170mm
印　　张：16.5　　　　　　　　　　字　　数：270千字
版　　次：2019年4月第一版　　　　印　　次：2019年4月第一次印刷

书　　号：ISBN 978-7-5166-4440-9
定　　价：45.00元

目　录

上　篇

上　篇

第一章 绪 论

截至2017年6月，我国网络购物用户规模达到5.14亿，相较2016年底增长10.2%，其中，手机网络购物用户规模达到4.80亿，半年增长率为9.0%，使用比例由63.4%增至66.4%，比2016年底增长41.4%；移动支付用户规模达5.02亿，线下场景使用特点突出4.63亿网民在线下消费时使用手机进行支付。

随着网络购物地快速发展，越来越多的顾客穿梭于实体店铺和网络店铺之间进行消费行为，成为双渠道顾客。随着双渠道顾客的人数和交易量与日俱增，他们已经成为消费市场的主力军。因此，了解并熟知双渠道顾客消费行为成为理论界和实践界迫切需要解决的问题。

一、研究背景与动因

（一）研究背景

电商企业加快与实体零售企业投资合作，探索在数据、供应链、支付、物流、门店、场景、产品等全方位实现整合互通和优势互补。网络购物市场消费升级特征进一步显现。一是品质消费，网民愿意为更高品质的商品支付更多溢价，如乐于购买有机生鲜、全球优质商品等；二是智能消费，智能冰箱、动感单车等，商品网络消费规模相比去年有大幅度增长；三是新商品消费，扫地机器人、洗碗机等新商品消费增长迅猛。

除了国民人均收入提升、年轻群体成为网络消费主力等因素外，电商企业渠道下沉和海外扩张带动了农村电商和跨境电商地快速发展，使农村网购消费潜力和网民对全球优质商品的消费需求进一步得到释放，并推动消费进一步升级。

同时，以便利店为代表的线下零售业态成为市场布局热点，多家便利店企业获得巨额融资。伴随融合不断深入，线上线下边界模糊化、零售业态碎片化、消费场景智能化的全新商业形态正在形成。数据资源竞争白热化，数据安全与数据开放共享成为企业和政府面临的发展挑战。

菜鸟物流与顺丰物流数据接口之争、线上平台与线下企业开展投资合作等市场行为无不反映出数据已经成为互联网时代商业竞争中企业重要的无形资产和制高点。而企业如何获取数据以及界限，如何构建开放、公平、安全的数据信息共享机制已成为政府和企业共同面对的问题。

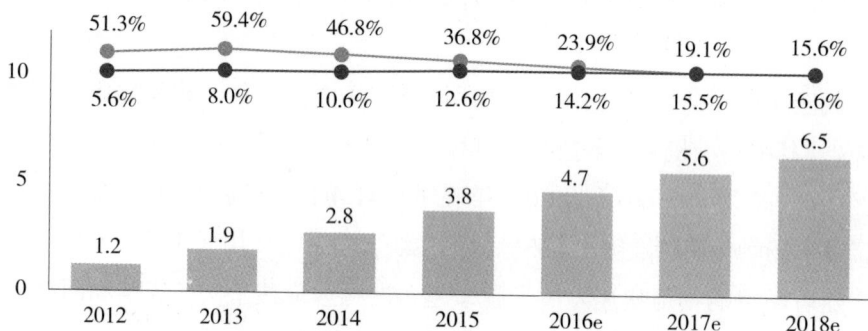

图1-1 2012~2018年中国网络购物市场交易规模

本书分析认为，网络购物行业发展日益成熟，各家网络购物企业除了继续不断扩充品类、优化物流及售后服务外，也在积极发展跨境网购、下沉渠道发展农村网络购物。在综合网络购物格局已定的情况下，一些企业瞄准母婴、医疗、家装等垂直网络购物领域，这些将成为网络购物市场发展新的促进点。

传统店铺渠道和网络渠道组成的双渠道是多种渠道组合的最主要形式，多渠道或者是混合渠道的优越性已经越来越被企业和学者认知和肯定。美国著名Double Click市场调查机构进行的一项调查中，发现美国顾客通过互联网、零售店铺和目录三种单一渠道消费金额分别为157、195和201美元，而同时使用三种渠道的顾客消费金额达到了887美元，双渠道顾客的购买金额是单渠道顾客的两倍到三倍。

从企业角度出发，一个有效运作的混合型渠道将使企业的销售成本降低20%~30%，某些时候甚至能降低50%（冯丽云，2002），从而给企业带来更高的利润率，并且还起到扩大交易量和满足顾客需求的作用。在许多市场领域，单一渠道能给企业带来的交易量很少能达到双渠道所能带来交易量的一半（Erin Anderson，Louis W.Stern，2008）。

在中国市场基于互联网的双渠道建设是企业发展的大势所趋，所以很多国外著名企业在中国市场已经把网络渠道的开发和运作作为市场开拓的重要途径，比如腾讯公司在2017年全年营收为人民币2377.60亿元，同比增长56%，按非通用会计准则的本公司权益持有人应占盈利同比增43%。经营盈利为人民币903.02亿元，比去年同期增长61%，经营利润率由去年同期的37%上升至38%。中国企业更是将传统店铺渠道和网络渠道在本土市场运用得淋漓尽致，几乎所有中国企业都建立了自己的企业网站，网站平台不仅是一种销售渠道，还是与客户交流沟通的平台。

双渠道建设在实践界如火如荼地发展壮大，但双渠道顾客的消费行为研究在理论界却是凤毛麟角，国内外学者更多地关注网络顾客研究，从EBSCO查阅的西方学者的相关研究中（表1-1），我们可以看出关于网络营销的文章已经达到33310篇，而从CNKI中可获知国内学者关于网络营销的文章也达到8846篇，网络顾客的研究也分别达到14883篇和1649篇，但从多渠道层面关于市场的研究却只有193篇和220篇，多渠道或者双渠道顾客消费行为的研究更是寥若晨星。其中最贴近的是王全胜等（2009）一篇文章《西方顾客渠道选择行为研究评析》，该文章归纳总结出西方学者关于顾客在购买信息搜寻和购买行为时进行的选择研究，并且指出：国外基于购物过程的顾客渠道选择方面的研究尚处于起步阶段，对于我国学界来说，基于购物过程的顾客渠道选择领域的研究还是一片尚待开发的"处女地"[①]。

表1-1 西方相关文献检索

内容\名称	网络营销	双渠道+市场	多渠道+市场	网络+顾客	网络+消费行为	双渠道+消费行为	多渠道+消费行为
关键词	33310	2	193	1649	4	0	0

表1-2 国内相关文献检索

内容\名称	网络营销	网络+市场	双渠道+市场	多渠道+市场	网络+顾客	网络+消费行为	双渠道+消费行为	多渠道+消费行为
篇名	3220	18	1	50	677	3	0	0
关键词	8486	3654	68	220	14883	93	0	1

[①] 王全胜，韩顺平，陈传明. 西方顾客渠道选择行为研究评析[J]. 南京社会科学，2009（7）：32-36.

（二）研究动因

我们知道，一件产品或者服务可以通过多种渠道购买，产品本身在此过程中没有改变，改变的是购买和销售的方式以及随之而改变的产品相关服务（Anne T. Coughlan, Erin Anderson, Louis W.Stern, 2014）。构建一个合理的多渠道分销渠道模式的过程中，面临的主要问题是这些渠道是相互重叠并争夺同样的客户，还是每一种产品市场有其相对应的特定渠道？这些渠道是共同为整个销售过程服务，还是每一渠道各有其独特功能（如资格认证或售后服务）？明确一种新渠道模式能给企业带来怎样的机遇？如何使这些渠道能有机结合在一起，并达到良好效果？很多企业和学者都在积极探索利益最大化的渠道整合之路，而根本点最终依据落在顾客需求上。

顾客就是在购前、购中和购后三个阶段的消费过程中产生需要或欲望、实施购买并处置产品的人[①]。满足顾客需求是一切营销活动的出发点和归宿点（Kotler, 2001）。

市场细分依据是顾客需求，引进一项新技术需要了解顾客的服务产出需求，以及现有技术在满足顾客需求方面表现如何。其实，顾客并不偏好更具优势的技术，更好地满足客户需求是关键，所以，企业建立双渠道需要考虑的也是依据顾客的需求。另外，双种渠道形式可以在同一市场上共存，因为不同终端用户群体对于服务产出的需求存在差异，或者说，因为在终端用户的目标市场中，最理想的渠道形式往往不存在，所以，客户通常必须在服务产出组合中进行权衡来决定通过哪种渠道购买。总而言之，双渠道顾客比单渠道顾客具有更复杂的消费行为，企业建立高效、投入产出比值高的双渠道营销模式就需要更好、更多地了解双渠道顾客的消费行为。

二、研究目的和意义

（一）研究目的和问题

基于双渠道在中国市场如火如荼的发展态势，企业建立双渠道迫切需要科学依据和理论指导，但在相关领域还处于空白阶段，本书依据相关理论追溯双渠道顾客消费行为的产生机理，构建双渠道顾客的购物决策过程模式，

[①] Michael R. Solomon. Consumer Behavior Buying, Having, and Being[M]. 中国人民大学出版社, 6.

分析购物选择、渠道评价是双渠道顾客的主要消费行为，并逐一进行科学论证。首先通过实证研究双渠道选择行为对顾客价值的影响，并且论证双渠道顾客选择的影响因素；然后通过顾客视角对双渠道绩效和传统的店铺渠道绩效进行对比研究，得出双渠道绩效是否优越于单渠道绩效。

所以，笔者依据本书研究目的，提出需要研究的问题：

1. 虽然学者们深入透彻地研究了传统渠道的顾客消费行为，但双渠道顾客的消费行为机理是否同传统单渠道顾客消费行为机理有所区别？区别的动因及区别的内涵是什么？

2. 顾客在进行购物信息搜寻和购买行为时，都面临着渠道选择问题，这种渠道选择是否对顾客价值有什么影响？另外，影响顾客进行渠道选择的因素是什么？

3. 一般都是从企业或者社会角度对渠道进行评价，随着顾客在渠道权力中的地位日剧增高，从顾客视角对渠道绩效如何进行评价？

（二）研究意义

研究双渠道顾客的消费行为对于我国日益蓬勃发展的双渠道发展现状具有迫切的现实意义和理论意义。

1. 理论意义

（1）积极深化和扩展双渠道顾客消费行为研究领域。

本书研究双渠道顾客消费行为不仅丰富了渠道理论和顾客消费行为理论，而且对双渠道消费行为理论体系的扩展和深化也起到了积极的推动作用。王全胜等（2009）提出的基于顾客购物过程的多渠道选择行为研究在我国还处于起步阶段，本书构建双渠道顾客购物决策过程模式，总结出双渠道顾客的消费行为主要包括渠道选择行为、渠道绩效评价行为和渠道保留行为，并对前两者进行实证研究。

（2）积极推动顾客视角的渠道研究

因为顾客自然人的属性，人微言轻，渠道研究一直忽视顾客的权力和地位，同样，渠道绩效也是从生产商视角、经销商视角、社会视角三个角度进行衡量评价，绩效更多的是注重财务指标和效率指标，把顾客看作是企业的一种外部资源，并且可以在一定程度上进行运营管理，侧重研究保持客户关系能够给企业的财务利益。日新月异的科学技术不仅提升了顾客在渠道中的地位，而且能够带给顾客更多的利益和权力。所以，顾客视角的渠道绩效研究，可以从顾客角度衡量双种渠道的优劣，并对双种渠道的绩效进行评价，这样才能真正倾听"来自顾客的声音"。所以，本书就是积极将顾客价值理论、顾客满意理论、关系价值理论等顾客研究方面的成熟理论应用于渠道研究中，极大地推动了渠道研究。

（3）提高了渠道理论研究的范畴。

本书所运用的顾客价值理论、顾客满意理论等相关理论一般都应用于对品牌研究和产品研究，并且已经形成成熟并且科学的研究体系，本书将借助这些经典理论应用于渠道研究中。这不仅对渠道研究是一种理论补充，同时，也开拓了研究顾客消费行为理论范畴。

2. 实际意义

（1）有助于帮助企业全面了解双渠道顾客消费特性。

随着网络技术日新月异的发展，双渠道顾客将会越来越多，而且将会是主要购买人群。本书构建的双渠道顾客购物决策过程模型以及相关研究，会帮助企业全方位，多角度了解双渠道顾客的消费行为，比如影响顾客渠道选择的因素、顾客视角对渠道绩效的评价，以及企业与顾客之间应该建立怎样的良好关系会增加顾客对企业和品牌的忠诚度等。"知己知彼，百战不殆"，详细了解双渠道顾客的消费特性有助于企业更好地制定企业战略和营销策略。

（2）有助于帮助企业增强渠道管理能力，提高渠道管理水平。

本书的主要研究内容就是根据不同的产品类型，顾客依据自己的偏好选择不同的渠道进行信息搜寻行为和购买行为以及评价行为。通过顾客这种双渠道选择对顾客价值的影响分析，得出影响顾客选择的主要因素，企业可以根据自己的产品特性将企业资源投入到更具竞争力的渠道中，或者更有目的、有重点地建设双渠道，这样不仅可以节省企业用于双渠道建设的成本，更能提高渠道运作效率，从而整体提升渠道管理水平。

（3）为企业建设不同的渠道提供决策依据和指南。

从顾客视角对双种渠道进行评价，企业不仅可以根据产品特性选择具有竞争力的渠道，并且在渠道建设以及多渠道投入权重比例上查找到相关的决策依据和行动指南。

（4）系统地从企业角度分析了双渠道顾客的消费模式、双渠道顾客消费风险，同时又研究了双渠道企业的管理战略、供应链管理、冲突管理。

三、研究界定

（一）基本概念界定

依据本研究，笔者对相关的基本概念进行如下界定：

1. 双渠道：双渠道是指产品从生产者（企业）通过实体店铺和互联网两种途径转移到最后顾客的通道或路径。

2. 双渠道顾客：顾客就是在购前、购中和购后三个阶段的消费过程中产生需要或欲望、实施购买并处置产品的人，他们是直接与企业进行商业交往的人或群体。本书研究的双渠道顾客是既具有店铺购买经验也具有网络购买经验，穿梭于两种渠道之间进行购买商品活动的人。

3. 双渠道顾客消费行为：是指顾客通过传统的店铺渠道和网络渠道获得相同或相似的服务（产品）的行为，它是顾客仔细评价某一渠道、产品或服务的属性，对渠道进行理性选择，用合适的成本换取认为收益大于成本，并能满足某一特定需要的服务的主观衡量和决策过程，本书研究的主要是双渠道顾客的渠道选择行为、渠道绩效评价行为和渠道保留行为。

4. 双渠道顾客价值：双渠道顾客价值是通过双渠道的消费行为顾客对产品或服务的整个消费过程的整体全面的综合评价，是一种高度个人化且具抽象层次的认知，既包含对所获得的效益与所承受牺牲之间的相对关系，又包含顾客在消费过程中所获得的情绪、体验上的价值。

5. 双渠道顾客关系价值：双渠道顾客关系价值是综合了交换理论、关系营销理论、价值理论，从顾客视角反复感知两个渠道，并随着关系的发展而产生的关系收益与关系成本之间的权衡。

（二）研究视角界定

本书研究视角分为两部分，上篇部分从顾客视角实证研究双渠道顾客消费过程和消费模式，下篇从企业视角研究双渠道战略管理、供应链管理、冲突管理等方面。

在渠道系统中，顾客拥有双重角色——承担一定功能的渠道成员和商业渠道子系统环境中最为关键的环境要素。根据现代营销理论的观点，因而顾客的需求实际上是整个商业渠道子系统运转方式与方向的牵引。从这个角度来看，顾客是商业渠道子系统诸多环境要素中最为关键的行为主体[①]（张闯，2007）。另一方面，根据现代渠道理论的观点，任何主体只要在渠道系统中执行了某些特定的功能，该主体就实质性地参与了商品从生产领域向消费领域的转移活动，因而该主体也一定是渠道成员之一。不容置疑的是，顾客也是渠道成员之一，而不仅仅是渠道服务的对象，因为顾客也参与了运输、储存、分担风险等渠道功能。所以，不少学者认为从渠道结构理论的角度出发，将渠道功能有效率地合理分配在不同的渠道成员之间，可提升渠道的整体运行效益，所以将顾客参与到渠道活动中，并加以科学合理的角色分配有助于渠道成员的企业战略和渠道策略制定，同时获取利益最大化。

满足顾客需求是企业一切营销活动的出发点。由于顾客消费特点和消费习惯，特别是信息不对称造成的顾客渠道权力非常小。有的学者总结出影响顾客渠道权力的特点：首先，渠道权力的不对称性导致顾客很难对企业施加有效影响，企业与顾客之间是一对多的关系，每个终端顾客对于企业来讲都是微不足道的，所以在企业与单一顾客的博弈中，顾客的劣势非常明显。其次，信息不对称性，顾客购买产品和服务的重点都放在产品的质量和价格上，而有关产品的其他信息则很少关注，所以顾客无法获取全面的企业和产品信息，在信息及时性和信息有效性方面不如企业占据优势，在与企业博弈过程中也处于被动局面。第三，由于原来互联网没有普及，顾客信息搜寻成本非常高，所以理性顾客考虑到投入产出后就会放弃过多的信息搜寻，抱着互相信任的态度进行交易，这样，在交易过程中就处于被动局面，顾客对企业的行为知之甚少，限制了其施加影响的能力。第四，呈原子状分布的顾客很难达成观点的一致。对于呈原子化状态分布的顾客而言，由于众多数量的行为者在空间分布上分散，以及每个个体所面临问题的差异，上述联盟的形成几乎是一件不可能的事情。可见，作为个体顾客的权力是无法获得有效提升的，改善其权力地位的根本途径是顾客之间的联合，并在此基础上达成一致的观念与行为。第五，顾客的理性行为使之无法达成行动上的一致。即使顾客通过沟通达成观念上的一致，也拥有关于企业行为的准确信息，要想使其权力

---

① 张闯. 渠道依赖、权力结构与策略：社会网络视角的研究. 东北财经大学图书馆，2007（6）：14–20.

生效，顾客们还必须在行为上达成一致。但对于呈原子状分布的顾客而言，这同样也是难以完成的任务。

由于参与联盟行为所获得收益是无法在每个顾客之间进行分割，并且这种收益有着广泛的外部性，即对于个体顾客而言，无论其是否参与了联盟，他都可以得到联盟行为的好处。这样，对于追求个体利益最大化的顾客而言，投入自己的稀缺资源到联盟行为中显然是不理性的行为。

所以，从营销管理者（通常是产品制造商）角度出发的营销管理理论更多时候是将顾客看作是营销活动所指向的被动的目标，其在营销中的角色仅限于对企业的营销刺激做出它们所期望的反应，而没有将顾客看作是对营销活动的主动参与者（Parker，2007）。同样，原来的渠道绩效研究也是从企业视角衡量渠道成员的部分绩效或者从社会视角衡量整体绩效，更多的是注重财务指标和效率指标，把顾客看作是企业的一种外部资源，并且可以在一定程度上进行运营管理，侧重研究保持客户关系能够给企业的财务利益。顾客权力意识随着现代信息技术发展，特别是互联网技术的跃进获得极大的增强，同时，也因为信息技术发展，降低了顾客获取信息和交易成本，这种顾客权力意识的提升也获得了政府部门的大力支持。以互联网为代表的信息技术改善顾客权利的作用很大。

互联网技术降低顾客获取信息的成本。通过互联网或者无线网络顾客可以无成本地获取商品的相关信息，所以，互联网时代信息传播是即时便捷的，另外，信息获取的低成本和全面性消除了顾客和卖家信息不对称。顾客与企业之间沟通方式发生变化，顾客不再是信息的接收者，也是发送者，而顾客之间的沟通也变得更加高效和顺畅。顾客之间沟通的紧密性和透明性降低看顾客购买商品的风险，提高了顾客的在交易中的地位，同时也加强了顾客权力意识的提升[①]。

对于企业来讲，从顾客角度衡量企业双渠道的结构和绩效，这样才能真正倾听"来自顾客的声音"。顾客消费行为是理性的，这是通过大量的顾客消费行为得出的科学结论，所以，拥有资源的顾客肯定会考虑投入产出，尽量

---

① Hoffman, Donna L. and Thomas P. computer–mediated environments：ConceptualSO–68. Novak（1996），"Marketing in hypermediafoundations"，Journal of Marketing，60（3）.

提高购买行为的效率和质量。当企业希望顾客能够承当更多的渠道功能时，只有想办法让顾客获得的价值超过其承担的成本，超过得越多，顾客的积极性就越高。比如拼多多，团购价格比单售价格优惠很多的时候，顾客就会积极分享，传播产品，同时宣传了企业新的购物模式。所以，企业如果想让顾客承担更多的渠道功能，则需要在技术层面和服务层面做更多的工作。比如支付宝交易的安全性比银行更高，而且支付更方便，因此，顾客愿意把大量的资金放在支付宝里。

（三）研究范围界定

本书研究范围是消费品市场，不包括产业市场，也就是研究对象都是终端顾客，而不是中间商或者经销商。另外，本书所探讨的是企业双渠道建设问题，不涉及产品和品牌的研究，也就是假设顾客通过两个渠道购买得都是同一企业的同一品牌产品。总而言之，本书借鉴消费品市场中产品和品牌研究的成熟理论，应用于顾客渠道选择、渠道评价等双渠道顾客消费行为研究中。

四、技术路线与研究方法

（一）技术路线

本书研究的技术路线如图1-2所示。

（二）研究方法

结合社会学、统计学、管理学、经济学等领域的知识，本书对顾客双渠道购物决策过程进行了探索性研究。在研究过程中特别注重多种研究方法的综合应用，以获得较好的效果，这主要体现定性研究和定量研究，主要内容如下：

1. 定性研究

（1）文献研究和规范分析

为了系统构建双渠道购物模型以及子模型，本书对国内外相关文献资料进行了广泛的查询和搜集。通过文献资料的整理和分析，从定性分析入手，识别出双渠道的内涵、影响因素和属性维度，明确双渠道选择——顾客价值、双渠道绩效——顾客满意的概念及构成要素，并对它们之间的复杂关系进行理论层面的逻辑分析和理论建构，进而构建出双渠道顾客选择对顾客价值影响的理论模型、顾客视角渠道绩效评价理论模型。

在文献回顾的基础上，可以看到关于双渠道消费行为的研究文献很少，本书依据相关理论分析双渠道顾客消费行为的机理、动因和内涵。另外，在调查问卷的设计阶段，通过小规模访谈，针对问卷的内容和形式征询意见，对调查问卷进行修正。所以，本研究的定性实证研究包括问卷调查和小规模访谈。在个人访谈部分，主要针对我国使用双渠道的购物者进行访问，分别就双渠道选择属性感知及其影响因素、双渠道绩效、影响顾客渠道保留因素等进行系统的半结构式访谈，并将访谈结果与文献研究的结果进行整合，经小样本预测试程序后，形成最终的测量量表和调查问卷。

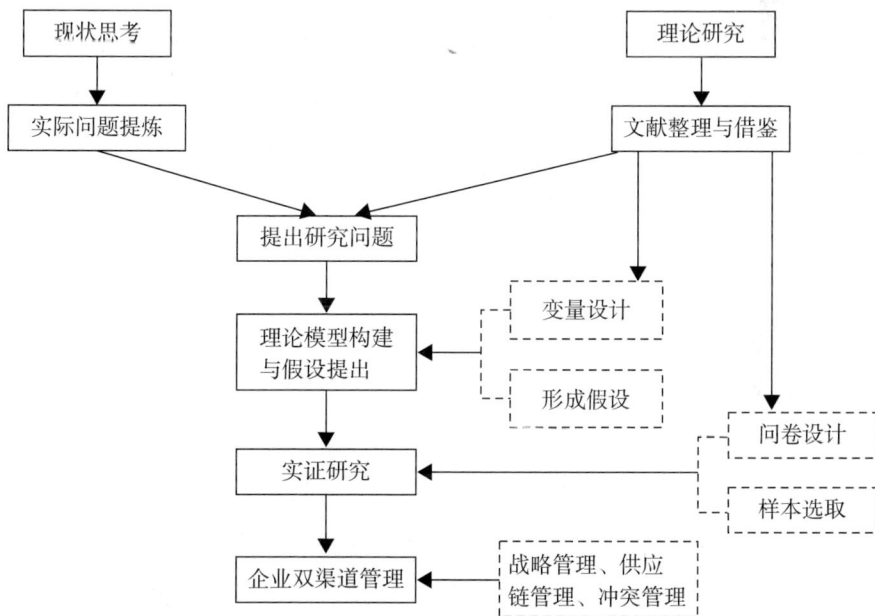

图1-2 研究技术路线

（2）归纳和演绎相结合

本书运用归纳和演绎相结合的逻辑推理方法对双渠道顾客的消费行为进行研究，所谓归纳就是从个别推导一般性结论。本书构建双渠道顾客购物决策过程理论模型，该模型由三个子模型组成，然后依据理论知识，归纳出子模型内在机理和路径关系，并进行命题假设和实证研究，从而根据实证研究结论归纳出一般性研究结论，同时跟西方相关理论和实证结果进行对比研究。

2. 定量研究

在定量实证研究方面，主要是利用各种统计分析工具进行问卷调研、信息搜集和数据整理。在双渠道选择行为研究中，首先验证模型提出的各种假设。在文献回顾基础上，形成本研究的初始问卷，并通过小规模访谈进行修正，然后进行了问卷的前测。根据前测结果的分析，再次修正问卷，形成正式问卷。最后，通过线上和线下两种方式调研，获取足够的一手资料。最后利用统计软件SPSS16.0对相应数据进行分析，通过AMOS7.0验证之前提出的假设。采用的方法包括描述性统计分析、因子分析、回归分析和结构方程分析等。

本书在分析顾客视角渠道绩效评价子模型中，同样采用了问卷调查法和个人访谈法。通过对以往相关研究资料查阅形成问卷的初步构思，通过顾客的现场访谈对概念框架中研究变量的内容进行部分的修改和调整，然后进行问卷发放。采用SPSS16.0对数据进行统计，再采用AHP层次分析法获得各种对比指标的权重，最后通过模糊评价法分别对双渠道绩效和单渠道绩效进行对比研究。

五、研究内容与研究框架

（一）研究内容

本书研究内容如下：

第一章：绪论。简要阐述了本书的研究背景与研究意义、对文中采纳的基本概念和研究视角进行界定、提出研究技术路线和研究方法，指出文章的研究内容和研究框架，最后说明本书的创新点。

第二章：实体店铺顾客消费行为。这一部分通过文献梳理的方式阐述传统店铺渠道顾客消费行为，从顾客消费心理、顾客消费行为和顾客购物模式角度进行阐述，最后是顾客购物决策过程。

第三章：网络购物消费行为。网络购物消费的需求和动机，网络购物的特性分析，网络购物的优势劣势，网络购物决策过程以及运作模式，网络顾客的消费心理特点。

第四章：双渠道顾客消费行为理论基础。本章详尽分析双渠道顾客的消费行为，着重分析了顾客地渠道选择行为、渠道绩效评价行为和渠道保留行为，最后阐述双渠道顾客消费行为的理论基础，其中包括交换理论、交易成本理论、顾客价值理论、关系价值理论、关系质量理论、顾客满意理论和需求理论。

第五章：双渠道顾客消费机理及模型构建。本章构建出顾客的购物决策过程模型，利用交易成本理论和交换理论分析双渠道顾客消费行为地机理形成，总结出渠道选择、保留和评价为主要研究方面，并建立模型，进行实证研究。

第六章：双渠道顾客选择行为实证研究。依据顾客价值理论构建双渠道选择模型，收集问卷，进行实证研究，利用SPSS进行信度、效度分析和验证性分析。

第七章：双渠道顾客渠道绩效评价行为实证研究。利用双因素理论和需求层次理论构建顾客视角的渠道绩效评价模型，并利用模糊评价法进行实证研究。

第八章：构建双渠道顾客渠道保留行为模型。阐述顾客渠道保留地动因与性质，顾客渠道保留内涵。基于关系价值理论和关系质量理论构建双渠道顾客保留行为理论模型。

第九章：双渠道顾客消费模式研究。本章阐述消费模式演进，研究要素以及我国消费模式发展存在的问题。另外，阐述我国消费模式研究演进及发展趋势，最后研究低碳消费模式研究、旅游消费模式研究和住房消费模式研究。

第十章：双渠道顾客消费风险研究。本章阐述双渠道顾客的消费风险类型及问题，阐述风险认知，了解网络购物风险影响因素，风险控制以及网络消费风险地权益保护。

第十一章：零售商双渠道管理战略研究。本章阐述我国零售业发展现状和零售业企业双渠道管理战略。

第十二章：零售业企业双渠道供应链管理研究。双渠道供应链的内涵及模式，双渠道供应链消费者偏好、定价问题，双渠道供应链管理策略。

第十三章：企业双渠道冲突管理研究。本章阐述冲突和冲突管理，以及造成渠道冲突的成因，主要是目标不一致、认知差异和定位差异，最后，本章定制出企业双渠道冲突策略。

第十四章：研究结论、管理建议与展望。通过上几章模型验证的结果概括出本书研究的结论，指出对企业管理者的借鉴意义、研究局限以及对未来的展望等。

（二）研究框架

章节安排	研究目的与基本内容	研究框架
第一章	明确研究背景与意义；提出技术路线、研究框架、创新点。	提出问题
第二章 第三章 第四章	阐述传统店铺渠道和网络渠道顾客消费行为；分析双渠道顾客的消费行为及概述本书的相关基础理论。	前人研究的贡献与不足
第五章	阐述双渠道顾客消费行为动因及内涵；分析消费过程及模式；探析选择、评价及保留三种行为理论依据及构建模型。	剖析行为机理，构建模型
第六章 第七章 第八章	双渠道顾客选择实证研究，双渠道顾客渠道绩效评价实证研究，构建双渠道顾客渠道保留行为模型。	实证研究
第九章、第十章 第十一章、第十二章、第十三章	从企业视角研究消费模式、消费风险，零售商双渠道管理战略、供应链管理、冲突管理。	企业双渠道管理实践
第十四章	概括出本研究的结论，指出对企业管理者的借鉴意义、研究局限以及对未来的展望等。	贡献、局限性及未来展望

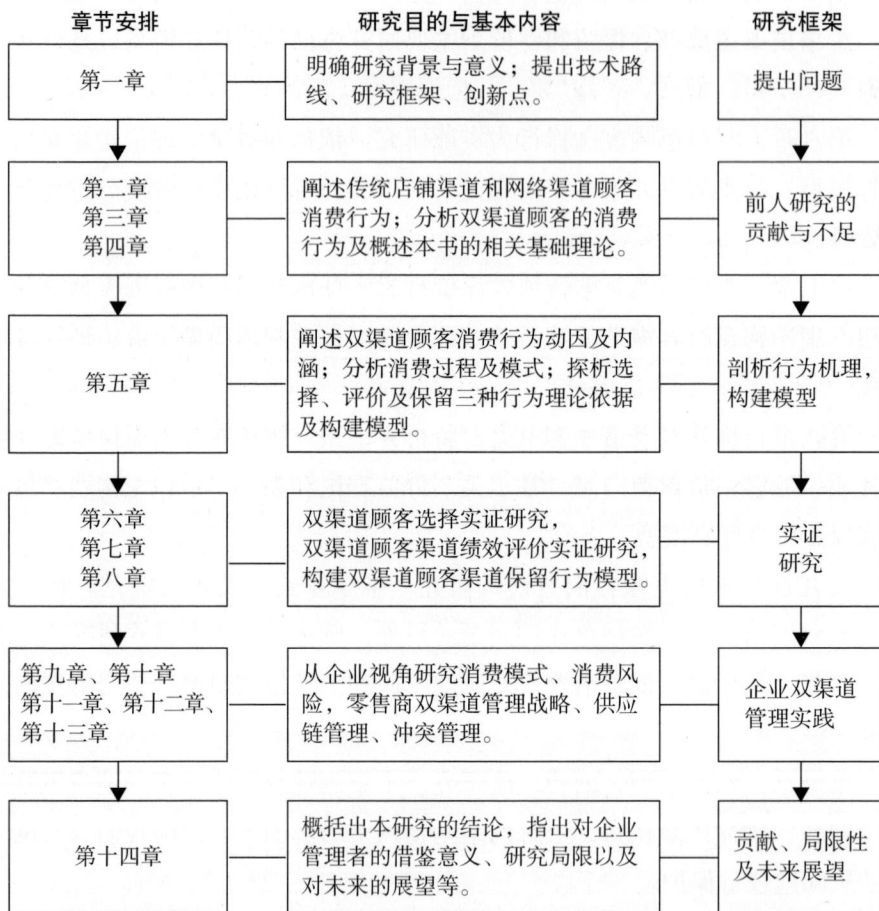

图1-3　研究框架图

六、本书的创新点

本书主要包括三个创新点：

第一，探究渠道选择对顾客价值的影响关系，并进行实证研究，开发顾客渠道选择量表。

关于渠道选择得实证研究，目前我国还很少，本书主要探讨双渠道信息搜寻选择和双渠道购买选择对顾客价值中的体验价值和效用价值的影响关系，进行了实证研究，同时开发了顾客渠道选择量表。

第二，构建顾客渠道选择的影响因素维度，并进行实证研究。

学者们对影响顾客渠道选择因素众说纷纭，本书就是基于前人研究，构建双渠道顾客渠道选择影响因素的维度以及各维度的构面，顾客因素（购物动机、网络摄入程度、感知风险）、渠道因素（渠道收益）、情境因素（物理条件、时间条件）、产品因素（产品属性），并进行了实证研究。

第三，从顾客视角对渠道绩效进行评价，构建顾客满意维度及各构面，并进行实证研究，开发顾客视角渠道绩效测量量表。

渠道绩效评价一直是站在社会视角或者生产商视角进行评价。从顾客视角对渠道绩效进行评价的实证研究目前还是风毛麟角，本书就是依据顾客满意理论、需求理论构建顾客视角的渠道绩效评价体系模型，评价体系包括三个方面：产品满意（质量、价格），服务满意（便利性、专业化、态度和效率），深层次需求满意（信息沟通、定制化、成就感和尊重信赖），并进行实证研究，同时，开发顾客视角渠道绩效评价得测量量表。

第二章　实体店铺顾客消费行为

为了系统地对双渠道顾客消费行为进行科学研究，具体了解双渠道顾客的消费行为动因及内涵和购物决策过程，需要对实体店铺顾客消费行为以及网络顾客消费行为等研究文献进行梳理，并且归纳总结出双渠道顾客特征和形成机理，充分对双渠道顾客的选择行为、渠道评价行为和渠道保留行为进行总结和评价。

一、顾客与顾客内涵界定

牛津高阶词典（2008）将顾客（Customer）定义为从商人、商店购买东西的人。国内有学者（王燕玲，2005）认为顾客是在各种交易关系中供给者所要面对的需求主体[①]。针对该定义模糊了顾客和顾客地区别。陈建勋、于姝（2007）认为顾客有广义和狭义之分，广义的顾客是指现实的和潜在的产品和服务的购买者。其中，现实的购买者是指对企业产品或服务具有需求、并与之直接发生交易关系的组织和个人；潜在的购买者指对企业产品或服务具有需要和欲望而不具备购买能力，或者也具备购买能力但是由于各种障碍而无法与企业发生直接交易关系的组织和个人[②]。狭义的顾客只指与企业发生直接交易关系的现实购买者。正是这些现实的购买者保证了企业生存和盈利，他们也是顾客资产的重要组成部分。

本书所指的顾客是狭义的顾客概念。在这种情况下，是否直接与企业发生购买和交易关系是区分中间商和顾客的重要判断标准，当顾客自己购买产品供自己使用或自己购买产品供他人使用时，他们便具有了顾客的身份。所

---

① 陈克明，王艳玲. 市场营销角度的顾客再定义[J].商业时代，2005（11）.

② 陈建勋，于姝. 顾客、顾客与客户的区分及其营销意义[J]. 兰州学刊，2007（11）：61–62.

以，顾客来源于顾客，原因是总有一部分顾客在使用完商品后要充当购买者的角色。

二、顾客消费心理与行为研究

顾客首先是作为人而存在的个体或者群体，因而有人类共有的特性、思想、情感、价值观念、思维方式等。所有这些构成了人的心理，心理活动是人脑对客观事物直接的反应，是人脑所具有的特殊功能和复杂的活动方式。心理活动处于隐蔽状态，不能从外部直接观察，但心理活动可以支配人的决策行为，所以通过一个人的行为状态就可以了解其心理活动。

（一）顾客消费心理

顾客消费活动也是受到心理支配。比如，是否需要购某种商品实现什么目的，购买什么品牌、功能的商品，通过线上还是线下购买等都是受到心理支配。当一个顾客认为某件商品是必需品时，另外一位顾客则认为完全不需要，这就是人与人心理之间的差异，只有这种差异的存在才会有市场中丰富多彩不同类型的商品，才会有不同种类的消费渠道和服务方式，所以，研究顾客心理活动是市场营销研究者必要的课题。

心理活动基础是指顾客从事消费活动地基本心理要素及其作用方式，包括顾客的心理活动过程，顾客消费需要、动机、态度，顾客的个性心理等。学者们运用心理学的相关理论和分析方法对顾客认识过程、情感过程以及知觉、注意、记忆等心理要素的分析，归纳顾客消费心理现象的一般规律，消费心理共性。另外，学者们还进一步分析顾客心理的独特性和差异性，进而阐释不同顾客消费之间的差别，从而在需要和动机方面深入研究，为购买行为的研究奠定基础。

顾客消费心理过程具体分为认识、情感和意志三个方面。第一个阶段是顾客认识过程，这也是顾客消费行为的主要心理基础，包括感觉、知觉、知觉、注意、记忆、思维和联想、情绪和意志的心理机能。感觉是人的大脑中对客观事物的主观反映，感觉有特殊的表现表型方式，具体包括感受性和感觉适应。知觉是人脑对直接作用于感觉器官的客观事物个别属性的整体反映。注意是把感知力、记忆力、思考力等集中在某个特定的顾客上面，具有选择、维持、加强等功能。记忆是人脑对感知过的事物、思考的问题、体验的情绪、做过的动作的反映，包括识记、保持、回忆、再识等几个环节。思维是人脑对现实事物概括的加工形式，特征包括间接性和概括性，过程包括分析、综合、抽象、比较、系统化等。联想是由一个事物想到另一个事物的心理活动过程，联想形式有接近联想、类似联想、对比联想、因果联想以及特殊联想。情绪是人们对客观事物是否符合自己需要的时候的主观体验，意志是根据目的调节支配行动，努力克服困难，实现预定目标的心理过程。

（二）顾客消费行为

顾客消费行为是顾客在评估、获取、使用和处置产品和服务时所做出的决策过程以及由此而产生的有形活动。首先，顾客消费行为由外显行为和内隐行为构成，外显行为侧重顾客消费看得见的活动，是顾客购买商品行动、消费商品行动等一系列可见行为，而内隐行为包括看不见的思维和心理活动。顾客消费行为是外显行为和内隐行为的复合整合活动。其次，顾客消费行为研究是从微观和宏观两个层面进行研究。微观层面是从顾客认知、购买意愿、购买态度等具体的购买行为有关，注重顾客信息沟通、品牌选择、商品选择等方面的行为进行说明和阐述。宏观层面主要从人口统计特征、消费宏观环境分析、整体消费行为描述入手，属于描述性研究。目前，针对顾客的调查包括顾客态度、活动、人口特征和消费观念等。

在市场营销领域，顾客的购买过程更容易研究，顾客的消费行为多在信息搜集、购买决策等方面的消费行为。顾客消费态度的形成过程是购买和处置所购买产品和服务之前的心理和行为。顾客行动就是顾客搜集信息、购买查询、购买和售后等系列行动（Loudon，2003）[①]。Knaku（2000）研究认为顾客消费行为是以非转售为目的的行为。江林（2005）研究得出顾客为满足自身需要的购买和使用商品的行为活动称为顾客购买行为[②]。Blackwell（2006）研究得出，顾客行为是指顾客采取各种行动为得知、利用、消费商品或服务，另外还包括顾客购买决策过程和消费后评价[③]。Niocsai（1966）认为顾客行为是为了满足需求，顾客所表现出查询信息、购买决策和购买等行为。

---

① 杨晓燕. 中国顾客行为研究综述[J]. 经济经纬，2003（1）：56–58.

② 江林. 顾客心理与行为（第1版）. 北京：中国人民大学出版社，2002.

③ 符国群. 顾客行为学. 北京：高等教育出版社，2004.

符国群（2004）认为顾客行为既富有多样性，又很复杂。多样性表现为不同顾客在需求、偏好以及选择产品的方式等方面各有侧重、互不相同，同一顾客在不同的时期、不同情境、不同产品的选择上，其行为也呈现很大的差异性。顾客行为的复杂性，一方面可以通过它的多样性、多变性反映出来，另一方面也体现在它受很多内、外部因素的影响，而且，其中的很多因素既难识别，又难把握。顾客行为均受动机的驱使，但每一行为后的动机往往具有隐蔽性和复杂性。同一动机可以产生多种行为，同样，同一行为也可以是由多种动机所驱使。不仅如此，顾客行为还受文化、经济和个体因素的影响，而且这些因素对顾客行为的影响有的是直接的，有的是间接的，有的是单独的，有的则是交叉或交互的。正是这些影响因素的多样性、复杂性，决定了顾客行为的多样性和复杂性。①

学者研究顾客行为一般通过两种方法。一种是研究路线法，Douglas（2007）提出顾客购买行为受到周围情境的影响，也就是顾客消费行为跟所处的周围环境息息相关，只有研究顾客消费路线，总结特征才能够得出结论②。另一种方法是实证研究，是对顾客地认知、搜索、购买态度、购买决策等分阶段地进行研究，并利用实证方法得出结论（Loudon，2003）③。

顾客购买行为是指顾客为满足自身需要而发生的购买和使用商品的行为活动。顾客的购买行为是由一系列环节、要素构成的完整过程。在这一过程中，购买决策居于核心地位，决策的正确与否直接决定购买行为的发生方式、指向及效用大小。顾客在购买产品时有不同的决策参与度，这也决定了他们获取信息的不同方式和采用不同的决策方法。在顾客实施购买行为之后，还会对所购产品与服务进行评价，并向其他顾客交流传播。因此，研究顾客的购买行为模式与过程、消费决策的程序和类型以及顾客购后的评价与行为反应，有助于全面把握顾客的购买行为特点与规律。④

目前，顾客消费行为的研究方法主要包括以下几种方式：观察法，通过

---

① 符国群. 顾客行为学. 北京：高等教育出版社，2004.

② Douglas B. Holt. Poststructuralist Lifestyle Analysis：Conceptualizing the Social Postmodernity，Journal of Consumer Research，1997，23 (March).

③ Loudon, D. L. Consumer Behavior：Concepts and Applications, 4th Ed, McGrew-Hill, 1993.

④ 江林. 顾客的购买行为与决策过程. 顾客心理与行为. 中国人民大学出版社，180.

观察顾客的购物行为探析顾客心理活动的方法，比如在超市、商场等场所观察顾客的购买行为；实验法，有两种方式，一种是在专门的实验室内进行测试和分析的方法，另外一种是创造和控制某些条件，研究顾客的心理，或是利用实验对象对某个心理问题进行试验，最终形成顾客心理反馈；问卷法，就是通过发放问卷给顾客填写，这种方法可以调查人数多，简单易行，收效显著；交谈法，就是调查双方通过交谈的方式完成调查，研究人员可以跟多名顾客同时交流，操作简单，效果很好；模型法，通过模型分析的方法研究顾客心理与行为是目前学术界普遍采用的方法，可以更科学、精确地判断顾客消费心理变化。

（三）顾客消费心理与行为研究现状与趋势

1. 研究现状

学术界关于顾客消费心理与行为的研究可以分成四个阶段：

（1）初始阶段

19世纪末20世纪初，工业革命的推动下生产率大幅度提高，市场上供大于求的局面出现，企业之间竞争加剧。企业逐渐将注意力从提高生产效率、压缩成本上面转移到产品推销、顾客购买行为分析、商品宣传与广告技巧方面，开始从理论上研究商品需求与销售之间的关系。这一时期的研究还处于初始阶段，研究重点在促销和销售上，并不是研究顾客消费心理和行为。

（2）成长阶段

20世纪30年代经济危机时期，促使顾客消费成为西方企业界和学术界需要解决的主要问题，市场推广成为重要研究方向，从而大大推动了顾客消费心理与行为研究的市场化进程。学者开始关注顾客购买决策背后的深层次动机，其中美国的梅森·海尔关于"家庭主妇为什么不买速溶咖啡"的研究最具代表性。后来，科普兰提出顾客购买动机可分为感情动机和理智动机。这段时期最著名的代表理论是马斯洛需求理论。马斯洛创造性地将人的需求分成五个层次，并且认为只有较低的需求得到满足后，才会追求较高层次的需求。

（3）成熟阶段

20世纪60年代之后，随着经济的快速发展，顾客消费心理与行为的研究也进入成熟阶段，顾客行为学作为一门独立的课程出现在美国大学。另外，顾客研究协会成立。这个阶段，顾客消费心理行为研究硕果累累，包括期望理论、顾客态度的理论、顾客感知风险研究、顾客人格影响理论等问题研究。

（4）广泛应用阶段

这一时期，顾客消费心理和行为研究的范围从原来的顾客本身扩展到顾客的社会文化、生态环境、相关律法等更大范围的研究。涉及的学科也由原来的经济学、社会学和心理学延伸到管理学、文化学等相关领域。顾客消费心理与行为学是一门交叉学科，既通过其他学科补充完善了本身学科发展，又通过研究成果在各个领域得到更广泛的发展。

2. 研究趋势

顾客消费行为的研究可以概括出三种趋势，多元化、综合性和定量化。

多元化，学者从对顾客和厂商单一角度的研究扩展到更广泛的社会层面，从环境问题、顾客生活方式、世界经济、互联网技术等多元化角度进行研究，改变过去只研究顾客——商品之间的单一消费模式，研究不同类型顾客生活方式特点及其消费外界影响、购买态度、意识等，所以，学者从提升销售率角度研究顾客心理和行为角度转换成提升顾客生活质量、注重人与环境和谐统一等多种角度。

综合性，综合性研究发展趋势是指在最初的统计学研究中，学者利用经济学和社会学的参数作为变量，例如年龄、性别、职业、家庭、收入等统计因素分析各种心理与行为，但现在与心理因素和社会因素大量的变量引入，如动机、需求、社会规范等，因为随着社会环境，特别是现代科技的高速发展，顾客购物方式、购物途径、购物动机等发生了翻天覆地的变化，为了把握日趋复杂的消费行为，研究者开始引入价值观、信息化程度、动态购物心理等一系列新的变量。新变量的引入为顾客消费心理与行为研究提供了更为精细化、科学化的购物选择，这正是顾客消费心理与行为研究多学科、综合性的发展趋势。

定量化，根据当今学术界量化的发展趋势，越来越多的学者采用实证分析等定量分析方法，运用统计学、运筹学、信息处理技术、动态分析等现代科学方法和手段揭示变量之间的内在联系，可以建立更加精确的顾客消费模式，从而把顾客消费心理与行为研究提升到一个新的高度。

三、顾客购物模式

不同的顾客购买行为表现不同，因为消费水平、消费方式和购买动机都有差异，但是万事万物都有规律性，顾客消费行为的研究学者在经过归纳总结后得出带有规律性的结论。比如SOR理论模型、EKB理论模型和Howard–Sheth模式。

（一）刺激—反映模式

SOR理论如今已被普遍引用到各种特定反应主体的行为研究中。S（Stimulus）代表导致顾客反应的刺激；O（Organism）表示有机体或反应的主体，即顾客；R（Response）表示刺激所导致的反应，即顾客反映[①]。刺激—反映模式，如图2-1所示。

顾客刺激 → 顾客 → 顾客反映

图2-1　刺激—反映模式

（二）Nicosia模式

Nicosia在1978年建立此模式。该模式依据顾客的特征和商品特性把顾客购买过程分为四个阶段：第一，根据企业提供的商品信息形成购买态度；第二，搜集信息并进行评估，顾客会手机与产品相关的信息，从而形成购买动机或者放弃动机；第三，发生购买行为，顾客将动机转换为购买的实际行动，并对商品进行评估；第四，信息反馈，顾客购买商品或者服务后，会形成自我评价，满意会继续购买，达到顾客满意继而顾客忠诚，不满意会放弃重复购买。

---

① Reynolds，F. D.&W. R. Darden. Construing Life Style and Psychographics [M]．William D. Wells Chicago，1974.

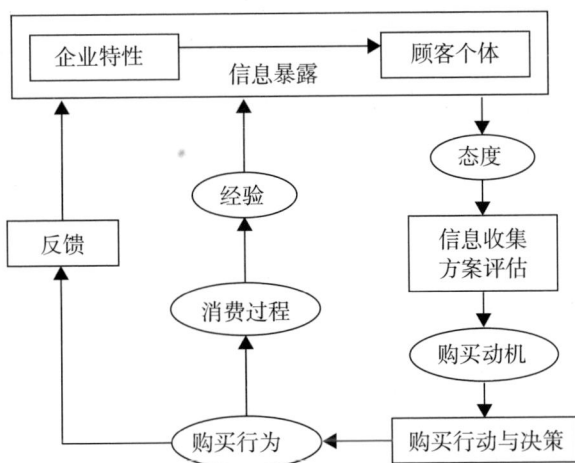

图2-2　Nicosia模式

（三）恩格尔—克拉特—布莱克威尔模式（EKB模式）

恩格尔—克拉特—布莱克威尔模式（EKB）强调了购买者进行购买决策的过程：在外界刺激物、社会压力等有形及无形因素的作用下，使某种商品暴露引起顾客的知觉、注意、记忆，并形成信息及经验储存起来，由此构成顾客对商品的初步认知。在动机、个性及生活方式的参与下，顾客对问题的认识明朗化，并开始寻找符合自己愿望的购买对象。这种寻找在评价标准、信念、态度及购买意向的支持下向购买结果靠近。[①]

（四）Kotle & Armstrong顾客行为模式

Kotle & Armstrong也提出了类似刺激—反应顾客行为模式。Kotle & Armstrong认为对于顾客的刺激主要来源两大方面，一方面是企业营销（产品、价格、促销、公关）对顾客的刺激，另一方面是社会环境（经济、科技、文化、政治等）对顾客的刺激，顾客在这两方面的刺激下，做出某种购买决策，即顾客刺激阶段。在顾客的黑箱中，顾客对所接受的刺激，即产品或服务的相关信息进行处理，形成对产品或是服务的态度及购买意向。最后，是顾客对相关信息的反映，并做出购买决策，即顾客反应阶段。Kotle & Armstrong认为，顾客的购买决策过程包括问题确认、信息收集、方案评价、购买决策以

---

① 江林. 顾客心理与行为. 中国人民大学出版社，2008：183.

及购后行为等五个相互联系的阶段。而决策内容则包括产品选择、品牌选择、供应商选择、购买数量及重复购买选择等[①]。Kotle & Armstrong顾客行为模式如图2-3所示。

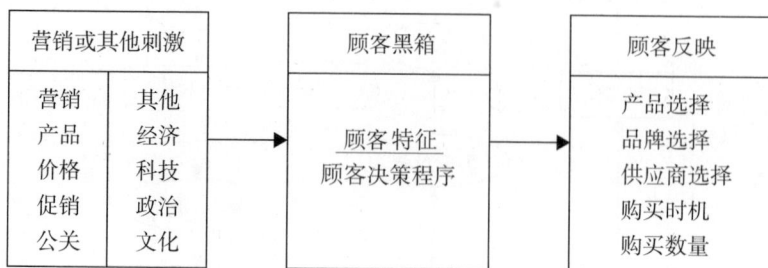

营销或其他刺激		顾客黑箱	顾客反映
营销 产品 价格 促销 公关	其他 经济 科技 政治 文化	顾客特征 顾客决策程序	产品选择 品牌选择 供应商选择 购买时机 购买数量

图2-3　Kotle & Armstrong顾客行为模式

（五）Howard-Sheth模式

Howard-Sheth模式将顾客的购买决策过程分为三个相互联系又彼此独立的阶段，即投入刺激因素、内在变量（包括知觉变量和学习变量）和产出结果。对于投入因素的研究，主要通过三种对顾客产生刺激的因素衡量，即产品实体刺激因素，包括产品质量、产品价格和售后服务等方面的刺激；媒体刺激因素，包括产品品牌、产品商标及产品包装等产品促销方面的刺激；社会环境对顾客的刺激因素，包括家庭、社会和相关群体等对顾客个体的刺激。内在变量的研究包括知觉变量和学习变量两个方面。知觉变量是顾客在各种刺激因素的影响下，对产品或是服务产生的主观倾向，而学习变量是顾客通过自己知识和相关经验的积累，对产品或是服务产生的购买意愿。对于产出结果的研究，是顾客经过不同种类刺激后产生某些反应，包括通过对产品或是服务的注意和了解，进而形成对产品或是服务的态度，形成购买意图，最后产生购买行为[②]。霍华德和谢思利用心理学、社会学和管理学的知识，从多方面解释了顾客的购买行为。可适用于各种不同产品和各种不同顾客的购买模式，其参考价值较大。

---

① Kolter, P.&G Armstrong. Principle of Marketing [M]. 9th Edition, Prentice Hall New Jersey, 200.

② Howard J. and J. N. Sheth. The Theory of Buyer Behavior[M]. Wiley, 1969.

（六）顾客重复购买模式

上述顾客行为模式都强调对顾客的首次购买行为的解释，而另外一些学者则更关注顾客的重复购买行为，认为顾客重复购买行为对顾客行为解释更为重要。Griffin的顾客重复购买模式，如图2-4所示：

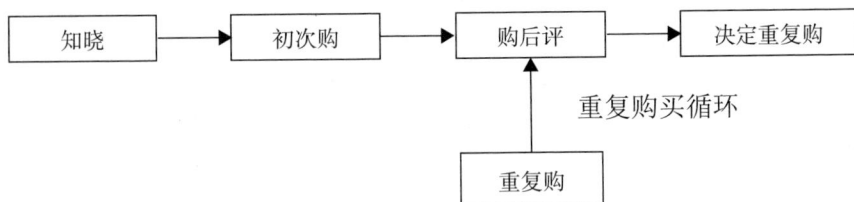

图2-4　复购买行为模式

四、顾客购物决策过程

顾客购物行为是顾客为满足自身需求而发生的行为活动，学者经过多年研究将顾客购买行为概括为7W1H研究，也就是哪些人是购物群体（who）、他们购买什么商品（what）、他们用什么方式购买（how）、什么时间购买（when）、谁参与（who）、他们在哪里购物（where），以及为什么要购买这些商品（why）。这些活动就组成了顾客购物决策过程。

顾客的购物行为程序，表明了顾客从产生购买欲望到成功购物，满足需求大致可分为识别需求、搜集信息、分析选择、决定购买、购后评价五个阶段（如图2-5所示）。

1. 识别需求。顾客由于外界的刺激对某一事物产生需求，需求的产生也是由从低到高进行排序的。首先是生理上的基本需求，然后顾客会增加功能需求，也就是满足基本需求后的要求，第三就是人际交往需求，最后是营销活动需求。

2. 搜集信息。搜寻信息是顾客在识别自身需求后，确定购物目标，然后查找相关信息的过程。搜寻信息主要从个人渠道和公共渠道，个人渠道就是顾客自身的购物经验和亲朋好友的口碑推荐；公共渠道就是网络查询、电视查询、报纸查询等媒体渠道和一些促销活动。顾客搜寻信息的质量和速度取决于对商品的重视程度、迫切程度和商品价值。

3. 分析选择。分析选择是顾客在识别需求并进行信息搜寻后，在几个备选方案中进行分析选择。所以分析选择是顾客主观做决定的过程。顾客首选会从产品属性、品牌知名度和性价比等方面进行比较分析，另外在此过程中也会受到周围态度、购买便利性和其他外界因素的影响。

4. 决定购买。决定购买时顾客在进行分析选择后，进行的最终决定，一般根据顾客购买意愿程度分为三种阶段：一是试购，由于顾客并没有很强的购买意愿或者实际消费经验，为了减少风险，顾客会购买少量的商品进行试用，试用后再做购买决定；二是跟随购买，是受到周围人影响，比如朋友推荐、人员促销等，进行购买；三是重复后买，是建立在以前购买和使用的经验基础上继续购买行为，这种购买行为会在顾客满意基础上形成顾客忠诚，是企业的重要顾客。

5. 购后评价。购后有两种情况，一是顾客很满意，达到顾客的期望值甚至还要好，顾客不仅自己会重复购买，还会积极向他人推荐；相反，商品不符合其愿望，或者效用很差，顾客不仅自己不会再购买，还会阻止他人购买。购后评价经常作为一种经验，反馈到购买的初始阶段。

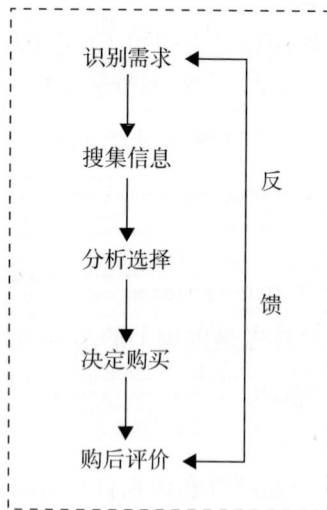

图2-5 顾客购买决策过程

根据顾客购买过程的不同阶段，企业可以采用不同的营销策略。识别需求阶段，需要进行大量的广告宣传以及人员促销，引导顾客消费行为；搜集信息阶段，企业应该通过网络、电视能渠道让顾客了解到商品的特性、功能和优点；分析选择阶段，企业应该采用试销、免费使用等方式促使顾客进行选择；决定购买阶段，要为顾客提供全方位优质服务，如保修、退换优惠等，坚定顾客购买选择；购后评价阶段，是企业对自己售后服务的承诺兑现阶段，如果企业所做的承诺优质服务均能落实，顾客会产生良好的购后体验。

第三章　网络顾客消费行为

网络顾客是指通过互联网在电子商务市场中进行消费和购物等活动的消费人群，网络顾客以互联网络为工具手段而实现其自身需要的满足过程。根据2017年网络购物用户调研报告指出：网络购物已成为中国网民的一种普遍行为，不论是在PC端还是在移动端，2016年中国网购用户属性均已基本接近整体网民。其中，从性别分布来看，男性用户略高于女性，且移动端相对更高。艾瑞分析认为，这一方面与中国整体网民男性占比稍高的特征相符；另一方面也与中国女性多使用配偶（或男朋友）注册账号进行网络购物的习惯有关，其原因或者是便于男方进行支付货款或者是便于将商品配送至男方地址由男方搬运回家等等。

根据调查，2016年新网民最主要的上网设备是手机，使用率为64.1%，由于手机带动网民增长的作用有所减弱，故新网民手机使用率低于2015年的73.3%。

从下图中可以得出学生特别是大学生是新增网名的主体力量，占到38.8%，远远地高于老网民，增长幅度最大的领域是学校、家庭，主要是手机增长率。

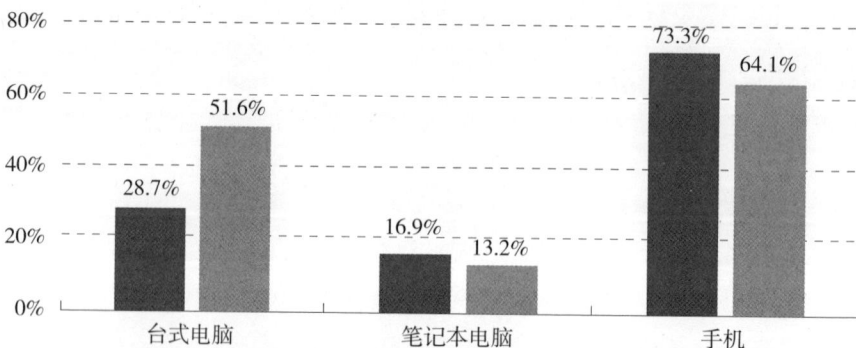

图3-1　2015~2016年新网民互联网接入设备使用情况

一、网络购物的概念及发展阶段

（一）网络购物概念

针对我国网络购物的研究，不少研究学者为网络购物给出定义：中国网购市场发展报告中将"网络购物"定义为：借助网络实现商品或服务从商家或卖家转移到个人用户（顾客）的过程，在整个过程中的资金流、物流和信息流，其中任何一个环节有网络的参与，都称之为"网络购物"。李宛颖（2008）对"网络购物"定义为：企业通过购物网站接受顾客订购信息，并为顾客提供商品或服务[①]。王娜（2009）将网络购物定义为：网络购物是个人通过互联网购买商品或享受服务。购物者可以浏览网上商品目录，比较、选择满意的商品或服务，通过互联网下订单，网上付款或离线付款，卖方处理订单，网上送货或离线送货，完成整个网上购物的过程。网络顾客行为是指网络顾客为获取、利用、处置消费物品或服务所采取的各种行动，包括决定购买行为的决策过程[②]。

网上购物，就是通过互联网检索商品信息，并通过电子订购单发出购物请求，然后填上私人支票账号或信用卡的号码，厂商通过邮购方式发货，或是通过快递公司送货上门。中国国内的网上购物，一般付款方式是款到发货（直接银行转账，在线汇款）和担保交易则是货到付款等[③]。

（二）网络购物发展阶段

Sliver在整理了三十多篇关于网络购物地研究后，归纳总结出网络购物发展的五个阶段[④]：

第一阶段（1993~1996），是网络购物的发展初级阶段，也称之为"吸引眼球"阶段，主要是引起媒体注意，同时引起社会大众的兴趣和关注，但在实际生活中并没有广泛应用。

第二阶段（1996~1998），此阶段被称为企业学习阶段，是企业学习网络

① 李宛颖. 在线销售考虑因素之研究[D]. 高雄：中山大学，1998.

② 王娜. 基于我国市场环境下顾客网络购物影响因素分析[D]. 吉林大学图书馆，15.

③ http://baike.baidu.com/link?url=ge7mrCcZiap5ZBSIbYlF7a433SPM9PL4QYqUY7_68wiOc9_zxdtv RORhQWV

④ de Kare–Silver, M. E–shock–The electronic shopping revolution：strategies for rRetailers and manufacturers[M]. London：Macmillan，1998.

经营和网络渠道建设的初级阶段，被视为是"学习网络知识、实践网络渠道并进行投资"时期。

第三阶段（1998~2001），这个阶段是网络技术突飞猛进时期，互联网通过电脑、手机、数字电视等设备，已经侵入大众的日常生活，但是顾客和潜在顾客只是运用网络技术办公、游戏和生活，距离利用网络技术购物还差一段时间。

第四阶段（2001~2005），该阶段被称为大力发展阶段，网络购物的相关设施和设备得到了迅速发展，人们购物越来越方便；另外，顾客和潜在顾客对网络购物的需求也越来越高，这些基础设施和设备包括更加快速便捷的物流服务、宽带设备、网络平台的建设等。

第五阶段（2005~2008），这是网络购物大力发展的阶段，WIFI技术的发展能够让顾客随时随地查找信息、搜寻商品、网络购物。购物网站APP技术的发展能够让顾客更加容易便利地进入购物平台，进行搜寻和购买。随着中国网络技术的迅猛发展，淘宝、京东、当当等网络渠道遍地开花，完善的物流网络促使网络购物的消费者比2001年增长了十几倍。另外，网络支付环境的不断完善已经影响到银行和金融行业。不仅是购物消费会通过网络渠道，甚至储蓄理财等涉及金钱和财务管理的个人隐秘事物也会随着网络信任度的增加，用户人数也会逐步增长。

随着2008年金融风暴席卷全球，网络购物又发展成为两个阶段。

第一阶段，2008至2013年。当全世界的政府和市场在苦苦寻求出路的时候，中国市场以淘宝和京东为代表的网络零售业却势如破竹，高速发展，连续六年增长率超过200%。我国网络购物市场主要呈现出移动化、普遍化和日常化的态势，顾客越来越多地选择利用手机设备进行购物行为。另外，无论什么商品，甚至衣食住行处处都要通过手机进行查询和购买，以"饿了么"和"美团"为代表的网络饮食行业得到飞速发展，年轻人成为网络购物和网络消费的主体力量。

2014年以后，网络购物呈现出两个特点，一是中国网络零售业的全球化发展，淘宝、京东、苏宁等网络购物平台利用"双十一""双十二"等特殊时期与两百多个国家和地区进行跨境交易，电商全球化已经成为大势所趋。另一个特点是移动互联网技术的快速发展致使手机成为网络购物的主要工具，特别是支付宝和微信的快速支付设置，甚至改变了中国大众的消费习惯。中国已成为全世界无现金消费大国，也是吸进全世界年轻人集聚中国的主要原因。购物方便、支付方便已成为网络购物移动化的主要特点。

二、网络顾客消费需求和动机

（一）网络顾客消费需求

网络顾客的消费需求和实体店顾客的消费需求是一致的，只是实现途径不同。需求也是由低级到高级，由生理需求、安全需求到社交需求、尊重需求和自我实现的需求。虽然网络渠道是虚拟渠道，但网络顾客的消费需求也会产生消费动机，同时，消费动机促使产生消费行为。学者们研究网络顾客的消费需求也是从马斯洛需求理论出发，结合网络渠道的特征研究网络顾客的三个基本需求：偏好、沟通和回馈。

1. 偏好

网络渠道购物的消费者首选是电脑或者手机的爱好者。他们喜欢通过网络途径查找信息，进行操作，所以，他们也是网络技术的熟练操作者，对网络购物活动有着极大偏好。这种偏好出于两种驱动力，一是发现新的购物途径，获得满足感的驱动力，当网络顾客历尽千辛万苦查找到自己喜好的商品，获得较高的性价比时，这种满足感是不言而喻的。所以，找到的商品越是物美价廉、使用方便，通过网络渠道获得成就感就越强，网络购物的热情就越高涨。二是购物查询的内在驱动力。网络顾客形成购物习惯，通过网络渠道查询有关商品，这样可以通过线上和线下两种途径获取商品相关信息，避免信息不对称的问题，同时，可以自由选择线上和线下两种渠道进行购买，获得满足感。

2. 沟通

当今社会，人与人之间的交流越来越少，特别是不少年轻人都有面对面的沟通障碍，遇到陌生人都保持距离，但跟自己兴趣爱好相同的人却滔滔不绝。通过网络渠道，有相同购物偏好和购物经历的人可以一起探讨购物体会，这种不受空间和时间约束的交流方式深受网络顾客的青睐。另外，通过网络购物自发形成的一个团体是自由而民主的，群体中的每个成员都是平等的，都有独立发表意见的权力，所以，在现实社会中，工作高度紧张的人群可以通过网络社交平台让有共同语言和话题的人集聚在一起进行交流，放松身心。因此，QQ群、微信群和朋友圈都是企业开展营销活动的重点，因为偏好相同、购物体验相同，经济水平也是相近的，在C2C领域，这种集聚的群和朋友圈是营销的焦点。

3. 反馈

网络顾客对商品和服务的反馈是真实的，因为评价一般是匿名进行，不受周围环境和其他购买者的影响，所以在网络购物反馈平台和评价平台，顾客可以毫无保留地展示自己的购买心得和使用心得，以供后来潜在购买者考虑，并且在长期使用网络渠道进行购物的顾客也会在信息搜寻的时候，特别留意"顾客评价"。如果评价数量多，并且好评多，那么，这些潜在的顾客就会变成真正的顾客；如果购买数量少，并且评价低，那么，潜在顾客会立即放弃。另外，这个顾客反馈平台非常重要，一方面，企业可以直接关注产品使用者的意见，获取第一手资料，并及时进行改进；另一方面，顾客发表产品使用心得的同时海能对后来者进行建议，极大地让顾客获得满足感。所以，网络购物反馈平台是从企业和顾客双方出发，更好地改进现有的产品或服务，更好地满足顾客的需要。因此，网络顾客需求不仅需要考虑到传统渠道顾客需求，还需要考虑网络沟通和反馈平台是否具有优越性和方便性，需要考虑到网络顾客的交流偏好。

（二）网络顾客的消费动机

购物动机是直接驱使顾客消费活动的内在动力，一般分为生理性购买动机和心理性购买动机。心理性购买动机是因心理需求而产生的购物动机，具有个性化、隐秘性、复杂性和多样化的特点。生理性购买动机是建立在生理需求上的购物动机，具有常规性、反复性和长期性的特点。顾客消费行为常常不是由单一动机引起的，而是由几种购买动机共同作用的结果。网络顾客的消费动机是指能使网上顾客产生消费行为内在的驱动力，具有特性和共性，顾客的网络消费动机主要有：

1. 满足感

网络消费能够给网络顾客带来视觉娱乐和感官刺激，能够达到一定的满足感，可在一定程度上使顾客在工作和生活上的烦恼和郁闷得以转移或释放。上网搜寻相关产品，让顾客既得到了所需要的产品或服务，又带来了精神放松。另外，网络平台虚拟设计的购物环境可以为顾客带来身临其境的感觉，顾客一边消费一边体会更多的乐趣和享受。

2.物美价廉

由于互联网的企业成本低，不需要实体店的相关费用，再加上网上产品或服务流通环节减少，网上的同类商品相对而言要比传统市场中的商品便宜。这种低价策略吸引了许多喜欢买便宜货的人上网寻找自己想要的商品。

3.隐秘性

那些没有时间和不善于同人打交道的顾客对传统消费方式有些排斥，他们不习惯、不愿意直面商家因过分热情而造成的精神压力，同时也担心产品质量问题掩盖在其热情的服务中，致使自己权益受损。另外，有些顾客对购买的产品或服务不想让他人知道或者就是由于自己的惰性不愿意出门购物，网络消费的隐秘性恰恰满足了这些要求。顾客利用网络购物平台足不出户就可以购买心仪的商品或者服务。

4.尊重感

网络顾客可以通过网络消费替代部分人际互动关系，特别是对特定产品的共同爱好，可以找到某些共同爱好者一起谈判产品使用效果，以此增加人际交流机会，满足个人社交需求。随着网络技术的不断发展，习惯了传统消费方式的顾客在进行网络消费时也能随意与其他顾客或商家交流心得。个性化和定制化的服务也会使顾客享受到VIP客户待遇，所以，网络顾客受到商家重视程度而获得的尊重感比传统渠道要高。

5.权威性

网络购物平台提供发表评价一栏或者提供意见一栏，可以让网络顾客享受到被他人关注和重视的愉悦感，他们关于产品或者服务使用后的评价能够让潜在客户决定购买与否，这样的网络意见平台能够增强网络顾客的权威性。

6.方便性

顾客要通过传统渠道购物需要花费大量的精力和时间，须经历从家到店铺、在商店来来回回选择商品、付款结算等一系列过程。另外，当今日益拥挤的交通和日益扩大的店面更延长了购物过程。网络渠道不仅二十四小时营业，货品来源亦是全国渠道，还可以在线支付或者货到付款。

三、网络购物特性分析

网络购物特性包括网络购物的优劣势、用户特性和移动购物特性。

（一）网络购物优势劣势

1. 网络购物优势

Bakos（2005）认为网络购物为顾客提供了便捷的购物方式，顾客可以足不出户购买到质优价廉的商品和服务。网络零售商为顾客提供非常丰富的商品信息，而且更新的速度非常快，顾客可以及时了解产品全部信息，买到最满意的商品[①]。而Scansaroli & Eng（2006）指出，对于网络顾客来说，他们挑选、对比各家的商品只需要登录不同的网页或是选择不同的频道就可以在很短时间内完成，还可以直接由商家负责送达，免去了传统购物中舟车劳顿的辛苦，时间和费用成本大幅降低[②]。

网络购物创造了一种特殊的购物经验，突破了传统购物方式的时间限制。互联网24小时运营的特征使得网络商店能够全天候为顾客开放，顾客可以随时登录网站，挑选自己需要的商品。

购物网站可以为顾客提供性价比高的同类商品。通过网络可以省去很多传统商场无法省去的相关费用，所以，网络商店商品的附加费用很低，价格相对较低。网络商品价格较低的另一个原因是网络购物节省了网络零售商的库存成本。网络购物过程中，网络零售商一般是在客户下订单后再进行商品调配，不需要很多库存，从而减少资金的积压。而且，一些电子商品，例如电子新闻、计算机软件、游戏软件、信息产品等储存在计算机中，可以轻易复制、备份，也可以直接在网络上传输，节省产品配送的运输成本。另外，购物网站中具有店内商品的分类、搜索功能。顾客通过搜索可以很方便地找到需要商品。而在传统商店中，购买者寻找商品就需要用更多的时间和精力[③]。

对于厂商来讲，善于运用网络作为新渠道的厂商可以获得许多优势，如

---

① Bakos, J.Y Redueing Buyer Reareh Costs: Implication for Electronic Marketplaces[J]. Management Science, 1997（43）：1676-1692.

② Scansaroli, Jay A and Vic Eng. Interactive retailing: Consumers online[J]. ChainStore Age, 1997（Jan）：45-54.

③ 王娜. 基于我国市场环境下顾客网络购物影响因素分析[D]. 吉林大学图书馆, 16.

市场范围无地理界限；可通过电子邮件与档案传送，将资料传送至特定的顾客群；制造商可以直接与顾客接触，无须透过中间商，销售程序更有效率；能迅速反应市场需求，并建立企业与顾客之间的互动等。顾客选择网络渠道购物是因为不需要在路上浪费时间，也不需要忍受塞车和手提重物之苦。无论白天黑夜，顾客可以随时"逛街"，并且可以查询同样商品在全国的价格，避免因信息不对称导致的高购物成本，享受到物美价廉的实惠。因此，互联网技术提供顾客另外一种选择，即网络渠道的购物选择。这样，传统渠道所需要的交通成本、信息搜集成本、信息不对称造成的损失成本、时间成本等都可以节省。因此，Bloch和Sgeve（2007）提出网络渠道购物和互联网市场的特点：产品信息即时可查询性、多种产品选择性、服务高效性、一对一个性化服务等。网络购物还有很多优势，比如搜寻信息成本低，不受实体店促销人员的压迫，无论在家还是旅游、出差、办公都可以随意购物，快速的物流也能让人收获到方便快捷的购物体验。

2. 网络购物劣势

网络购物的劣势是个人信息和个人隐私有可能泄露，货物与图片不符，货物配送不及时并在途中毁坏，在线与零售商互动不应答，网络企业没有在购买前检查商品发货，或者存在欺诈行为等。另外，网络渠道购物需要顾客熟悉计算机基本操作和互联网知识，那些有经济实力但不擅长计算机技术的潜在顾客就会被拒之门外。如果网络购物程序过于复杂，会使顾客产生排斥感，拒绝网络渠道[1]。

Baer（2005）在美国的一项调查中指出，信任问题是网络渠道购物存在的最重要的问题。因为顾客和企业双方并没有面对面的沟通，顾客也没有见到商品本身，只能通过视频或者图片了解商品，所以，商品是否真实、质量是否合格和卖家是否会在购买后及时发货都是未可知的。与传统渠道购物相比，网络购物存在如下缺陷：

①由于顾客无法接触到商品，造成购买后商品并不完全符合顾客需求；

②卖方在网络渠道夸大商品的功能和质量，顾客收到商品后感到名不副实；

---

① Hoffman，D.L.，Novak，T.P.，and Chatterjee. Commercial scenarios for the web: opportunities and challenges [J]. Journal of Computer Mediated Communication，1995

③顾客不能及时收到所购物品；

④因为缺乏购物体验，顾客缺少与销售者沟通，以及尝试商品本身带来的愉悦[①]。

国内其他学者对顾客网络购物的研究指出，顾客拒绝采用网络购物的原因来自以下几个方面：

（1）安全问题

网络安全问题一直困扰着双渠道顾客。这个因素导致想采用网络渠道的顾客犹豫不决，他们担心的主要问题：一是个人信息的泄露，例如真实姓名、身份证号码、银行号码等都是个人最隐蔽的信息，但通过网络平台，就有可能被泄露出去；另一个是电子交易的安全问题，万一网络平台存有黑洞，或被黑客入侵，那么，网络平台的资金就会在很短的时间内被他人转走。

（2）购物信息与商品不同步

通过网络渠道发布信息能够第一时间被查询到，但由于实体渠道商品配送问题，顾客即使获取信息也无法在第一时间立刻买到，难以满意。

（3）配送问题

顾客在实体店铺选购商品后可直接拿回家使用或者消费，但网络购物需要配送，这就有了时间滞后性。如果时间短，顾客可以忍受；若等待时间长，顾客就会不满意，特别是对时间有紧迫性要求的商品，如餐饮迟迟不来会引起顾客极大的不满，甚至愤怒。所以，解决网络渠道配送问题是双渠道企业建设的重中之重。

我国网上支付服务目前已得到较大改善，并为网络购物提供了极大便利。但业内专家认为，目前银行卡支付仍在一定程度上制约着网络购物的发展。这主要体现在网络平台支付两个方面：一方面，通过网络进行购物的顾客中有很多人是看中了它的便利性，愿意选择用银行卡支付。但由于提供银行卡支付的网络零售商要向银行支付一定费用，所以，对于利润很低的商品，商家就有可能无利可图。另一方面，网络顾客在初次开通网上支付业务时，有些银行要求本人必须亲自到营业大厅开通这项业务，无形中使网络支付手续

---

① 张正德. 网络购物实现你足不出户便可购遍全世界的美梦[N]. 1997. http://www.ehengte. eoln/shoP/

复杂化，顾客可能对此产生一种厌烦感，这在一定程度上阻碍了网络购物的进一步发展[①]。

根据网络购物的优势和劣势分析，能够概况总结出影响顾客网络购物的关键因素，同时，结合店铺购物，就能总结出影响顾客多渠道选择的重要因素。

（二）用户特性

1. 互联网用户很年轻。

2. 移动端网购用户学历和收入均较PC端高。

3. PC端网购频次相对较高，且女性网购用户购物频次高于男性。

4. 六成网购用户经常访问的电商App个数为三个。

5. 使用电商App数量越多的用户移动端购物频次越高，对场景敏感度越低，累计消费金额越高。

6. 网购用户更倾向于快捷的移动端登录方式。

7. 网购品类仍以服装、鞋帽、箱包、户外及话费充值为主。

8. 智能家电网购用户偏男性，潜在需求较大。

9. 智能电视占主体，女性用户对智能厨房家电偏好较大。

10. 智能电视和厨房家电潜在需求较强，但尚需用户市场教育。

11. 智能家电赢得网购用户的两大关键点：价格与需求。

12. 约五成通信产品网购用户每一至两年更换一次手机。

13. 医药保健网购以营养保健品为主，男性需求较强。

14. 质量与价格是影响网购用户的两大核心因素。

---

① 王娜. 基于我国市场环境下顾客网络购物影响因素分析[D]. 吉林大学图书馆, 16.

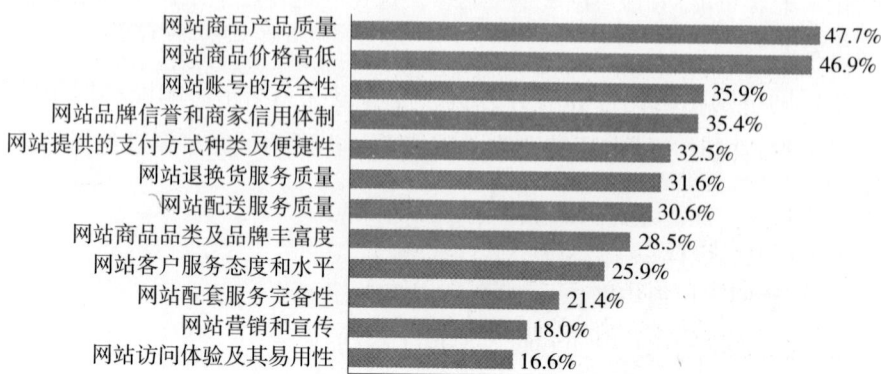

图3-2　2016年影响中国网购用户进行网络购物因素

（三）移动购物用户购物偏好分析

1．相较2015年，2013年，中国移动设备用户使用移动购物的比例由46.1%上升到61.9%，比例明显提升；"只用移动设备查询浏览过相关商品信息，但没直接买过商品"的用户比例由30.8%下降为19.3%。

2．2015年，中国移动购物用户购物频次在10次以上的占比为46.8%，2016年，这一比例提升至56.0%；其中，购物频次在4~10次的用户比例最大，占比27.4%，其次是购物频次在11~20次的用户，占比0.7%，购物超过40次的用户占比19.6%，接近20%。

3．移动购物用户的购物频次将会越来越频繁，理由如下：包括物流、支付等在内的移动购物生态的完善进一步打破了移动购物方式的场景限制；本地生活服务、O2O的发展契合了用户的生活需求，在移动购物市场中更具发展前景；与手机便捷性结合使得随时随地购物成为可能。

4．通过移动设备购买手机话费的用户占比60.8%，购买服装鞋帽类的用户占比55.5%，包括家居百货、小家电、个人护理类等在内的其他商品类别也占有一定的比例。

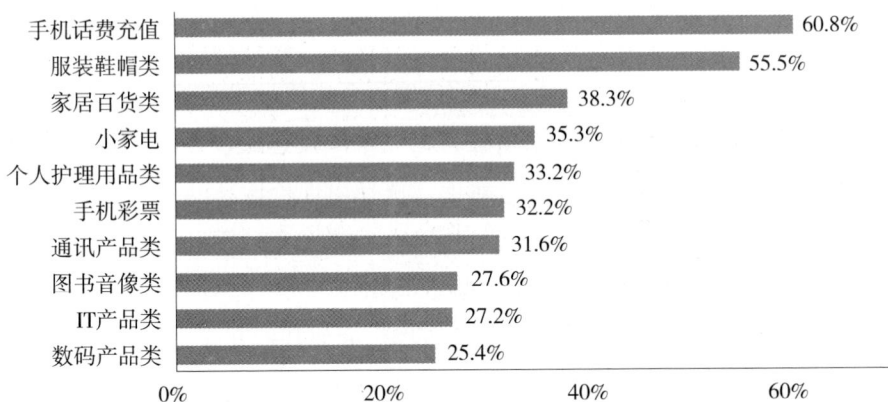

图3-3 2016年移动购物用户通过移动设备购买过的商品类型TOP10

通过研究发现，移动用户在现阶段多购买单价比较低、标准化程度比较高的商品，一方面是由于移动购物虽然发展迅速，但尚未成熟；另一方面是用户还处在尝试和培养阶段，更愿意选择风险较低的商品。手机话费充值在手机终端上自成购买便捷性优势，多个购物App均有充值功能。

四、网络购物决策过程及运作模式

（一）网络购物决策过程

网上购物流程就是顾客通过互联网在手机或者电脑终端完成购物交易过程。一般情况下，网络购物主要包括以下几个阶段：第一，选择购物网站，一般情况下，顾客会选择自己偏好的网站，例如淘宝网或京东网等；二是查询相关商品信息，进行搜寻行为；三是选择满意商品，通过网络互动平台进行沟通，如果满意就登录网络平台进行交易，如果不满意就放弃交易；三是选择安全、方便、快捷的支付平台，支付宝是最常使用的支付方式，另外，就是微信支付或网络银行支付；四是选择物流，等待验货；五是货到进行检验；六是登录网络平台对商品使用满意度进行评价，满意或者不满意，如果不满意，顾客就会选择退货、更换。

网络顾客的购物决策过程跟传统的实体店购物决策过程是不一样的，网络顾客面临的购物环境是虚拟的，他们的购买决策要基于购物偏好和网络购物经验，因此，网络顾客需要更多的互联网技术知识和虚拟环境下的购物经验。Jarvenpa（2000）认为，顾客选择网络渠道进行购物主要是因为顾客对网络平台的信任大于顾客网络风险的认知，即顾客对购物网站的好感度和信任度除了他们的疑虑。所以，网络企业的口碑和企业信誉非常重要。

Trifts提出顾客购物分为两个阶段，第一个阶段是顾客查询搜寻阶段，顾客浏览大量的商品信息，不断进行对比，选择出性价比高的商品；第二个阶段是通过网络互动平台跟卖家进行讨价还价，并在商品质量、商品口碑、商品品质上进行对比，最终做出购物决策[①]。

Misra and Rao（2000）提出互联网所提供的便利性和顾客态度呈正相关，顾客认知风险与购物行为呈负相关。根据人口统计学特征，得出个人素质与网络购物偏好的关系[②]。

Tractinsky（2000）认为网络顾客的信任度与互联网企业的声誉有关，如果一家互联网公司社会形象非常好，口碑极佳，那么，顾客为了享受网络购物的便利性就会降低风险敏感度，出于信任选择该企业的购物网站进行购买决策过程[③]。

Chau，Au，Tam根据技术接受模型得出购物网站信息呈现和顾客购物偏好之间的关系，如果互联网企业的网站主页面提供的信息越有效、便利，更新及时，使用方便，顾客对该网站的评价就会越高，越会对该网站产生偏好[④]。

国内学者提出了整合传统购物、网上搜寻信息网下购物、网上购物三种购物方式的顾客购物决策模型（李双双，2006）。该模型整合了传统搜寻与评价和网上信息搜寻和评价两种方式，并首先提出了顾客购买后的评价也不仅仅包括

① Haubl G，Trifts V.Consumer Decision Making in Online Shopping Environments：The Effects of Interactive Decision Aids.Marketing Science，2000，19(1)：4–21

② Bellman S，Lohse G，Johnson E.Predictors of online buying behavior.Communications of the ACM(42：12)，1999.32–38

③ Jarvenpaa S L，Tractinsky N，Vitale M.Consumer trust in an Internet store.Information Technology and Management，2000：45–71

④ Heijden H V，Verhagen T，Creemers M.Predicting Online Purchase Behavior：Replications and Tests of Competing Models. Proceedings of the 34th Hawaii International Conference on System Sciences，2001

传统的对商品或者服务的评价，还包括对顾客自己所选择的购物方式评价。[①]

另外，顾客进行网络购物会在商品查询、支付和维权三个方面遇到问题：

1. 商品查询。大多数搜索引擎有两个缺点，即局限性和趋利性。局限性只有被搜索引擎抓到的信息才有显示，趋利性指竞价排名，打广告的并不一定就是好商品，不打广告的你可能点击不到。而且，搜索排名可以弄虚作假，顾客难免"中套"。购物查询官方品牌商品可以浏览官方网店大全网站，需要综合采购可以到大型的网站，规模服务比较到位。

2. 支付。支付需要资金往来，所以比较烦琐。应该选择比较通用的方式进行，现在选择较多的是网银和第三方支付。网银是立即到账的，不宜处理善后事宜，第三方支付较好，一定时期内款项在未完成交易（收货确认）前在第三方平台，谁也拿不到，比较好处理交易纠纷。第三方支付，如支付宝，现在基本是网络购物全覆盖，通用性强。

3. 维权。尽量在第三方平台约定时期内尽快处理纠纷。如若卖家不同意退货退款，时间将近时，联系第三方客服，要求延长交付时间。

（二）网络渠道运作模式

购物网站主要经营模式有以下三种：

1. 企业对企业（Business to Business，B2B）。

B2B主要是指企业之间的合作运作，即企业与企业之间利用科技和网络技术从事交易活动，例如宣传、投标下单、客户服务、技术支持等。

2. 企业对一般顾客（Business to Consumer，B2C）

B2C指商家通过平台直接将商品或服务展现在网络上，并提供完善的文字和图片以及便利快捷的支付方式。这是目前最为常见的经营模式。

3. 顾客对顾客（Consumer to Consumer，C2C）

C2C交易的双方都是顾客，网站经营者扮演着协助市场信息的汇集、建立信用评级制度，以及"市场促进者"的角色，来确保平台顺利运行。顾客之间互惠互利自发性地进行交易。

[①] 李双双，陈毅文，李江予. 顾客网上购物决策模型分析. 心理学科学进展，2006（2）：294-299.

五、网络购买行为的影响因素及消费特点

（一）网络顾客购买行为的影响因素

双渠道顾客的购买行为会受到如下因素影响：

1. 商品特性影响顾客选择购物渠道。

不是所有商品都适合网络渠道。也就是说，不是所有商品的购买都是网络渠道优于线下渠道。对于电子产品和书籍来说，网络渠道有优越性，但衣服和食品，线下渠道的体验营销更具优势。另外，顾客认为网络交易最大的问题有三点：一是产质量和售后服务得不到保障；二是性价比并不高，因为还有运费；三是网络信息虚假程度高。所以，商品的特性、网络安全性和服务便利性对顾客购买决策有着很重要的影响。

2. 互联网企业的网站设计对购买决策的影响。

互联网企业网站设计的个性化、支付便利性、查询快捷性，都会对顾客产生影响。因此，知名互联网企业的网站设计，特别是首页设计都是经过精心策划的。如果商品的促销信息和促销页面能够吸引顾客的眼球，并产生购买冲动，目的就达到了。

3. 商品价格的影响。

无论什么样的顾客都倾向于性价比高的商品，对于质量、品牌、规格相似的商品，顾客更倾向于价格优惠的商品。网络销售没有实体店铺的租金、人工、交通费用等成本，具有得天独厚的价格优势，难怪每逢天猫、京东这样的网站进行力度较大的促销活动时，都成了顾客的购物狂欢节。有的顾客在"双十一"储存了一年的卫生纸和洗衣液，可见，物美价廉是人们产生购买动机的决定性因素。根据消费者"特价热卖"的心态，很多互联网企业人为地创造了很多促销噱头，顾客也非常买账，"双十一""双十二"的交易量屡创新高。企业在打造特卖活动时，引导顾客以最便捷的方式进入专栏，轻松获取各种热卖产品的信息和价格，也能够建立快速链接，方便消费者在购买冲动下及时付账。有些顾客根本没有经过思考过程，看到折扣力度大，不管需不需要就果断下单。因此，"双十一"也被戏称为"剁手节"。

4. 网络渠道的便利性。

《中国互联网络发展状况统计报告》指出51%的双渠道顾客选择网购是因

为节省时间，便利性是网络渠道的首选因素。互联网不受休息日和天气等因素的影响，可以提供24小时服务，足不出户就可以完成购物过程。

（二）网络顾客的消费心理特点

网络顾客的消费心理会受到各种因素的影响，因此，需要做出相应的归纳总结：

1. 满足购物便利性的消费心理。网络渠道最大的优势就在于购物的便利性，没有节假日和休息日，可24小时随时随地进行购物。当今社会生活节奏快，人们为了节省时间和精力，更愿选择网络渠道进行购物。

2. 追求物美价廉的心理。网络购物的另外一个优势就是同样的商品性价比高。价格是影响顾客消费心理的重要因素，网络渠道内的产品性价比高，成为人们的首选。

3. 追求个性的消费心理

越来越多的年轻人选择网络渠道购物，是为追求独特个性和满足独立自主的需要。网络产品是全球产品，种类和花样是实体店铺无法比拟的，只有你想不到的，没有你买不到的，这也是吸引年轻人网购的主要因素。

4. 自主选择保持与外界沟通

当今社会，人们独立自主意识增强，再也不会因为客气和面子与不喜欢的人打交道，网络平台提供经历相似、偏好相近的人进行虚拟聚会。人们能够在放松的氛围中进行选择交流，便于与外界保持沟通。

第四章　双渠道顾客消费行为理论基础

庄贵军（2004）从企业角度提出渠道控制理论的基础就是交换理论、交易成本理论和营销渠道行为理论。交换理论为渠道的产生及其控制提供了可能性和必要性；交易成本理论揭示了渠道控制的本质（保护交易专有资产的安全）和渠道（治理）控制结构的影响因素；营销渠道行为理论则进一步发展了交易成本理论在营销渠道方面的应用，提出了渠道控制的多种机制[①]。以上理论同样适合双渠道顾客消费行为研究，同时，笔者将顾客价值理论、顾客满意理论和关系价值理论也运用到双渠道顾客消费行为的理论研究。

一、社会交换理论

"交换"从来都是营销学的核心概念，从营销理论和实践的演进历史看，营销与交换是不可分割的两个概念。正如Hunt（1983）所言，"营销学的基本问题就是交换关系。"[②]从交换作为营销和渠道的核心概念这一本质出发，可以进一步理解交易和关系之间的区别与联系，它们实际上是"交换"的不同表现形式。交换是营销和渠道实践的核心，而交换可以分为交易型交换和关系型交换，因此，交易和关系是营销和渠道实践在不同条件下的表现形式[③]。

社会交换理论兴起于20世纪50年代，认为人与人之间的相互交往和社会联合是一种相互交换过程，可以把所有的社会行为都看作是这种交换的结果。人们既要交换相互经济利益，还要交换各种无形的社会关系。

---

① 庄贵军. 营销渠道控制：理论与模型[J]. 管理学报，2004（7）：82-88.

② Hunt, Shelby D.General Theories and the Fundamental Explanada of Marketing[J]. Journal of Marketing, 1983，47（Fall）：9-17.

③ 王颖，王方华. 营销渠道理论研究的范式演变与最新进展. 市场营销导刊，2006（6）：23-26.

人们在交换过程中总是追求利益最大化。为了得到最大化利益，我们也要付出成本。社会交换活动是以互动过程交换利益，追求互惠为基础，在沟通互动过程中，双方交换有价值的资源。参与双方只有认为彼此提出的交换条件彼此吸引的情况下，才会继续与对方互动交换，因此，双方面临各取所需时，就会互相调整所持有的资源，以符合对方的需求。

交易营销是与特定的顾客进行一两次交易，这是物质利益和短期利益为主的营销活动，而关系营销是与特定的客户建立长期久远的顾客关系，是为了建立在互相信任基础上的营销活动。他们是营销战略序列的两端，缺一不可，只重视交易营销，企业难以获得长久发展；而只重视关系营销，企业很难进行原始积累，缺乏资金储备。另外，从数学角度解释，"交易"和"关系"是相互结合的连续分布函数，在交易营销一端，企业主要分析营销活动；在关系营销一端，企业主要分析关系营销。关系营销和交易营销最终都是达成营销者和顾客之间的"交换"，交换包括传统的商品和服务，交易营销的交换重"短期利益"，关系营销的交换重"长期利益"，所以，交换过程称为社会互动过程，包含复杂的社会交换活动。

二、交易成本理论

美国制度经济学家科斯在《企业的性质》中最早提出"交易成本"的概念。交易成本是"通过价格来衡量企业生产和消费的标准，还包括在市场中与其他企业进行谈判和签订协议的费用都可以通过价格来进行衡量"。科斯在《社会成本问题》一书中阐述，交易成本是"涵盖发现，找到并通知进行谈判的企业费用，与相关企业进行谈判的费用，还包括签订协议以及保障合同协议履行而进行必要督查的费用等"。Arrow（1999）也进一步完善了科斯的关于交易成本的定义，并提出"交易费用就是整个社会经济制度运行的费用"，这样更具广泛意义的交易成本概念使得交易成本概念更具一般性，也就是将科斯在市场和企业领域的交易成本含义扩展到"利用经济制度的成本"，泛称交易成本[①]。

---

① Arrow, K. J Economics welfare and the allocation of resources for invention National Bureau of Economics Research[M]. Princeton University Press，1962：14.

（一）交易成本决定因素分析

威廉姆森（1985）大致沿着科斯开创的思路进一步发展了"交易成本"概念，从客观环境因素和主观人性因素出发，将交易成本规定为利用经济制度的成本，包括事前交易成本和事后交易成本两类[①]。后来，威廉姆森在科斯的基础上扩展和深化了对交易成本决定因素的分析。他主要是从人的因素、与特定交易有关的因素和交易的市场环境因素三方面来分析交易成本的决定因素[②]。

1. 人的因素

人是复杂的，既是感性的，也是理性的。理性要求人要客观对待购买行为，而人也是个感性的，存在机会主义，有时候为了短期利益最大化，也存在冲动消费。由于人的机会主义存在导致交易活动的复杂性，交易成本也是水涨船高。

2. 交易的市场环境因素

交易的市场环境非常复杂，既包括交易对手的数量，也包括交易的成交量等因素。威廉姆提出经济上考虑交易的不同方式，比如交易频率、特定交易、资产专用性和交易不确定性等都会影响交易方式。

3. 与特定交易有关的因素

威廉姆提出交易方式的不同有出于经济因素的考虑，也与特定交易有关，不仅要考虑交易的不确定性和交易频率，还需要考虑资产专用型，专用型高，交易成本就高，如果交易频率高，就会降低交易成本，但交易成本不会随着交易频率无限次地降低，也不会降低为零。另外，交易的不确定性也会因为不可预估的偶然事件导致交易的方式的改变。

（二）企业视角交易成本分析

科斯的《企业的性质》是分析企业交易成本的重要理论支撑，科斯指出交易成本是指企业在经营过程中的除了直接生产成本之外的所有其他花费，也就是说，企业在市场交易过程中产生的费用。科斯认为交易成本基本包括：

---

① Williamson.O.E.Transaction Cost Economics[M]. New York Free Press，1995：25.

② 蔡洪民. 基于交易成本理论的长春顶园公司分销渠道优化研究[D]. 吉林大学图书馆，2006（7）：9—10.

签订协议成本、履行合同成本和督促合同执行成本。交易成本概念的提出是为了解释企业生存成本和其他成本，企业内部交易是内部资源配置，是企业与市场之间的选择。为什么要建立企业？就是可以通过企业来代替市场，因为市场交易存在着交易成本，交易内部化后就可以将交易成本转化为企业内部成本。因为市场交易成本是需要运转市场价格机制，这需要付出一定的代价，企业内部的交易在一定程度上降低了市场交易成本。所以，市场才会被企业取代，企业的本质就是市场的替代物，因为企业不同于市场交易模式和市场交易方式。通过科斯的分析，间接地证明企业是市场交易费用的产物。另外，市场交易费用的大小决定了企业的规模，如果市场交易费用一旦增长幅度大，那么，企业就会考虑扩大规模，这样才能够用企业内部交易代替市场交易，因而能够解释企业为什么要大量地并购其他企业[①]。

（二）渠道中的交易成本分析

交易成本分析的框架是基于真实交易环境，因此，渠道的环境特点和交易方式特点决定了渠道交易成本的存在。交易环境特性和交易参与者的特性确定了交易的特性。

人的有限理性和机会主义倾向等因素构成了交易成本产生的根源。依据交易成本理论，庄贵军（2004）提出渠道建设取决于两个重要因素：一是资产专用性比例高低，二是交易不确定性。资产专用性对渠道建设影响非常大，如果企业对渠道的控制越弱，也就是企业的不确定性越大，那么，企业越需要加强渠道的控制，这样可以保护企业的渠道专用资产的安全性。另一方面，企业需要将企业的不确定性风险转移到市场化行为中来化解，如果企业都采取市场化渠道，那么，交易企业之间是毫无保留的，没必要单个企业进行专有资产的投入，也不必担心对方企业会使用一些手段和暗箱操作来损害本企业的利益[②]。企业资金的专用性是指企业的资金在保障企业的基本生产条件下，企业资金可以用于不同的用途或者利用这些资金去做其他一些项目，所以，企业在渠道建设方面不要毫无保留地进行投入，投入越大，导致交易资金的

① 陈秋红. 基于交易成本的我国家电营销渠道的整合[D]. 湖南农业大学图书馆，2006（7）：2-7.

② 庄贵军. 营销渠道控制：理论与模型[J]. 管理学报，2004（7：82-88.

专有程度越高，对渠道中其他成员的依赖性就越高。

关于营销渠道中交易成本的范畴，本书总结了国内一些学者的观点：赵昌旭（2004）指出，在流通过程中的交易成本是流通顺利进行所必须花费的代价。渠道交易成本主要由以下几方面的内容构成：获取潜在买主信息的成本；获取或传递产品信息的成本；获取另一方有关信用、财务等信息的成本；监督合同执行的成本；有关合同完成后的所有成本。陆芝青、王方华（2004），张振宇、管锡展（2005）认为在渠道的架构中，交易成本包括搜寻成本、谈判成本和履约成本等三大类，他们认为渠道的环境特点和交易方的行为特点决定了渠道交易成本的存在。"渠道交易的不确定性、资产专用性和交易频率决定了交易成本的特点和大小。"[①]

要采用复合渠道安排是因为每个新渠道直接针对新的顾客，从而增加了销售量，而只依靠单一渠道越来越难以抵抗新的成本竞争。制造商使用双渠道比使用单一渠道能实现更深的市场渗透。当然，多重渠道也产生了渠道冲突的问题。渠道中的一部分为争夺同样的顾客与另一部分发生冲突，给顾客的购买造成混乱。所以，渠道组合策略涉及新渠道的选择、多种渠道搭配和解决渠道冲突等问题。渠道交易的不确定性、资产专用性和交易频率决定了交易成本的特点和大小[②]。

三、顾客价值理论

顾客价值理论是企业对顾客价值分析的理论基础，关于顾客价值理论的研究已成为人们关注的热点，无论是理论内涵还是构成维度、驱动因素，都已有相当多的国内外学者进行了整理和创新。

（一）顾客价值定义梳理

顾客价值理论的最大创新之处在于从顾客的视角来研究价值，其核心是顾客对某一市场提供物满足其需求能力的预期、对需求满足过程以及需求满足之后所得结果的感知。营销界的学者在顾客价值的定义与内涵上众说纷纭，从不同的视角进行诠释，但是基本可以从"感性"和"理性"两个角度进行

---

① 陈秋红. 基于交易成本的我国家电营销渠道的整合. 湖南农业大学图书馆, 2006（7）: 2-7.
② 张振宇，管锡展. 企业营销渠道的交易治理分析.

定义：理性角度，基于顾客都是理性的假设，理性顾客都是追求效益最大化，注重效益和成本，也是追求性价比的。感性顾客是指那些注重感觉和直觉的顾客，他们更强调消费过程汇总的感受和直觉，通过表4-1得出顾客价值的定义。

表4-1　顾客价值定义

年份	学者	角度	顾客价值定义
1990	Monroe	感性	购买者的知觉价值是指其从产品所取得的质量或效益上的认知，相对于付出价格所做的牺牲。
1994	Gale	感性	顾客价值是经产品相对市场价格调整后的感知质量。
1988	Zeitham	感性	顾客基于获得与付出的知觉，对产品或服务的效用所做的整体评估。
1999	Holbrook	理性	认为产品与服务所产生价值的消费经验，即为顾客价值。顾客价值是一种"互动性、相对性、偏好性"的经验[1]。
1996	Wodruff Gardia	感性	顾客价值意指顾客对于他们预期结果的知觉，经由产品或服务的提供，以达成渴望的目的。
1996	Slywotzky	理性	顾客价值是指顾客的观点考虑他们所想要的，并相信能够透过购买及使用产品而得到其价值。
1997	Woodruff	理性	顾客价值是顾客为达成其目标和目的，而对产品属性、属性的表现和结果加以评估以及认知上的偏好[2]。
1998	Butz & Goodstein	理性	真正的顾客价值需要整个组织部门的承诺。顾客价值为顾客知觉自己的需求所被达成的程度。组织应该强调提供顾客所追求的需求结果以及附加价值的提供，而不是在于顾客所购买的产品或服务本身。

资料来源：武永红，范秀成（2004）[3]、查金祥（2006）[4]，经本作者整理。

上述是国外学者对于顾客价值的相关研究。国内不少学者也从不同角度给出了顾客价值的定义。比如，有的学者给出顾客价值的定义：顾客价值是顾客在消费商品和服务的过程中对商品和服务进行的全面而整体的综合评价，

---

[1] Bolton, Ruth N, JamesH Drew. A Multistage Model of Customers'Assessments of Service Quality and Value [J]. Journal of Consumer Research，1991，17（5）：375-384.

[2] A SKhalifa. CustomerValue: A Review of RecentLiterature and an Intergrative Configuration [J]. Management Decision，2004，42（5）：645-666.

[3] 武永红，范秀成. 基于顾客价值的企业竞争力整合模型探析. 中国软科学，2004（11）：86.

[4] 查金祥. B2C电子商务顾客价值与顾客忠诚的关系研究. 博士生论文. 浙江大学图书馆，2006（5）：9.

是一种顾客的自我感知和认识，是高度个性化的评价，包含对获得效益和付出成本代价之间的衡量关系。另外，不仅是经济利益的衡量，还包括在消费过程中所获得的体验价值（查金祥，2006）[①]。

（二）结构维度及理论内涵

Olive（1999）提出了顾客价值的概念框架，他将顾客价值分为成本价值、品质价值和感受绩效三部分。成本价值指顾客实际感受到产品与服务的效用，而非产品的成本，这种效用包括可以用金钱来衡量的与非金钱可衡量的部分。品质价值指顾客认知同类产品品质的排序，也就是顾客心目中的同产品比较。在顾客的心中会认知A产品的品质比B产品来得好的评价。感受绩效是一种外显式的比较，指顾客消费过程中对所消费产品的感受。

Sheth等（1991）直接提出了社会性价值、知识性价值和条件性价值的概念，认为顾客的购买行为主要受到五种价值层面的影响，分别是功能性价值、社会性价值、情绪性价值、知识性价值与条件性价值。

（1）功能性价值：功能性价值可由顾客对产品或服务在产品功能的评估和衡量，对产品质量、使用方便性等方面的评估。

（2）社会性价值：对于某一产品来讲，其他潜在顾客和社会大众对此项产品或服务的看法及影响力等因素决定顾客是否要购买某项产品或服务，因此，社会性价值是社会大众口碑和企业品牌形象以及产品形象对顾客产生购买影响。

（3）情绪性价值：指顾客在购买此产品或服务时，个人情绪或情感所认知的知觉，情绪性价值主要可由顾客对产品或服务的消费心情作为衡量标准。

（4）知识性价值：顾客追求新事物、新经验与新知识的消费心态，顾客期望通过购买产品或服务来满足其消费的好奇心、新奇感与求知欲，此即为顾客对产品或服务在知识性价值的认知。

（5）条件性价值：在不同时间或情境下，顾客对产品或服务价值的认知会有所差异[②]。

---

① 查金祥. B2C电子商务顾客价值与顾客忠诚的关系研究. 博士生论文. 浙江大学图书馆，2006（5）：10.

② Sheth, J. N., Newman, B. L& Gross, B. L.Why we buy what we buy: A theory of consumption values(JJ. Journal of Business Research，1991，22（2）：159–170.

（三）网络渠道顾客价值的内涵及维度

网络顾客价值是指网络顾客通过网络进行产品或服务购买、消费时，对其整体效用的认知和评价，既包含通过网络购物和消费对所获得的效益与所承受牺牲之间的相对关系，又包含顾客通过新的渠道进行消费过程中所获得的情绪、体验上的价值。

Lee（2004）认为顾客通过购物目标的实现以及购物过程感受到的乐趣，进而产生感知价值。从客观激励视角出发，顾客价值可以区分为效用价值和体验价值。效用价值是与任务相关的、理性的，并且是工具性和效用目标导向的（Childers et al，2001），取决于特定的消费需求是否被满足。只有成功地完成购物任务，才能获取效用价值。顾客在购买前会完整考虑与评估商品相关的信息，进行有计划、有效率的购买。享乐价值是为了获得购物体验的乐趣，所以享乐价值比效用价值更加重视顾客体验，所以，顾客为了显示身份、逃避现实、寻求感官刺激等因素和个性化需求而追求享乐价值，这是一种自我激励，主观上追求安全保障、社会交往、自我炫耀等感性和多层次的感受[①]。

随后，渐渐有学者开始关注网络渠道的社会性价值。如wolni（1999）则是从顾客使用网站的需求为起源提出了七个因素：社会逃避、交易基础的安全与隐私、信息、互动自主、社会化、非交易基础的隐私、经济。Boudraeu等（2000）提出网络上的五种价值因素：社会、功利主义、快乐主义、学习、购买。

四、顾客满意理论

美国经济学家费耐尔教授在1990年提出了顾客满意理论，其理论研究的主体是顾客，主要方式是根据顾客消费的满意度来改进产品和服务，完全满足顾客的需求，从而提高其产品在市场上占有率，扩大产品的销售额，获取较大的利润。许多学者从不同视角对顾客满意的内涵进行了不同的解释，Howard和Sheth（1969）提出，满意是购买者面对以牺牲所换来的报酬评估是

---

① Lee, E. J.. Overby. J. W. Creating value for online shoppers: Implications for Satisfaction and loyalty. Journal Consumer Satisfaction. Dissatisfaction and Complaining Behavior, 2004, 17: 54.

否足够的一种认知状态[1]；Oliver（1981）认为，满意是一种在使用或消费某种产品时所了解到的一种评估，是情绪上无法确定的经验[2]；Woodside认为，顾客满意是顾客在消费后所产生的整体态度的表现，能够反映出顾客在消费后喜欢或不喜欢的程度；顾客满意是顾客经由一次购买之后，比较所获得的品质和利益，以及所付出的成本和努力，对企业所提供产品的整体判断[3]；Kotler（1996）认为，顾客满意可以解释为个人在比较了对服务或产品的绩效认知的与自身的期望之后，所产生的一种愉快或失望的感知态度，并指出顾客满意水平是预期绩效与期望差异的函数[4]。从状态角度来定义，认为顾客满意是顾客对购买产品或服务后的累积感受，是顾客对一定时期内购买产品或服务评价的总和，体现的是顾客经历而产生的一种结果。国内学者一般认同菲利普·科特勒的定义，科特勒认为顾客满意是顾客对消费的产品或服务所感知的绩效与期望进行比较的结果。

ISO9000（2000）中明确提出了八项质量管理原则，其中"以顾客为关注焦点"被列为八项原则的第一条，把顾客满意作为质量管理体系业绩的一种测量方法。

以前，企业追求产品质量达到标准，服务能够达到最好，现在的企业追求的是"满足顾客的需求和欲望"。根据美国市场营销协会的研究结果，一个顾客满意会影响五个潜在顾客，但是，如果一个顾客不满意，他会告诉二十个潜在顾客，所以，维持五个老顾客的成本是开发一个新客户的成本。

有的学者将顾客满意度作为顾客满意的统计量化指标，主要是基于顾客满意理论主要研究顾客满意度的构成维度和衡量标准[5]。顾客满意度是描述了顾客对产品或者服务的期望值和实际感受值之间的差异，也就是顾客对产品和服务的认知以及体验到的感知之间的差距，这种差距可以用量化进行测量：

---

① Howard and Sheth.The Yheory of Buyer Behavior[M]．New York：John Wiley，1969.

② Oliver. Measurement and Evaluation of Satisfaction Processes in Retail Settings[J]．Journal of Retailing，l981.

③ Ostrom and Iacobucci.Consumer Trade-off and the Evaluation of Service[J]．Journal of Marketing，1995.

④ Kolter. Marketing's New Paradigm：What's Really Happening Out There[J]．Special Issue，1992.

⑤ 刘坤．顾客满意度理论综述．山东通信技术，2005（12）：297-302.

当顾客的感知高于认知，顾客就会感到满意，就会形成重复购买，成为忠诚顾客；当顾客感知低于认知，顾客不满意，就会放弃继续购买，并告知其他人自己的不满意。因此，顾客满意度包含积极性和消极性，即顾客感到满意或者不满意。

路萍、柯冬香（2007）提出，顾客满意度评价指标体系包括可靠性、价格、质量和柔性四个维度。可靠性衡量指标包括顾客投诉率、准时交货率和没有达到销售额率；柔性指标包括数量、交货时间和产品；价格指标包括价格保护、单品促销打折率和同比均价优势；质量指标包括顾客投诉解决时间、保修率和退货率。

汤俊（2016）提出影响顾客满意度的因素，并进行分析。另外，顾客满意度和顾客消费之间也存现关系，通过最优化技术成本有效地提升顾客满意度核心指标，并且找到这些影响因素，达到顾客满意，增加顾客重复购买，降低顾客流失率和投诉率，提升顾客满意度，达到顾客忠诚度，这样，企业就可以提升盈利能力和竞争能力[①]。

五、需求理论

从心理学的角度分析，双渠道顾客需求也是本书主要的理论基础，所以，这一部分概述马斯洛需求层次理论和双因素理论。

（一）马斯洛需求层次理论

马斯洛是美国著名的心理学家，他发表的《人类动机理论》一书中提出"需要层次"理论。他把人的需求分成五类，依次由较低层次到较高层次排列。

1. 生理需要：最基本的需求，也是生存需要，满足基本的衣食住行要求；

2. 安全需要：要求劳动安全、职业安全、生活稳定、希望免于灾难、希望未来有保障等，指在生理需要得到满足的前提下产生的需要。

3. 社会需要：社交的需要也叫归属与爱的需要，是指个人渴望得到家庭、团体、朋友、同事的关怀爱护理解，是对友情、信任、温暖、爱情的需要。

---

① 汤俊. 顾客满意理论及应用研究综述. 商场现代化，2016（5）：55–57.

4. 尊重需要：包括自尊和他尊。自尊是树立自我要求和自我约束的标准，自己尊重自身的价值和选择；他尊是希望他人尊重自己的存在和价值，自身的能力和才华得到他人公正的承认和赞赏，要求在群体中确立自己的地位。

5. 自我实现需要：希望完成与自己能力相称的工作，充分表现个人的思想、兴趣、能力和意志等。充分发挥个人能力，实现理想和抱负，取得成就的需要。

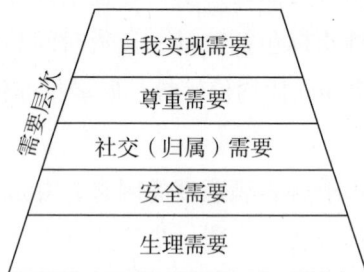

图4-1　马斯洛需求层次理论

（二）双因素理论

双因素理论又称激励保健理论，是美国行为科学家弗雷德里克·赫茨伯格提出来的。双因素理论认为引起人们工作动机的因素主要有两个：一是保健因素，二是激励因素。只有激励因素才能够给人们带来满意感，而保健因素只能消除人们的不满，但不会带来满意感。

满足顾客的保健因素已经成为渠道的基本功能。单独的店铺渠道能否满足顾客的激励因素需求，以及双渠道能否更好地满足顾客的激励需求是本章研究的重点。

六、关系价值理论

Anderson在1995年认为关系价值是源自关系营销观念中的顾客价值。因为价值是一切营销活动的出发点。交易价值、关系价值都是企业与顾客之间的往来的体现，关系的存在有利于加强合作，而稳定的关系可以降低交易成本。

（一）顾客视角的关系价值

衡量关系价值的视角一般有两种：顾客视角和企业视角。本书探讨的是顾客视角的双渠道购物决策过程研究，因此，重点剖析顾客视角的双渠道关系价值。

Wilson（1994）最先明确地提出了关系价值的概念，指出关系价值表示由于关系的存在引起双方价值的增值，并提出关系价值包括经济价值、战略价值和行为价值。他们强调的关系价值的双向性指出关系可以给企业和顾客双方创造价值[①]。张广玲（2006）认为从顾客的视角来研究关系价值，主要研究在买卖关系中，顾客本身从中获取的利益、付出的关系成本，并且总结出国外学者对关系价值的探讨多是从顾客角度进行的，即主要讨论顾客维持与企业的关系给顾客所带来的关系价值（即对顾客的关系价值）。从顾客视角研究的关系价值，即顾客实际获取的价值，也包括顾客感知价值，该研究角度有助于企业更加准确地把握顾客的需求，提供和传递顾客最需要的产品和服务，建立持久顾客关系，从而形成企业的持久竞争优势[②]。

笔者总结本书双渠道关系价值定义是：双渠道关系价值是综合了交换理论、关系营销理论、价值理论，从顾客视角反复感知两个渠道，并随着关系的发展而产生的关系收益与关系成本之间的权衡。

1. 关系价值维度

张广玲等（2006）对国外学者关于关系价值的维度进行了文献梳理，根据本研究的相关度整理如下：

表4-2　国外学者对顾客视角关系价值构成维度研究

学者	关系价值构成维度		实证基础	研究领域或视角
	收益维度	支出维度		
Andersonetal 1993；Anderson and Narus 1999；Anderson，2000，et al.	经济收益；技术收益；服务收益；社会收益	价格	没有	消费市场
Gronroos 1997	核心方案；附加服务	价格关系成本	没有	消费市场
Gwinner et al. 1998	信心收益；社会收益；特别待遇收益	没有	定性和定量研究，选取美国服务行业中的三百个顾客做调查	消费市场

资料来源：张广玲（2006）[③]，经本书作者整理。

---

① Wilson, D.J. S.A. Jantrania. Understanding the Value of Relationship[J]. Asia–Austrilia Marketing Journal，1994，2: 55–66.

② 张广玲，武华丽，余娜. 关系价值构成维度研究述评. 科技进步与对策，2006（10）：192–195.

③ 张广玲，武华丽，余娜. 关系价值构成维度研究述评. 科技进步与对策，2006（10）：192–195.

通过国外学者关于顾客视角关系维度的界定，可以得出关系收益和关系成本是关系价值最基本的划分维度。

（1）关系收益

从顾客角度来看，关系收益是指顾客建立和维持与企业的关系给顾客所带来的特殊利益。研究结果表明，如果顾客能够得到重要的关系收益，即使一个顾客感到关键的服务属性没有达到最佳，他们仍然会维持相应的关系。对于关系利益首先进行系统的实证研究的是Gwinner（1998）。他们的研究结果在该领域被称为GGB范式，其给出的关系利益定义被普遍引用与承认，是指"在与企业保持长期合作关系的过程中，除去和超越核心利益之外，带给顾客的其他利益"。Berry在1995年率先指出，顾客保持与企业的关系可以获得风险降低利益和社会利益，信任企业的顾客更愿意保持与企业的关系，这样做能降低他们的不确定性；社会利益则与顾客的社会需求相关，顾客渴望发展与企业员工之间的友谊[1]。

Gwinner等定量分析结果表明存在三类关系利益，其中社会利益和信心利益与定性研究的结果一致，经济利益和定制化利益则合并为一个维度的特殊待遇利益，包括价格折扣、更快的服务和特殊的额外服务[2]。

Anderson et al（2000）提出三种类型，社会收益、信心收益和特别待遇收益。Gwinner et al（2001）经过消费品市场的实证研究提出信任收益、社会收益和特别待遇收益三种关系收益。Gronroos（2000）也从消费品市场中提出关系收益的维度，包括经济收益、技术收益、服务收益、社会收益。

（2）关系成本

Klemperer（1997）研究中，提出转换成本，并将转换成本划分为三类，连续成本、学习成本和沉没成本。Han et al（1999）对企业之间的关系进行研究，提出存在三种关系成本，投资成本、转换成本和精神成本。基于Han等人的研究，提出在B2B关系中存在三种关系成本，精神成本、投资成本和转换成本。精神成本是顾客花费很多精力去寻找商品、咨询企业、购买商品。学

---

① Berry, L L. Relationship marketing of services–Growing interest, emerging perspectives[J]. Journal of the Academy of Marketing Science，1995，23（4）：236–245.

② Gwinner, K P, Gremler, D D, and Bitner, M J. Relational benefits in services industries: The customer's perspective[J]. Journalof the Academy of Marketing Science，1998，26（2）：101–114.

习成本是在信息搜集、获取，交易过程方面付出的成本。时间成本与个人和时间的投资相关，主要包括搜索和评估。沉没成本是指前期投入的认知成本、组织成本，也就是前期付出却无法得到回报的成本。Gguiltinan（1989）在消费品市场背景下对这三种关系成本进行了实证研究，通过实证分析，最终归纳出两个成本维度：一个是转换成本；精神成本和投资成本合二为一，或许与替代者有关，不仅有商品替代者，还有服务，不仅需要从顾客的利益最大化出发，还需要提供连续性成本，包括认知成本和培训成本，也就是企业对额外利益和服务坚持投入，当然，也包括机会成本和风险成本。

（二）网络环境下的关系价值

Yen和Gwinner还在互联网环境下检验了关系利益的种类，他们认为基于互联网技术的个人服务缺乏人际接触，网络商店雇员与顾客之间不会发展友谊，因此，在顾客与网络商店之间不存在社会利益，关系利益的范围局限于信心利益和特殊待遇利益。Colgate等也开发了互联网环境下关系利益的测量量表，研究结果表明，信心利益、社会利益和特殊待遇利益在互联网环境下依然存在，另外，在网络环境下还有两个新的维度，即个人服务维度和历史维度。

崔艳武等以中国B2C网络销售行业为背景开发了关系利益测量量表，除信心利益、社会利益、特殊待遇利益外，还产生一个新的维度，即荣誉利益[1]。

西方学者对于B2C环境中关系成本的研究较少，只有如下两个研究提出了与关系成本相似的概念，即关系障碍。Hennig等区分出四种关系障碍：顾客独立的渴望指顾客认为与公司的亲密关系是一种威胁；选择自由指选择方案减少，使顾客避免与公司建立很强的关系；多样性搜寻的需求指顾客希望保持刺激的最佳水平；隐私的需求指提供个人特征或购买习惯的信息是讨厌和可疑的[2]。Noble和Phillips的定性研究结果表明有四类关系障碍会阻止顾客关系的形成：维护努力指顾客感到他们为维持与供应者的关系所必须完成的杂事或任务，这需要大量的时间和精力；时间指顾客感觉到为了开始或维持与供

---

① 宋晓兵，董大海. 顾客与网络商店的关系价值研究. 管理科学，2008（2）：72-81.

② Thorsten Hennig-Thurau, Kevin P Gwinner, DwayneD Gremler. Why Customers Build Relationships with Companies-and Why Not RelationshipMarketing: Gaining Competitive Advantage Through Customer Satisfaction and Customer Retention. Berlin: Springer, 2000: 369-391.

应商的关系必须花费一些时间；未得利益指顾客认为关系计划中提供的利益存在问题[①]。

七、关系质量理论

关系质量的概念已在许多领域进行了研究（服务质量、交互方法、社会性交易理论与客户满意理论），最早对关系质量的研究出现在营销领域，关系营销概念的提出使得企业与客户之间的互动关系的质量日益受到人们的关注[②]。在关系营销领域，通常认为客户的忠诚度主要依赖长期发展起来的企业与客户间的关系质量，认为关系质量是一种无形的力量增加着产品与服务的价值，并导致期望的买卖双方的交易（levitt，1986）。由于产品服务的多样性与异质性，使得顾客在交易的选择上容易发生不安与不确定性，若能与顾客建立良好的关系质量，便能有效降低不确定性，提高未来持续互动的效果[③]。并且指出良好的关系质量可以降低顾客的不确定性，并会影响顾客对于未来与企业持续互动的预期。

企业与顾客的关系好坏影响着关系质量。顾客感知好的关系质量是企业为顾客提供辅助性服务和技术性服务，能够让顾客增加产品与服务的附加利益，淡化购买产品和服务成本的价格敏感度。同时，企业在与顾客的互动过程中可以更加深入了解顾客需求和欲望，并且通过与顾客的接触，能够了解对产品和服务的不足之处，可以提高产品的实用性、产品兼容性、产品持久性和产品可靠性。同时，跟顾客的良好关系能够培养顾客的忠诚度，并且获得体验满足感。另外，从另一个角度讲，企业也是客户的资产，在与企业的关系之中，顾客获得满足、幸福的体验，这种心理上和社会性的利益能够加强企业与顾客之间的关系。

另外，赵滨（2008）经过实证研究提出加强关系质量会增加关系价值、

---

① Stephanie M Noble, Joanna Phillips. Relationship Hindrance: WhyWould Consumers NotWant a Relationship with a Retailer[J]. Journal of Retailing, 2004, 80（4）: 289–303.

② Amy Wong, Amrik Sohal, Customers' perspectives on service qualityand relationship quality in retail, Managing Service Quality 2002, 12, 6; ABI/INFORM Global, 424–434.

③ Crosby, L. A An Interpersonal Evans, K. R., and Cowles, D, Relationship Quality in Services Selling: Influence Perspective. Journal of Marketing 1990, 54 July, 68–81.

关系质量会降低企业部分成本，关系质量会降低企业风险[①]。严兴全等（2005）通过实证研究论证了关系利益和关系质量之间的关系，企业加强关系质量能够给顾客带来更多利益、社会利益和信任利益，并且获取更多的关系利益。

（一）关系质量定义

在现有文献中，关于关系质量的定义，多数学者基本上均参考了Crosby、Evans和Cowles在1990年给出的关系质量定义。从人际关系角度出发，Crosby等人认为，关系质量就是顾客在过去满意的基础上，对销售人员未来行为的诚实与信任的依赖程度[②]。Johnson（1999）将营销渠道成员之间的关系质量解释为成员关系的总体深度与气氛。Holmlund（2001）则在前人研究的基础上，提出了更具适应性的B2B状态下关系质量定义。他指出，"感知关系质量是指商业关系中合作双方的重要人士根据一定的标准对商业效果的综合评价和认知。"刘人怀（2005）综合众多西方学者的相关研究，给出了关系质量的定义：作为感知总质量的一部分，关系质量是关系主体根据一定的标准对关系满足各自需求程度的共同认知评价。其实，质就是指能够增加企业提供物的价值，加强关系双方的信任与承诺，维持长久关系的一组无形利益[③]。

（二）关系质量维度

根据前期学者的研究得出关系质量维度的研究已从单一的人际关系理论拓展到新古典经济学、人际关系理论和交易成本理论等跨学科领域。Cowles和Crosby在消费品市场中运用了人际关系理论，提出关系质量的关键维度是满意和信任，关系质量结构中的内生维度是将信任与满意等互动，更是提出顾客信任是建立在顾客对推销人员的信任，而顾客满意则是顾客对商品和服务人员的满意。

Spekman和Mohr（1994）在实证研究的基础上，提出合作成功的企业合伙关系的基本特征是信任、合作、沟通质量和承诺，以及参与、冲突可以共同解决。另一种研究思路是从关系赢利的角度考虑关系质量维度。Parsons

---

① 赵滨. 关系质量契合渠道顾客关系价值的研究[D]. 西安理工大学图书馆，2008（8）：15-19.

② Crosby, Lawrence A, Evans, Kenneth R, and Cowles, Deborah. Relationship quality in services selling: an interpersonal influence perspective[J]. Journal of Marketing，1990，54（jul/3）：68-81.

③ 刘人怀，姚作为. 关系质量研究述评. 外国经济与管理，2005（1）：27-33.

（2002）把关系质量从关系营销的角度把关系质量维度划分为关系承诺、共同目标和关系利益[①]。

刘人怀（2005）总结出西方学者关于关系质量维度的研究得出维度沿着两个方向演变，一是从交易成本理论角度出发，构建了一个关系质量的动态模型，另一个是从企业与顾客双方互动关系出发，注重关系管理，增加关系承诺，便于冲突解决，并加强沟通质量，这样可以更好地防止机会主义出现。

[①] 刘人怀，姚作为. 关系质量研究述评. 外国经济与管理，2005（1）：27–33.

第五章　双渠道顾客消费机理及模型构建

《现代汉语词典》中关于理论的定义是：人们由实践概括出来的关于自然界和社会认知有系统的结论。很多名人都对"理论"内涵有着深刻的理解，比如亚历山大说："所谓理论，就是脱离个别事物的一般化，脱离具体事例的抽象。"毛泽东也说过："真正的理论在世界上只有一种，就是从客观实际抽出来，又在客观实际中得到了证明的理论。"所以，理论和实践是统一的，总是分不开的。本章是通过上一章的文献梳理，对双渠道顾客消费行为形成机理和双渠道顾客购物决策过程进行分析，并且构建选择行为、渠道评价行为和渠道保留行为的理论模型。

一、双渠道顾客消费行为形成机理分析

双渠道顾客进行消费依据是利益最大化原则，即以最小的成本换取最有价值的产品。根据前人的研究，本书可以推出双渠道消费行为是顾客主动选择特定渠道和服务方式的过程，也是顾客通过不同渠道与零售商互动的过程。在这个过程中，顾客开始是基于"交易交换"，进行的渠道选择行为；交易完成后，顾客会对交易结果进行评价，然后，在与企业打交道的过程中，顾客基于"关系交换"进行的渠道保留行为。所以，双渠道顾客消费行为就是以交换为主线，贯穿整个过程，同时，交换的过程就是顾客进行交易权衡的过程，权衡的基础就是价值。因此，笔者从交换、交易成本、顾客价值三个方面阐述双渠道顾客消费行为形成机理。

（一）双渠道顾客交换动因及内涵

1. 双渠道顾客交换动因分析

根据社会交换理论，企业采用双渠道销售和服务可以为顾客带来更多益处，如果顾客能够从双渠道中获益，又都遵守互惠规范，愿意为自己的所得

提供回报，顾客和企业就组成了互动群体，双方会以承诺的方式持续地表示出其在交换关系中的可信任性，社会交换过程就真正开始了。这种双渠道的消费行为与顾客保留时间、活跃程度、渠道接触宽度以及人际接触密切相关，关系质量越好，顾客从交易从得到的利益越多[①]（Kumar，2005）。

Venkat（2002）认为双渠道顾客购物的动因是因为与顾客利益之间存在着关系，并进行了实证研究。根据交易成本理论和社会交换理论，顾客与企业之间的相互影响特征可以从以下几个方面考虑：相互沟通频率、多次购物、购买频率、返修服务等活动。从同一企业购买多种商品的顾客往往具有较高的购物频率和较长的购物保留时间，那么，顾客成为该企业双渠道顾客的可能性很大，因为，顾客忠诚的是企业品牌和产品服务，而不是哪种渠道。

另外，企业通过顾客返修和重复服务可以得到顾客存在的深层次的需求，这样就为企业提供了多次接触顾客的机会，企业就可以引导顾客采用企业的双渠道购物机会。顾客除了购买产品以外，还需要更加方便地享受企业服务，这样，顾客可以更加积极和热情地参与到企业的生产和服务中，并且加强与企业双向沟通，由此，顾客就成了企业的共同伙伴。

双渠道顾客消费是通过不同渠道与卖家互动，顾客个体以及环境因素对顾客决策准则和过程的影响，简化了顾客选择和使用渠道的精力成本和时间成本，这样就改变以前顾客被动的消费局面，这样顾客双渠道选择可以加强顾客的参与性和主动性。

2. 双渠道顾客交换行为内涵

双渠道顾客在双渠道的背景下，既有顾客与企业雇员之间的人际互动，也有顾客与企业服务系统之间的人机互动，因此，双渠道互动是一种结合了社会性、技术性和虚拟性的多层次互动。根据社会互动论和社会交换理论，双渠道消费的交换互动内容可以划分为三个组成部分：经济、信息和社会交换[②]。

经济活动本身就是一种交换。社会生活的维系一直存在着基本的交换活动，最初是物品交换，现在是商品与货币交换，在网络购物平台，顾客通过

① Kumar, V., Venkatesan, R. Who are the multichannel shoppers and how do they perform?: Correlates of multichannel shopping behavior. Journal of Interactive Marketing, 2005, 19（2）: 44–62.

② Kumar, V., Venkatesan, R. Who are the multichannel shoppers and how do they perform?: Correlates of multichannel shopping behavior. Journal of Interactive Marketing, 2005, 19（2）: 44–62.

平台向生产商、经销商或者个人支付货币获得相应的产品和服务，而企业通过送货上门等形式收到顾客支付的款项后，提供产品、服务或者体验等。

信息交换是顾客与组织或者他人之间提供自身信息获取对方信息的交换过程。交换手段是文字、声音、图像和视频等。在信息交换过程中，首先是关于产品或者服务信息的交换，顾客是接受方，而组织或者个人是发送方，当顾客接收信息后感兴趣则进一步交换信息，卖方则提供价格、质量保障、售后服务、遵守承诺等信息，顾客则会提供产品偏好信息，如果成交，则提供个人电话、个人地址，甚至还有个人身份等重要信息。

社会交换是最重要的交换活动。人类行为成为社会交换必须满足两个条件：一是交换的最终目的通过与他人互动达到，二是该行为必须采取手段达到交换目的。社会交换强调别人做出回馈性反应就会发生，当别人不再回馈就会停止。但并非所有的社会交换都是对称并且均等的。在经济活动中的社会交换是以互惠为交换原则的，卖方和买方只有在认为交换关系具有吸引力的前提下才会发生互动，并且为了满足自身利益最大化以及对方需求，不断调整所持有的资源。建立信任关系是双渠道社会交换关系的关键因素，双方信守承诺，因为既有外部力量约束又有获利需要，所以，网络平台的信任关系并不比实体交易差。

（二）双渠道顾客交易成本内涵

双渠道中顾客购物也会产生交易费用，包括搜寻成本、双方协商的议价成本、签订契约的成本，以及事后监督交易进行的成本与违约成本。搜寻成本主要指在市场上寻找合格的渠道合作方所付出的成本。这里，双渠道顾客就面临着渠道选择局面，从人的有限理性和资源的稀缺性出发，选择某个渠道或者两个渠道进行信息搜寻行为，并付出精力成本和时间成本；到了购买阶段，双渠道顾客同样面临渠道选择问题，所以，存在单一渠道没有的机会成本，同时也有时间成本、精力成本、经济成本，还有谈判成本，指为达成渠道合作协议而进行谈判，双方交流信息直至达成协议这一系列过程中所花费的成本。由于环境的不确定性，信息的不完备性和不对称分布导致了双渠道顾客的风险成本；购买行为发生后，顾客就存在监督成本；履约成本是达成渠道契约之后，在履约过程中为避免机会主义倾向所必须付出的成本，而监督成本就是监督厂商或者经销商履行过的承诺。如图5-1所示。

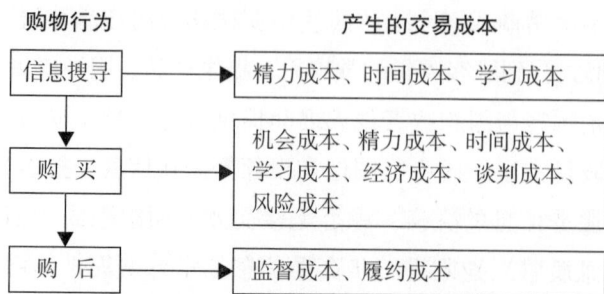

图5-1 双渠道顾客购物行为产生的交易成本

（三）双渠道顾客价值内涵及维度

顾客通过双渠道对产品或服务进行选择，就是指顾客在进行消费的过程中，依据自身的实际情况从理性和效益最大的两个角度出发，经过权衡后的结果，最终导致的是顾客价值最大化。本书给出的双渠道顾客价值的定义是：双渠道顾客价值是顾客通过两种或者两种以上的渠道对产品或服务的整个消费过程的整体全面的综合评价，是一种高度个人化且具抽象层次的认知，既包含对所获得的效益与所承受牺牲之间的相对关系，又包含顾客在消费过程中所获得的情绪、体验价值。

本书界定了顾客在线下渠道和线上渠道所购买的产品和服务是一样的，不存在产品质量、产品品牌和产品规格的差异，所以本书研究顾客价值的角度也是从两种渠道的顾客选择购买途径差异进行分析，哪个渠道能够给顾客带来更好的服务和体验。本书将渠道层面的顾客价值分为两个维度，体验价值和效用价值。

效用性价值是指企业通过店铺渠道或者网络渠道购买的产品所给予顾客解决问题的能力，这种能力可以满足顾客对于其产品或服务本身的功能或效用上的需求，也就是能否通过该渠道满足顾客基本的购物需求。从顾客角度来讲，效用价值是顾客对商品质量或服务功能的衡量，是顾客对产品或服务绩效的认知，是对产品或服务的特征、表现、使用结果的评估，与是否能促进顾客目标的达成有关。

体验价值是指通过双渠道购买产品的交易过程中，卖方能够提供顾客正面的感官情绪的能力，这些感官情绪使顾客认为获得了利益或是减少了成本所产生的效用。在双渠道环境下，不同的体验线索来源于差异化的体验。在离线渠道中，顾客体验线索与商品陈列、购物氛围、人际接触等密切相关，顾客可以经由触摸、眼观、耳听、嗅闻、品尝等方式获得丰富的感官体验，通过与服务人员的接触获得更详细的商品信息，由此产生进一步的联想和行为反应。网络环境下，顾客只能通过技术媒介获得体验，顾客的感官体验受到限制，然而在观念、激情、网络促销的推动下，顾客可以通过效用价值产生购买动机，而效用价值来源于产品的属性或服务的绩效，在顾客的价值体系中位于核心的位置，能够跨越情境，体验价值只有在顾客体验过商品后才能获得，是个人在不同消费情境下的偏好。

二、双渠道顾客购物决策过程分析

消费行为本身就是一个过程。本书依据传统店铺购物决策过程以及网络顾客购物决策过程，分析双渠道顾客购物决策过程。

（一）思路梳理

根据社会交换理论构建的双渠道顾客购物决策过程模型，本着交易—交换关系的模式贯穿整个模型。当顾客进行渠选择行为（信息搜寻选择和购买选择）时，注重交易交换，顾客更在意交易带给他们的价值。当顾客在渠道中的交易结束后，需要对渠道进行评价。发生交易后，顾客同企业有了进一步的接触，顾客的交换行为就会转到与渠道建立长期关系。

另外，根据交易成本理论，双渠道顾客在整个购物过程都将会产生交易成本，需要特别提出的两个独有的成本——学习成本和机会成本。学习成本指的是网络摄入程度，包括对互联网的熟悉程度、对网络购物流程的熟悉程度、对网上支付方使的掌握程度等。机会成本指的是选择其中一个渠道，而放弃另外一个渠道的机会。

无论是在传统环境中还是互联网环境中，通过顾客关系管理培养和维系顾客忠诚都是企业赢利的关键途径[①]。顾客在整个购物过程中，出于了解信息、回避风险、认知利益、抒发情感等多重目的，与生产商或者经销商建立起各种关系。这些关系是多层次的，具体表现为：企业的员工、经销商或分店、

---

① Frederick Reichheld, Phil Schefter. E-loyalty: YourSecretWeapon on the Web[J]. Harvard Business Review, 2000, 78（July–August）: 105–113.

有形设备（如服务企业的设施）、形象、其他顾客、网站、产品/服务、品牌与顾客之间的多层关系[①]。如果顾客对企业的产品或服务感到满意，就会增加其下次选择的机会，促进重复购买，进而使其试图与企业建立关系。

（二）双渠道顾客购物决策过程模型

双渠道顾客购物决策过程模型，如图5-2所示。信息搜寻选择行为、购买选择行为、渠道评价行为和渠道保留行为贯穿于整个购物决策过程，并且这些行为是双渠道顾客消费行为的主要组成部分。因此，本书将研究重点放在双渠道顾客的选择、评价和保留三个消费行为上。

三、双渠道顾客选择行为理论模型构建

顾客通过双渠道进行消费时，不仅需要考虑购买何种商品或服务，还需要选择消费的方式和路径。根据消费决策过程，顾客在商品信息搜寻、购买阶段都面临着双渠道的选择问题。对于本书来讲，顾客面临的选择是通过传统的店铺渠道，还是网络渠道来进行信息搜寻和购买行为。根据查阅文献以及实际调研可以得出影响顾客渠道选择行为的因素是多方面的，既与顾客特征（如性别、年龄、教育经历、收入、家庭规模、地域、职业、经济环境、生活形态、个性和自我观念）有关，也和零售商因素（如声誉、营销策略、服务质量）、产品因素、渠道特征（如易用性、渠道风险、信息丰度）和情境因素（如时间分配、购物类型）等相关联，而且这些因素往往会交织在一起发挥作用[②]。

Gordon（2002）根据商品购买渠道的选择行为把顾客分为多渠道购买者、单渠道购买者和非购买者，他们在文献回顾的基础上，提出感知风险、直销渠道购买经验、购买动机、商品类别和网站设计会对渠道选择行为产生影响[③]。

本书是从顾客价值理论角度，实证双渠道选择究竟对顾客价值有什么影

① Sheth, Jagdish N and Parvatiyar, Atul. Relationship marketing in consumer markets: antecedents and consequences [J]. Journal of the Academy of Marketing Science，1995，23（Fall/4）：255–271.

② 蒋侃. 基于理性和体验的B2C双渠道消费行为研究. 博士论文. 华中科技大学图书馆，2009（4）：15.

③ Schoenbachler, D. D .Gordon, G. L. Mufti–channel shopping: Understanding what drives channel choice. The Journal of Consumer Marketing，2002，19（1）：42–53.

响。另外，虽然不少渠道研究者对信息搜寻选择和购买选择的前置变量进行过归纳总结，但并没有进行过实证研究，本书在查阅大量文献的基础上，归纳总结出顾客因素、渠道因素、产品因素、情景因素对双渠道信息搜寻选择和双渠道购买选择都会产生影响，并对此提出的理论模型（如图5-3）。

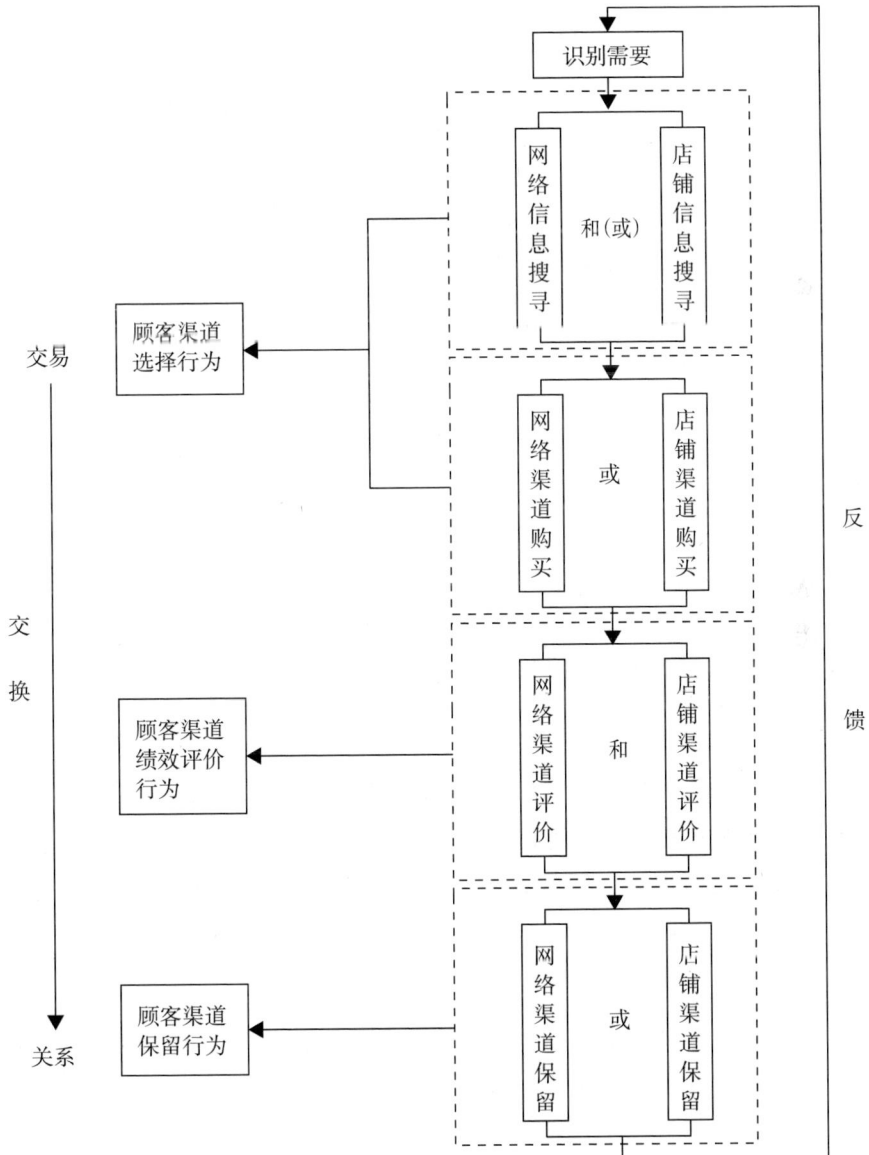

图5-2 双渠道顾客购物决策过程模型

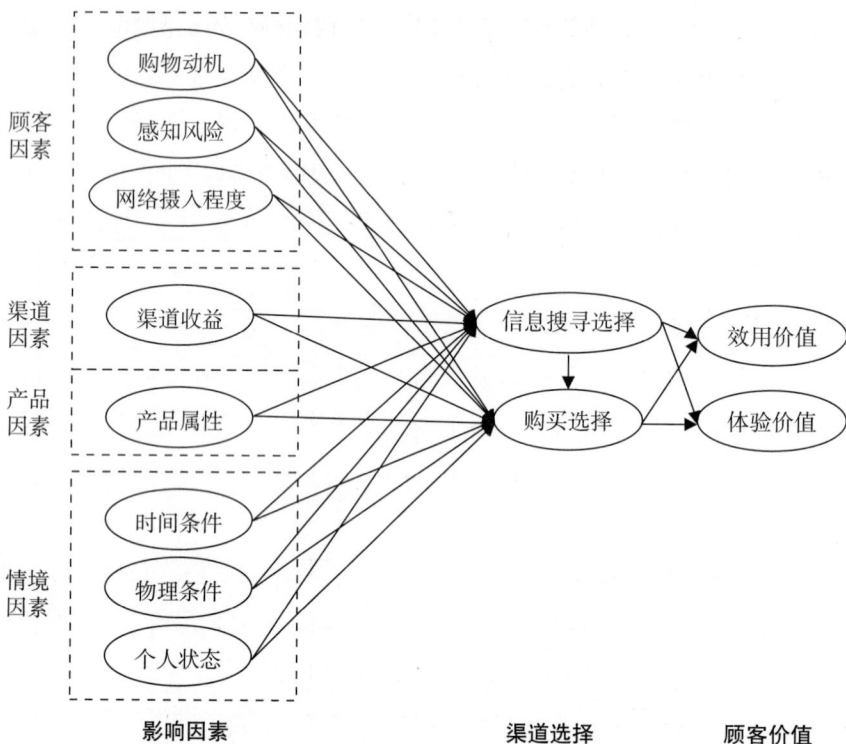

图5-3 双渠道顾客选择行为理论模型

四、双渠道顾客绩效评价行为理论模型构建

顾客对一个渠道好坏的评价需要用渠道绩效进行衡量，所以说，绩效评价既是渠道研究的最终目的，也是双渠道顾客消费行为研究衡量的重要指标。前面的文献综述中已经阐述衡量渠道绩效评价视角都是企业视角和社会视角，但是随着双渠道的发展，顾客在渠道权力中的地位越来越高，因此，从顾客视角对渠道绩效进行评价是本书主要的探索性研究。

衡量顾客指标的渠道绩效评价理论基本包括顾客满意理论、顾客价值理论、顾客忠诚理论。顾客价值更多的是基于购买之前对产品或者服务的期望，而顾客忠诚更多是对品牌或者企业的评价理论依据。为顾客满意是顾客对购买行为的事后感受，是消费经历所产生的一种结果，是事后对消费行为的评价。笔者认为，顾客满意是一种积极的购后评价，更适合顾客视角的渠道绩效评价。本书依据AHP层次分析法对顾客视角渠道绩效评价体系进行模型构建。以下，首先阐述指标体系构建的原则，再构建指标体系模型。

（一）指标体系的构建原则

渠道绩效评价需要从各种数据中选取一些主要的评价指标，并且要对这些评价指标进行数据分析以及数据处理，保证评价的科学性，充分考虑顾客视角的特点，体现其指标的价值。因此，在设计时必须遵循一定的原则构建渠道绩效评价体系：

1. 科学性原则

在评价指标选择的恰当性、数学处理方法的严密性等方面要体现科学性原则。建立起较为科学的营销渠道绩效评价体系，以整体系统化的方式，将影响营销渠道绩效的各个因素进行整合。

2. 完整性与简洁性原则。

在评价渠道绩效中所涉及的因素很多，要尽可能地建立完备的评价体系，全面综合地分析顾客视角渠道绩效。但要把影响营销渠道的因素全部都放在评价体系中，这样会加大评价的成本和难度，而且还会降低评价的准确性。所以，评价体系要保持其简洁性，在保证指标体系完整性的基础上要选取影响绩效评价的主要因素，层次分明，逐步求精，并尽量避免各层指标之间的重叠。

3. 定量与定性相结合的原则。

构建渠道绩效的评价体系，明确定性指标的含义，采用一种标准赋值的方法，使其能够很好地反映定性指标的性质，减少主观性以反映定性指标的客观性。在进行定性和定量指标分析时，必须要有清晰的概念、明确的计算方法，需要综合考虑绩效评价所需数据的获取性等因素。

（二）指标体系构建模型

依据顾客满意理论、需求理论和双因素理论，本书构建顾客视角的渠道绩效评价体系（如图5-4）。模型的第一层主指标是顾客视角的渠道绩效评价体系，第二层指标依据以上理论对渠道绩效的评价要满足三个方面，其中产品满意和服务满意是指标评价的基本要求，也是满足顾客的保健因素，第三个是激励需求，是顾客对社交、尊重和自我实现的深层次要求，属于心理层面的精神需求。

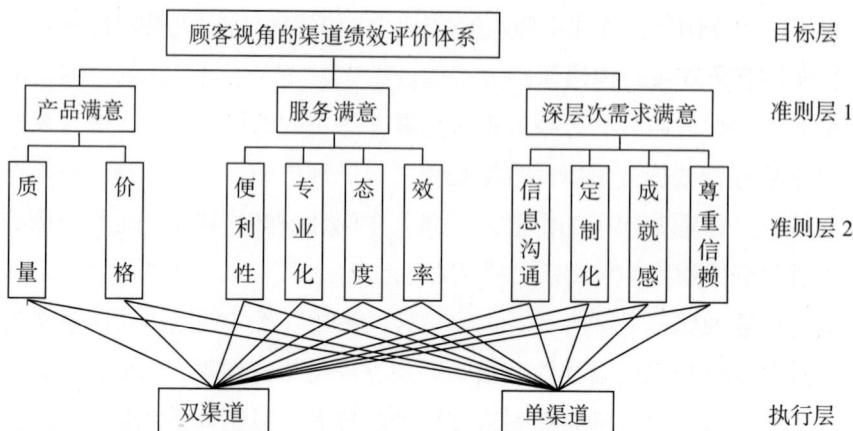

图5-4　顾客渠道绩效评价理论模型

五、双渠道顾客保留行为理论模型构建

顾客经过双渠道购物选择和渠道评价后，会选择其中一条渠道作为自己购物的主要方式，本书就是以关系价值理论和关系质量理论为依据，探讨企业与顾客之间的关系对顾客保留在网络渠道购物的影响。选择网络购物作为顾客渠道保留研究的重点，原因有二：一是由于资源的有限性，企业在渠道建设和维护方面的投入是有重点的，中国企业基本都有店铺式的分销渠道，网络渠道是企业需不需要加大投入的一种新型渠道方式，所以，探讨顾客网络渠道保留才有意义；二是前人关于产业市场和消费品市场的关系价值研究已有颇多建树，但是在渠道研究方面还是凤毛麟角，因此，本书无论从理论研究，还是实际意义方面都很有参考价值。

关于关系价值与关系质量、顾客保留关系的研究中最有代表性的研究如Gwinner（2000），对三种类型的关系收益（信心收益、社会收益、特别待遇收益）进行了定义和检验。研究表明，高的关系收益导致了积极产出，如忠诚、口传等。同时，社会交换理论也显示，顾客获取的收益越多，越愿意与企业保持长期的关系。[1]

---

① 张广玲，武华丽. 关系价值、关系质量与顾客保留的关系研究. 武汉理工大学学报，2007年12月.

张广玲（2007）以服务市场为研究对象对关系价值、关系质量和顾客保留进行实证的研究中，得出了以关系质量作为中介变量是合适的，关系价值对顾客保留并没有多大的影响；特殊待遇收益对关系质量、顾客保留并没有产生显著影响；信心收益的影响很显著。

本书研究的是双渠道关系价值，所以，关系利益和关系成本的构成维度，既需要涵盖店铺渠道特点要求，也需要涵盖网络渠道特点要求。在前人研究的基础上，笔者提出了关系利益、信任利益和特别待遇利益作为双渠道关系利益的构成维度。

信任利益和特别待遇利益，无论是在店铺渠道，还是通过网络渠道都已经验证是关系利益维度的组成部分。但对于关系利益还是颇具争议。Yen认为，基于互联网技术的服务缺乏人际接触，网络商店雇员与顾客之间不会发展友谊，因此，在顾客与网络商店之间不存在社会利益，他们研究把关系利益的范围局限在信心利益和特殊待遇利益中[①]。在中国情境下，QQ和阿里旺旺等即时沟通工具的强大功能已经使网店雇员和顾客之间建立起了亲密联系。通过这些即时工具，你可以随时随地就产品的性能、价格、款式，甚至更为详尽的内容跟企业或者卖家进行协商，购买的每一样产品都可以随时沟通，建立友谊，而店铺渠道的社会利益关系不可能这么全面和强大。毕竟中国的网络顾客基本都是QQ或者阿里旺旺等即时工具的使用者，他们已经习惯并喜欢这种与人交流的方式，甚至远胜于面对面的沟通。

因此，本研究将继续保留这三种利益，作为关系收益的构成维度。社会利益是指涉及顾客与雇员关系的情感部分，顾客享受与雇员之间积极的关系。信心利益是指顾客为减少焦虑不安与相信服务提供者的一种感觉。特殊待遇利益包括得到了服务提供者的信任而提供一份特别的交易或者优惠价格，或者是一份特别的服务。

Han et al.提出，在B2B关系中，存在三种关系成本：精神成本、投资成本和转换成本[②]。基于Han等人的研究，有学者在专业服务背景下对这三种关系

---

① Hsiu Ju Rebecca Yen, Kevin P Gwinner. InternetTetail Customer Loyalty: The Mediating Role of Relational Benefits[J]. International Journal of Service IndustryManagement，2003，14（5）：483–500.

② Klemperer, Paul.Markets with Consumer SwitchingCosts[J]. Quarterly Journal of Economics，1987，Vol.102：375–394.

成本进行了实证检验，通过因子分析发现并最终归纳出两个成本维度，一个是转换成本；另一个是投资和精神成本，该成本不仅与精神成本相关，还与财务、个人和时间的投资相关。本书结合前人的研究以及双渠道的特性，认为双渠道之间的转换肯定需要成本，这是毋庸置疑的。另外就是简化关系成本的维度，将投资成本和精神成本合二为一，统称为投资成本，既包括精神投资，也包括物质投资，这既有前人的实证支持，也符合本书的研究要求。

因此，本书定义关系成本的维度有两个：一个是转换成本，顾客从一个渠道转到另外一个渠道进行购物的成本；另一个是投资成本，涵盖顾客对财务、时间和精力等方面的投资。

经过对前人研究的梳理及对顾客渠道的保留分析，依据关系价值理论和关系质量理论构建以关系质量为中介变量，关系价值对顾客渠道保留影响的理论模型（如图5-5）。

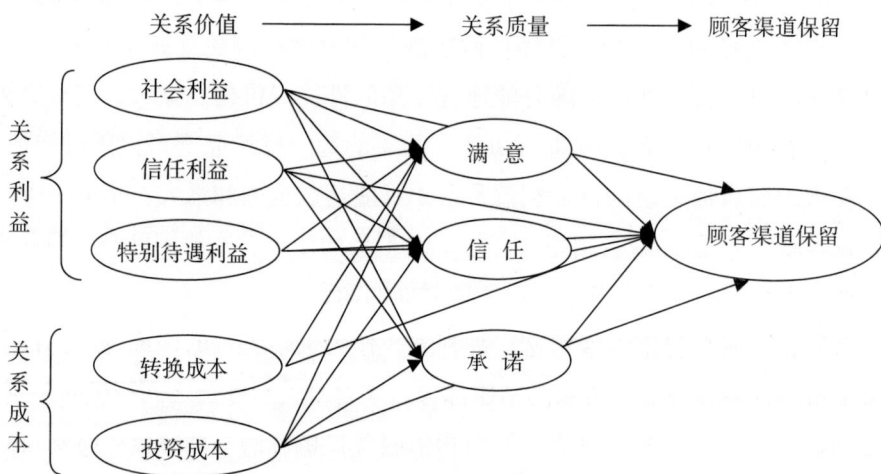

图5-5　顾客渠道保留理论模型

六、本章小结

本章首先分析双渠道顾客消费行为的形成机理，推出双渠道消费行为是顾客主动选择特定渠道和服务方式的过程，也就是基于"交易交换"的基础，进行的渠道选择行为，同时，也是顾客通过不同渠道与零售商互动的过程，这个过程就是顾客基于"关系交换"的基础进行的渠道保留行为。所以，双渠道顾客消费行为就是以交换为主线，贯穿整个过程；双渠道中，顾客购物也会产生交易费用，包括搜寻成本、双方协商的议价、签订契约的成本，以及事后监督交易进行的成本与违约成本；双渠道顾客价值是顾客通过两种或者两种以上的渠道对产品或服务的整个消费过程整体全面的综合评价，是一种高度个人化且具抽象层次的认知，既包含对所获得的效益与所承受牺牲之间的相对关系，又包含顾客在消费过程中所获得的情绪、体验上的价值。其次，本章分析了双渠道顾客购物决策过程，并构建了双渠道顾客购物决策过程模型，从中可获知选择、渠道评价和渠道保留是双渠道顾客主要的消费行为，并且分别依据不同的理论构建选择模型、渠道评价模型和渠道保留模型。

第六章　双渠道顾客选择实证研究

在双渠道消费行为的研究中，顾客的渠道选择及其前置因素是学者们关注的焦点，（Montoya et al，2003），国外很多学者对网络渠道消费行为进行了深入研究，他们研究的重点是顾客用网络渠道信息搜寻的方式同传统渠道究竟有哪些不同[①]。查金祥（2006）实证了网络顾客价值的影响因素，但是没有对顾客渠道选择与顾客价值影响关系进行研究。蒋侃（2009）分析了多渠道选择的前置变量，但是同多渠道选择的关系却没有进行实证研究。本章就是对双渠道选择的前置变量进行实证研究，论证究竟是什么因素影响了顾客的渠道选择，另外，双渠道选择究竟对顾客价值有什么样的影响也是本章研究的范畴。

从不同的学科出发，可以采取两种研究路线。其一是从管理学的角度，采取专家评价法、模糊评价法或层次分析AHP法确定构成顾客价值的各要素以及各要素之间的权重，此类方法的最大特点是依据专家经验而非顾客实际感知。另一种研究路线则是从消费心理学的角度出发，加以操作性地定义，继而通过问卷调查与其他方法调查顾客，取得有关数据，然后加以统计处理，得出构成顾客价值的各要素的权重。此类方法的最大特点是顾客价值之间的权重是由顾客感知所决定。本书着重讨论的是后者。研究的重点内容是找出双渠道选择的前置变量以及对顾客价值的影响。要达到这样的目标，就要选择合适的统计分析方法。本章选择结构方程模型（SEM）。

结构方程模型（SEM）是一种多元分析技术，它包含标准的方法，并在标准方法的基础上进行了扩展。这些方法包括回归技术、因子分析、方差分

[①] Peter J, Danaher Isaac W, Wilson.Robert A. Davis. A Comparison of Online and Offline Consumer Brand Loyalty., Source: Marketing Science, Vol. 22, No. 4 (Autumn, 2003)，461–47 Published by: INFORMS.

析和相关分析。结构方程模型的应用步骤包括：模型构建、模型识别、模型估计、模型评价和模型修正。

一、提出研究假设

本书界定的双渠道包括传统的店铺渠道和网络渠道。一般情况下，顾客在传统的店铺渠道进行购物，那么，究竟什么因素的影响才会使顾客重新选择新的渠道，也就是网络渠道进行购物呢？本书研究两种影响关系，一种是前置变量对顾客双渠道选择的影响，另外一种是顾客双渠道选择对顾客价值的影响。根据第五章提出的顾客渠道选择理论模型（如图5-3），提出了本章的研究假设。

（一）前置变量对顾客渠道选择的影响

在第五章的模型中，本书已经归纳总结出顾客自身因素、产品因素、渠道因素、情景因素是影响顾客渠道选择的主要原因，所以，本章提出：

1. 顾客因素对渠道选择的影响

顾客的人口统计学特征（性别、年龄、收入和教育程度）、心理特征（生活方式、创新特质）和行为特征（以往购物经验）都会影响顾客对渠道的选择和偏好。[①]早期的文献主要关注人口统计学特征。不同的社会经济阶层具有不同的品类与消费方式偏好，性别、年龄、教育经历、收入、家庭规模和地域等人口统计特征对渠道选择行为有一定的影响（Gupta et al，2004）。随着因特网迅速普及，网络购物已经成为主要的购物方式之一，很多学者也开始探讨生活方式、创新特质、技术掌握程度，渠道倾向以及购物经验等心理和行为特征对在线渠道选择的影响。理论和实证研究表明多渠道顾客与单渠道顾客在年龄、性别、收入、教育程度、职业、家庭规模、购物动机、相关经验与知识、技术掌握程度、信念、态度、意向等方面存在一定的差异。

（1）购物动机

购物动机是顾客为什么采取购买行为的原因，即为驱使顾客购买活动的

---

① Dabholkar P. A., Bagozzi R. P. An AttitudinalModel ofTechnology-Based Self-Service: Moderating Effects of Consumer Traits and Situational Factors. Journal of the Academy of Marketing Science，2002，30（3）：184-201.

内在动力。一般顾客的购物动机分为生理性的购物动机和心理性的购物动机两类。生理性的购物动机建立在生理需求上，具有经常性、重复性和习惯性的特点；心理性的购物动机是由于心理需求而产生的购物动机，具有深刻、隐匿、多样化的特点。顾客购物行为常常不是由单一的购物动机引起，而是几种购物动机共同作用的结果，既包括生理性的，也包括心理性的。[①]顾客可能有多种需求和购买动机，既有获取商品的效用，还包括购物过程所带来的满足和愉悦。根据顾客主导动机的不同，可以将其分为目标导向与体验性购物者（Hoffman and Novak，1996；Gilly，2001）。

在双渠道环境下，顾客存在多种购物动机，如承担较少时间和精力的便利动机、较高性价比和选择范围的经济动机、追求愉悦和满意的娱乐动机、寻找差异化产品的猎奇动机、获得更低价格、事先无计划或者迫不及待拥有欲望的冲动型购买、品牌意识、社会交往动机、购买前获得感官体验等等，既有可能选择在线渠道，也会选择离线渠道。[②]从传统渠道到网络渠道，顾客购物动机发生了变化，比如网络渠道购物动机就包含以下特点：交流动机，对顾客而言，上网购物不仅可以实现传统的购买功能，而且能够通过网络社区或聊天室等与其他顾客互相交流购买心得、尽可能获得更多的商品信息，便于做出购买决策，实施交易；隐匿动机，对于那些购物经验很少、不愿意销售过程被人干扰、对购买的东西不想让人知道的顾客，网上购物的隐秘性和产品独特性恰可满足这些要求；享乐动机，顾客登陆不同的网站，或是选择不同的频道去挑选、对比各家的产品，不仅可以浏览到琳琅满目的商品图片，有时还会欣赏到精彩的广告宣传，这给顾客带来了精神放松；求廉动机，网上的商品相对便宜，因为网络可以省去很多传统商场无法省去的相关费用，商品的附加费用很低，价格也就低了。而且，网上折扣店和拍卖店的出现，使得网上的同类商品比传统商店中的商品更为便宜，这种低价策略吸引了许多有求廉心理的顾客；求方便的动机，传统购物要经历从家到店铺的路程、在商店走动和停下来选择商品、付款结算、包装商品、取货送货等一系列过

---

① 桑辉，徐辉. 顾客网上购物动机研究. 消费经济，2005（6）：82-86.

② 蒋侃. 基于理性和体验的B2C双渠道消费行为研究. 博士论文. 华中科技大学图书馆，2009（4）：15.

程。顾客为购买商品必须付出时间、精力和体力。而网上商店365天24小时营业。网上支付或者货到付款、送货上门等服务带给顾客许多便利①。

（2）网络涉入程度

顾客以前购物的经历和经验会影响他们接受新鲜事物的程度，另外，顾客自身的教育背景、性格个性都会影响其接受采取双渠道购物的程度②。在对顾客电话服务的研究中得出，顾客现在对电话服务的态度取决于以前接受服务的感受，如果以前通话过程是愉悦的、满意的，那么，顾客现在的满意度就会提升。

顾客购买产品和服务后，就是使用产品或者享受服务的过程。通过网络平台，他们可以将体验的过程和对产品、服务的评价传播出去，这样就会影响其他的潜在顾客的购物决策，所以，顾客过去的购买经验是选择不同渠道的主要影响因素。

顾客的上网经验越多，则越能熟练地进行网络搜寻，能更迅速地找到所需要的信息，且更偏爱网络渠道。当顾客使用互联网的能力越好，越有可能从店铺渠道转移到网络渠道。有研究认为，在网络营销领域，顾客的技能也是影响其满意度的重要因素。Novka（2000）发现，个人利用网站的方式、个人的经验和技能影响他们对网站的满意度③。同样，Reinartz et al（2000）也发现当顾客的网络技能增强时，将对网站更倾向于友好④。Riats and Henrcitte（2004）研究表明，有网络购物经历的顾客与没有网络购物经历的顾客对网络零售商的信任程度有显著不同，前者高于后者。研究结果表明，有网上购物经验者比没有网上购物经验者的网络信任程度高⑤。总之，顾客的网络使用经验及能力将影响顾客对购物渠道选择的判断，故可推断顾客的网络涉入程度

① 肖煜. 网上顾客行为研究[J]. 开发研究，2004，（5）：93-96.

② FoXall, GR.&Goldsmith, R.E.ConsumerPsyehologyotrmarketing. Lndon and NewYOrk·Routledge，1994.

③ Stone R N, GronhaugK. Perceived Risk：FurtherConsiderations forThe Marketing Discipline. European Journal of Marketing，1993，27（3）：39-50.

④ Reinartz, W.& Kumar, V. On the profitability of long-life customers in a noncontractual setting: anempirical investigation andimplications for marketing[J]. Journal of Marketing，2000，64（10）：17-35.

⑤ Sandra M.Forsythe, Bo Shi.Consumer Patronage And Risk Perceptions In Internet Shopping. Journal of Business Research，2003（56）：867-875.

也会影响顾客对信息搜寻选择和购买选择。

（3）感知风险

1960年，哈佛大学的Bauer首次从心理学引进中引进"感知风险"的概念。Bauer指出，大部分顾客进行购买决策时，对于某种产品、品牌都存在某种程度的不确定性，担心购买可能会产生负面结果。实际上，顾客在购买产品或服务时承担了某些风险。感知风险理论主要是把顾客行为视为一种风险承担行为，因为顾客在考虑购买时并不能确定产品的使用结果，故实际上顾客承担了某种风险，这是感知风险的最初含义。Cunningham（1967）提出，感知风险由两个因素组成：第一个因素定义为不确定因素，指某特定情况发生的可能性；第二个因素称为后果因素，指某事件发生后顾客所要承担的成本。在此基础上，他首次提出顾客的感知风险=结果×发生率。此后，这个概念就成为后续感知风险研究的主流①。Jacoby和Kaplan的研究指出：经济、功能、身体、心理、社会等五个构面的风险可解释感知风险变异占总变异的能力达61.5%。Stone在前述五种感知风险的基础上又加上了时间风险，发现经济、功能、身体、社会和时间风险对总感知风险的解释能力达88.8%。众多学者在研究网络环境下感知风险问题时，往往也借用传统的构面进行研究。Fram和Grady在研究女性网民时发现，她们认为网上的商品和传统商店的商品在品质上没有差异，而且在价格上也差不多。顾客不进行网上购物的主要原因是难以发现产品、服务、品质的差异和没有足够的信息等。钟佑德通过研究指出，凭借购物情景所提供的信息，顾客可预测购物后的满意度为如何，但信息越多，顾客信息处理成本也越高。Bauer指出，大部分顾客进行购买决策时，对于某种产品、品牌都存在某种程度的不确定性，担心购买可能会产生负面结果。实际上，顾客在购买产品或服务时承担了某些风险。

人口统计学指标、购物动机、网络技术掌握程度都是影响双渠道选择的顾客因素，但随着互联网技术突飞猛进的发展，网络渠道已成为顾客购物的主要方式，市场已经存在相当成熟的双渠道购物消费人群。本研究不考虑人口统计学指标作为顾客因素的组成要素，只把购物动机、技术掌握程度和感知风险作为顾客因素的子维度。

---

① 董大海，李广辉，杨毅. 顾客网上购物感知风险构面研究.管理学报，2005，2（1）：55–60.

H1：顾客因素对信息搜寻选择具有显著正向影响

H1a：感知风险对信息搜寻选择具有显著正向影响

H1b：购物动机对信息搜寻选择具有显著正向影响

H1c：网络摄入程度对信息搜寻选择具有显著正向影响

H2：顾客因素对购买选择具有显著正向影响。

H2a：网络摄入程度对购买选择具有显著正向影响

H2b：感知风险对购买选择具有显著正向影响

H1c购物动机对购买选择具有显著正向影响

2. 渠道因素对渠道选择的影响

渠道特征在顾客选择渠道的过程中扮演着一个重要的角色。例如顾客在进行网上购物选择时，往往会首先考虑隐私、支付安全等因素，而在超市或商店购物时，这些因素相对就不是很重要了。就某些电子渠道而言，顾客行为会受到特定渠道的感知有用性和感知易用性的影响。比如网站的版面设计或者界面设计让顾客感到赏心悦目、便于浏览，所提供的内容能让顾客获得丰富信息，都会直接影响到顾客的评价与感受。由于渠道可以作为企业与顾客进行信息沟通的媒介，因此有必要从媒体沟通的角度进行考察，有关沟通媒介选择方面的研究很多，如媒介丰富度理论、计划行为理论、技术接受模式和社会影响理论等。

通过面对面的方式可以随时沟通，语言、表情和肢体语言都可获得对方的信息，并做出即时反馈。面对面沟通的方式成本太高，而互联网技术的快速发展已经解决了这个问题，通过手机和电脑的即时软件可以跟客户进行沟通，无惧空间障碍，这样可以解决沟通的有效性。沟通的有效性就是准确无误地随时收到信息，节约了时间成本、精力成本和经济成本。渠道特征中，渠道转移成本是重要的影响因素之一，顾客只有从渠道转移中认知获得价值，才会采取行动。比如节省时间与精力，获得心理利益（高兴和社会体验）（Reardon, 2002）[1]。顾客对某个渠道的偏好主要源自自身效用最大化，即对多

---

① Novak, T .P., Joffman, D. L.& Yung, Y. F Measuring the customer experience in online environments: a structural modeling approach[J]. Marketing Science，2000，19（1）：22-42.

个渠道提供给他们的成本和收益之间的衡量而进行的选择。[①]换句话说，渠道选择取决于顾客对渠道属性的感知程度，通过已有文献回顾发现四种主要影响渠道选择的渠道属性，包括渠道服务质量、渠道便利性、渠道风险和通过渠道进行交易的成本[②]。但是，这些渠道属性在不同的情景下其作用并不完全相同，顾客可能在信息搜索阶段和购买阶段其考虑的因素是不同的[③]。事实上，顾客在购物不同阶段选择不同渠道是其对渠道属性给顾客带来的收益和成本的综合比较结果。本研究综合所有的渠道属性，最后组合成渠道收益角度进行研究。这里的渠道收益是指顾客在渠道所获得的益处，包括顾客在渠道中获得满意的服务，购物更加便利、风险低、花费更少的时间和精力。

H3：渠道因素对信息搜寻选择具有显著正向影响

H3a：渠道收益对信息搜寻选择具有显著正向影响

H4：渠道因素对购买选择具有显著正向影响

H4a：渠道收益对购买选择具有显著正向影响

3. 情境因素对渠道选择的影响

情境是指顾客的消费或购买活动发生时个体所面临的短暂的环境因素，如购物时的气候、购物场所的拥挤程度以及顾客的心情等等[④]。在不同的情境下，人们将会有不同的行为。在顾客的消费过程中，消费行为也受到情境的影响。面对同样的营销刺激，如同样的产品、服务及同样的广告，同一个顾客在不同的情境下将会做出不同的反应，采取不同的消费行为。贝克认为，情境由五个变量或因素构成，即物质环境、社会环境、时间、任务和先行状态[⑤]。

Black et al（2002）认为，各种渠道选择的前置因素之间存在多种交互作

---

① Gupta A., Su B.-c., Walter Z. An Empirical Study of Consumer Switching from Traditional to Electronic Channels: A Purchase-Decision Process Perspective. International Journal of Electronic Commerce，2004，8（3）：131-161.

② 王全胜，韩顺平，陈传明. 西方顾客渠道选择行为研究评析，南京社会科学，2009，07，32-36.

③ Oliver R. L. Satisfaction: A Behavioral Perspective on the Consumer. NewYork: McGraw-Hill，1997.

④ 马翠嫦. B2C网站信息呈现与顾客信息搜寻关系研究. 现代图书情报技术，2007（4）：21-26.

⑤ 符国群. 顾客行为学[M]. 北京：高等教育出版社，2000：370.

用。Nicholson et al（2002）认为，有五种情境因素会影响顾客的渠道选择：物理条件（天气、交通拥挤）、社会条件（与友人陪伴购物）、时间条件（假期、时段、紧迫程度）、任务（购买品类）、状态（心情）[1]。Yan（2004）认为，顾客在时间紧迫的情况下会更为关注交易效率（购买的便利和可靠性）与商品质量，而不是商品陈列、商场氛围或店员友好的态度，此时，他们会倾向于选择目录和因特网等渠道。假日期间，顾客要较平时更为重视时间和精力成本，倾向于选择节省时间和精力的购买方式和渠道[2]。顾客感知的店铺价值不仅取决于店铺的属性，而且取决于情境因素[3]。因此，店铺属性的重要程度会随着顾客购买情境的变化而变化。

以往，学者对于情境对顾客行为影响的研究忽视了到底是情境因素中哪些因子对消费行为产生影响，以及情境因素与其他因素之间是否有交互作用。

根据中国的购买环境可以认为在线下实体店铺渠道的环境因素是学者们研究的重点，李华敏（2016）提出时间因素、环境因素、促销因素，心理因素、互动因素等组成[4]。

环境因素是顾客在实体店铺购物时感受到的消费场景的影响因素，包括实体店铺的装饰装修、广告悬挂的地方、背景音乐、店内灯光的明暗程度，以及顾客感受到的促销、打折摆设、背景音乐、购物场所的气味等。

促销因素，从顾客的角度可以从商品折扣和优惠券两个角度进行分析，促销因素是顾客在购物场景中所感受到的促销因素，包括顾客所需要的商品是否有折扣，商家是否会赠送购物券两个因素，也就是折扣和优惠券。

心理因素描述的是顾客在某一特定的店铺购物时的心理活动，包括在来到特定店铺前就已经计划到该店铺购物的打算，以及明确的购买目的，还有

① Nicholson, M., Clarke, L, Blakemore, M. One Brand, Three Ways to Shop: Situational Variables and Multichannel Consumer Behavior. International Review of Retail, Distribution and Consumer Research, 2002, 12（2）：131-148.

② Gehrt, K. C., Yan, R.-N. Situational, Consumer, and Retailer FactorsCatalog, and Store Shopping. International Journal of RetailManagement, 2004, 32（1）：5-18. affecting Internet & Distribution.

③ Mattson B. E. Situational Influence on Store Choice. Journal of Retailing, 1982, 58（3）：46-58.

④ 李华敏，崔瑜琴. 基于情境理论的顾客行为影响因素研究. 商业研究. 商业研究，2016（3）.

顾客的情绪。情绪分为好情绪和坏情绪，好情绪分为兴奋和高兴；坏情绪分为沮丧、悲痛等。另外，顾客的购买心理随着环境的变化而变化，如果环境改变导致顾客购物情绪高涨，他们就会身心愉悦，增加购物数量和金额；如果购物环境导致顾客心情不悦，顾客可能就会减少购物数量和金额。所以，环境因素也会影响顾客的心理因素。

时间因素是影响顾客消费行为的时间原因，主要是由顾客购物时间的紧迫性和对某一特定产品的急迫性决定的。

互动因素是与他人互动的影响因素，包括顾客与服务人员的互动、服务人员之间的互动、顾客之间在购物情境下的互动。

物质因素是指在购物环境下的物质影响因素，包括地理位置、周围环境和天气，三个主要变量，也就是顾客购物时的天气情况、店铺周围的地理位置、交通情况、人流密度等。

本研究结合Nicholson et al（2002）提出的影响渠道选择的五种情境因素和李华敏、崔瑜琴（2016）提出的中国情境下店铺渠道购物的六种情境因子，提出影响渠道选择的情境因素的两个显变量：物理条件（天气、交通、地理位置）和时间条件（假期、时段、紧迫程度）。由于个人状态（情绪、社交愿望）在顾客因素中的购物动机有所体现，此处就不重复定义了。

H5：情境因素对信息搜寻选择具有显著正向影响

H5a：物理条件对信息搜寻选择具有显著正向影响

H5b：时间条件对信息搜寻选择具有显著正向影响

H6：情境因素对购买选择具有显著正向影响

H6a：物理条件对购买选择具有显著正向影响

H6b：时间条件对购买选择具有显著正向影响

4. 产品因素对渠道选择的影响

体验产品

Chiang et al（2006）提出，体验性产品在实体店铺购买比较多，Lapierre（2004）提出可以将产品划分为体验性产品和搜索型产品。体验性产品指的是只有顾客购买后才能真正体验到产品的性能和质量是否适合自己，比如衣服和鞋。搜索型产品是指顾客在购买产品之前就已经知道产品的性能和品质，比如手机，U盘等（Yan，2004）[1]。

搜索型产品

搜索型产品通过因特网购买的可能性较大，而体验性产品在店铺购买的可能性较高，在线渠道适合销售标准化的产品，需要亲身体验的产品适合于通过离线渠道销售，而昂贵的、有较高购买风险的和复杂的产品通常难以通过在线渠道进行销售，购买这种类型的产品时顾客需要通过人际接触以获得更充分的信息来帮助决策。

研究表明，渠道选择与产品类别有显著正向影响，产品特征会影响到顾客的渠道选择。Tulay et al（2002）通过实验发现，影响顾客选择传统和虚拟渠道的因素会因为产品类别的不同，而表现出差异。一般来说，网络渠道更适合搜索型产品的销售，而复杂和高涉入度产品则适合于传统渠道。例如购买书籍时，是否容易收集信息显得十分重要，而售后服务对于花卉产品消费则更为重要[2]。

由于本书的研究对象是渠道选择，也就是传统店铺渠道和网络渠道之间的选择、迁移，所以，我们仅关注渠道本身带给顾客的价值。本书将排除由产品本身对顾客价值的影响。具体来说，可以排除、产品质量、产品实用性的影响，本书界定采用同一品牌、同一质量的产品。菲利浦·科特勒从六个方面阐述了品牌含义：一是属性，即一个品牌固有的外在印象；二是利益，即使用该品牌带来的满足；三是价值，即该品牌的使用价值和价值感；四是文化，即附加和象征该品牌的文化；五是个性，即品牌可以给人带来浮想和心理定品牌认知是指顾客对于品牌的知晓程度，反映顾客对品牌的具体感觉；六是使用者，即品牌还体现了购买或使用这种产品的哪一类顾客。一个品牌如果能具备所有六层含义才是一个完备的品牌，而其核心是品牌的价值、文化和个性。本书确定所有的产品是同一品牌的意思也就是无论通过网络渠道，还是店铺渠道，顾客感受到产品品牌的用途和心理满足都是一样的。

---

① Gehrt，K. C.，Yan，R.-N. Situational，Consumer，and Retailer Factors affecting Internet，Catalog, and Store Shopping. International Journal of Retail & Distribution Management. 2004，32（1）：5–18.

② Chiang W.-y. K.，Zhang D.，Zhou L. Predicting and Explaining Patronage Behavior toward Web and Traditional Stores UsingNeural Networks：A Comparative Analysis with Logistic Regression. Decision Support System，2006，41（2）：18.

本书按照产品属性对产品进行分类。产品的属性包括：产品的价格、产品标准化程度、产品的体验性、产品的探索性、产品的品牌和产品的广告。从产品的标准化程度来看，高标准化的产品差异性较小，低标准化的产品差异性大。对于高标准化产品来说，顾客从不同营销渠道购买的产品是没有太大差别的，顾客可以选择从任何渠道购买商品，这样，传统营销渠道和网络营销渠道间就存在激烈的竞争；而对于非标准化产品来说，顾客从不同营销渠道购买的产品的品质可能存在较大差别，所以，顾客为了保障所购产品的质量，可能会选择他们信任的营销渠道。从产品价格方面看，顾客在购买高价值产品时会比购买低价值产品更注重渠道的安全可靠性。对于高价值产品的购买，顾客在购买之前会对关注的产品做大量的对比工作，希望能够买到有所值的产品。这也意味着营销渠道应向顾客提供及时有效的产品信息；而对于低价格产品来说，顾客往往不会花费大量的时间和精力成本对产品进行比较，顾客往往看重购买的便利快捷性[①]。

H7：产品因素对信息搜寻选择具有显著正向影响

H7a：产品属性对信息搜寻选择具有显著正向影响

H8：产品因素对购买选择具有显著正向影响

H8a：产品属性对购买选择具有显著正向影响

（二）信息搜寻选择对顾客价值的影响

顾客在购买产品之前进行信息搜寻就是为了减少购买决策风险，做出合理的购买决策。搜寻信息是顾客在个人记忆中或者外部环境中搜寻所需要的信息。在传统的经济学中，顾客理论是不存在信息不对称的，是建立在完全信息假设条件之下的，但现实情况下，顾客认知容量、时间、精力和能力是有限的，所以，做出购买决策就面临着不确定性。而顾客尽量减少这些购买不确定性或风险的方案之一就是在购买产品之前搜寻相关信息[②]。（李东进，2009）顾客在消费决策过程中，一旦产生需求或者确认问题，就会为解决这些问题而搜寻各种相关信息。这些搜寻信息过程可分为内部搜寻和外部搜寻。

---

① 袁熙娟. 网络营销渠道绩效评价中的顾客价值研究. 硕士论文. 同济大学经济与管理学院. 同济大学图书馆，2009（3）：48-51.

② 袁熙娟. 网络营销渠道绩效评价中的顾客价值研究. 硕士论文. 同济大学经济与管理学院. 同济大学图书馆，2009（3）：48-51.

在搜寻信息的过程中，顾客还通过各种不同的信息源广泛地获得信息，所以，顾客搜寻信息的过程是非常复杂的，多种多样的。顾客是否采取搜寻行为取决于成本——收益权衡和社会心理报酬。顾客从价格搜寻行为中得到的边际收益与付出的边际成本进行比较，当边际成本大于预期价格的节省时，他们就会停止价格搜寻行为。除了获得经济利益之外，顾客进行价格搜寻还可以获得心理上的快乐感和满足感。

信息搜寻阶段，顾客倾向于使用多种渠道获取信息，需要将多种渠道整合起来考察顾客信息搜寻渠道选择。

网络渠道可以使顾客更加有效并且方便快捷地了解产品的性能和特征，通过网站网页的展示，可以了解产品的客观信息、前期购买者的意见或者建议。网站可以通过内部链接组织大量信息的能力，做到详细、生动的信息反馈。

其次，在线信息具有低成本动态更新的优势。信息发布者（通常是企业）可以实时发布最新信息，确保价格、数量等关键促销数据的准确性。在线信息可以呈现客观和主观的内容。信息客观性是顾客搜寻的主要目标，如价格、产品特性等。信息主观性带有个人色彩，取决于顾客的体验和评价。Johnson（2014）提出，顾客线上信息搜寻需要依靠计算机或者手机完成。顾客的信息搜寻能力、对商品的感知能力非常重要，特别是顾客对产品的认知、购物经验和价格认知都影响着他们对商品的感知能力[1]。感知能力强、搜寻成本低的顾客更容易实现购物目标[2]。

顾客搜集信息和处理信息的经验和能力决定了他们的购买能力。顾客由于购物习惯会对某些购物网站产生偏好。比如有些人喜欢在淘宝网购买商品，另外一些人喜欢在京东网购物。这是由于他们对搜寻页面、支付方式、界面的熟悉程度，顾客会产生特殊偏爱。有些学者认为这是为了降低顾客的信息处理成本，因为顾客对某些网站熟练操作，会感觉在该网站信息购物更加便

① Johnson, DynamicsE. J., Moe, W. W., Fader, P. S., Bellman, S., et al.of Search Behaviour. Management Science, 2004, 50（3）: On the Depth and 299-308.

② Mourali, M., M., L., F., P. Antecedents of consumer relative preferences for interpersonal information sources in pre-purchase search. Journal of Consumer Behaviour, 2005, 4（5）: 307-318.

捷，会将自己偏爱的网站列为首选，除非迫不得已才会放弃该网站，寻求其他同类网站。

顾客的时间、精力、知识储备会使购物的信息搜寻和购买产生局限性，所以，双渠道顾客购物选择并不是一个严格的理性过程，顾客左右摇摆地游走于实体店渠道和网络渠道，有时候是随着时间紧迫性和购物方便性，甚至情感和心情的影响都会造成顾客选择不同的渠道。顾客通过某个渠道进行信息搜寻会不会同样在该渠道进行购买行为，也是本书研究的一个重点。因此，本书提出假设：

H9：双渠道信息搜寻选择对双渠道购买选择具有显著正向影响

H10：双渠道信息搜寻对顾客价值具有显著正向影响

H10a：双渠道信息搜寻对效用价值具有显著正向影响

H10b：双渠道信息搜寻对体验价值具有显著正向影响

（三）购买选择对顾客价值的影响

顾客经过充分的产品信息搜寻后，会形成购买决策。顾客购买决策是顾客行为的核心部分，这因顾客个人的评价和选择产品的方式不同而不同，或者说也取决于顾客对新奇和风险的态度。但是，购买行为的产生不仅与消费个人特征有关，同样也会受到产品因素、情境因素的影响，同时，双渠道顾客在做出购买决策、发生购买行为的时候，还需要考虑到渠道因素。所以，研究双渠道购买的影响因素同研究双渠道信息搜寻的影响因素同等重要。本书设置了影响双渠道信息搜寻的四个因素同样影响双渠道购买的选择。双渠道购买的选择同样对顾客价值产生影响。本书提出假设：

H11：双渠道信息搜寻选择对顾客价值具有显著正向影响

H11a：双渠道购买选择对效用价值具有显著正向影响

H11b：双渠道购买选择对体验价值具有显著正向影响

（四）双渠道顾客价值维度

在第三章中，本书已经将顾客价值分为两个维度，效用价值和体验价值。效用性价值是指企业通过店铺渠道或者网络渠道购买的产品所给予顾客解决问题的能力。这种能力可以满足顾客对于其产品或服务本身的功能或效用上的需求，也就是能否通过该渠道满足顾客基本的购物需求。体验价值是指通过双渠道购买产品的交易过程中，卖方能够提供顾客正面的感官情绪（带给顾客情感、感官上的愉悦、幻想的感觉）的能力，这些感官情绪使顾客认为获得了利益或是减少了成本所产生的效用。

二、实证设计

本书的研究目的是探讨在双渠道环境下顾客渠道选择的深层次原因。依据本书的界定，从行为角度，顾客的渠道选择可以分为网络渠道信息搜寻选择、店铺渠道信息搜寻选择、网络渠道购买选择、店铺渠道购买选择。本书的重点是希望了解顾客对网络渠道选择的影响因素，因此，将研究环境设定为顾客对网络渠道的选择。

在本研究中，问卷采用李克特五分量表，问卷指标主要来自相关文献。在完成原始问卷设计后，研究组先后咨询了市场营销、电子商务方面的专家，同时，也以双渠道选择为题，组织了一次焦点小组访谈，在访谈结果的基础上将原量表较为宽泛的陈述予以细化，并结合时代特点和在线购买的具体特性得出新的陈述语句。随后，本研究进行了一次试调查，被试者是山东大学的学生。根据被试者的应答反应和得分，对问卷进行了小的修正。

（一）变量的操作定义及测量指标

上面已经提出双渠道选择对顾客价值的影响的概念模型及相应的假设，为了对研究假设进行实证检验，就需要设计一套能反映模型中不同变量的测量指标。科学合理的测量指标应当充分借鉴前人的研究成果。本研究需要测量的变量共有十一个，七个前置变量（影响因素）、两个自变量、两个因变量。为了保证量表的可靠性，我们查阅了大量的研究文献，进行深入的文献研究。本研究所涉及的变量在实证研究中被证明具有较高信度和效度。

表6-1　变量的种类及内容

变量种类	
影响因素	顾客因素：购物动机、网络技术、感知风险 渠道因素：渠道收益 情境因素：物理条件、时间条件 产品因素：产品属性
双渠道选择	双渠道信息搜寻选择、双渠道购买
顾客价值	功能性价值、体验价值

1. 前置变量

本研究的前置变量也可以成为影响因素，包括四个方面、七个变量，下面逐一进行解读。

（1）顾客因素：购物动机、网络摄入程度、感知风险

根据上述研究，顾客因素包括三个变量，分别是购物动机、网络摄入程度、感知风险。本章对购物动机的测量参考了肖煜（2004）的研究，分为求廉动机、交流动机、隐匿动机、享乐动机、求方便动机，五个指标测量；对网络技术掌握程度的测量参考了查金祥（2006）的研究，分为接触网络时间、网络购物经验、使用频率、对因特网的熟悉程度，四个指标测量；对于感知风险，参考于丹等（2005）、刘玉明（2005）、马翠嫦（2007）[①]，采用绩效风险、经济风险、社会风险和心理风险，四个指标测量。如下表6-2所示：

表6-2　顾客因素的变量、指标及测量问项

变量	指标	问项
购物动机	求廉动机	一样的产品在网购会更便宜
	交流动机	网上获得商品信息，交流购买心得
	隐匿动机	更不想被人打扰
	享乐动机	精神放松地进行购物过程
	求方便动机	购物过程更方便
网络摄入程度	接触网络时间	5（含）年以上、5~4年、4~3年、3~1年、1年以下
	网络购物经验	3（含）年以上、2~3年、1~2年、1年以下、无
	平均每次上网时间	每天上网的时间：3（含）小时以上、2~3小时、1~2小时、1小时以下、无
	网络使用频率	一天两次以上、一天上网一次、三天上网一次、一个星期上网一次、无
感知风险	绩效风险	会达到我的预期水平
	经济风险	不会带来金钱损失的购物过程
	社会风险	要退货、换货或质量不好时，不会遭到别人笑
	心理风险	不满意的时候，不会烦躁不安

[①] 马翠嫦. B2C网站信息呈现与顾客信息搜寻关系研究. 现代图书情报技术，2007（4）：21-26.

（2）情境因素

本研究的情境因素指标和量表结合Nicholson et al（2002）和李华敏、崔瑜琴的研究提出，双渠道购物情境因素的两个变量是物理条件（天气、交通、地理位置）和时间条件（假期、时段、紧迫程度），所以，情境因素的变量、指标及测量问项如表6-3所示：

表6-3　情境因素的变量、指标及测量问项

变量	指标	问项
物理条件	天气	天气不好时会选择网络渠道
	交通	交通拥挤时会选择网络渠道
	地理位置	距离购物商店远时会选择网络渠道
时间条件	假期	放假的时候会选择网络购物
	时段	隔上一段时间就会选择网络购物
	紧迫程度	时间紧张的时候选择网络购物

（3）产品因素

本研究按照产品内在属性和产品外在属性两个维度对产品进行分类。产品的内在属性包括：产品的价格、产品标准化程度、体验性产品、探索性产品。产品的外在属性包括：产品品牌和产品广告。产品因素变量和因素的设置参考了Black et al（2002）、Yan（2004）的研究。产品因素的变量、指标和问项如表6-4所示：

表6-4　产品因素的变量、指标及测量问项

变量	指标	问项
产品属性	价格	价格高的产品会选择网络渠道
	标准化程度	标准化程度高的产品会选择网络渠道
	体验性	体验性产品（如衣服）会选择网络渠道
	探索性	探索性产品（书、CD）会选择网络渠道
	品牌	品牌知名度高的产品会选择网络渠道
	广告	广告宣传多的产品会选择网络渠道

（4）渠道因素

渠道因素包括一个子维度，一个是渠道收益，测量指标是服务质量、便

利性、风险性和交易成本。对渠道因素的测量参考王全胜等（2009）的研究，所以，本书渠道因素的变量、指标及测量问项如下表6-5所示：

表6-5　渠道因素的变量、指标及测量问项

变量	指标	问项
渠道收益	服务质量	网络渠道更能获得满意的服务
	便利性	网络渠道更随时随地，得心应手
	风险性	网络渠道风险性低
	交易成本	网络渠道更少花费时间、精力

2. 自变量

本研究的自变量，或者也可以称为中介变量，包括双渠道信息选择和双渠道购买两个变量。由于研究双渠道选择的人很少，查阅了大量的文献也没有找到合适的指标和量表，于是，笔者参考了蒋侃（2007）渠道偏好的测量指标。[①]另外，在上面的研究中，提出一个假设，就是双渠道信息搜寻选择会对双渠道购买产生影响。因此，双渠道信息搜寻选择比双渠道购买多了一个测量指标。

表6-6　渠道选择的变量、指标及测量问项

变量	指标	问项
双渠道信息搜寻选择	喜欢该渠道	喜欢上网搜寻相关商品的信息
	优先考虑该渠道	当想搜寻某一商品信息时，优先考虑因特网
	作为首选	会把因特网当作搜寻商品信息的首选
	对购买选择的影响	通过网络搜寻商品信息，也喜欢通过网络方式购买
双渠道购买选择	喜欢该渠道	喜欢上网购买相关商品
	优先考虑该渠道	当想购买某一商品时，优先考虑因特网
	作为首选	会把网络渠道当作购买商品的首选

---

① Parsuraman, A., Zeithaml, V. A., Malhotra, A. E-S-QUAL: a multiple-item scale for assessing electronic service quality. Journal of Service Research, 2005, 7（3）: 213-233.

3. 因变量

效用价值和体验价值的测量参照Lee（2004）和蒋凯（2009）的研究。效用价值分为提供经济价值、价格合理、得到优良服务三个指标；体验价值分为提供愉快经历、带来良好心情、创造享乐价值三个指标。

表6-7　渠道选择的变量、指标及测量问项

变量	指标	问项
效用价值	提供经济价值	从经济角度考虑，在网上购买商品非常划算
	价格合理	商品价格合理
	得到优良的服务	总的来讲，我得到了优良的服务
体验价值	提供愉快经历	我在网上购物经历愉快
	带来良好心情	网上购物为我带来良好的心情
	创造享乐价值	创造了享乐价值

（二）小规模访谈

通过文献回顾的方式，笔者获取了本章相关研究变量的测量题项，但不同学者针对不同的变量维度（特别是双渠道选择的影响因素）所提出的测量题项并没有达到统一，因此，本研究需要通过小规模访谈的方式对上述测量题项做出进一步的合并、调整和确认，从而提高变量测量的效度和信度，最终形成预调研问卷。

1. 访谈目的

第一，了解受访者对双渠道购物的基本认识，从而为问卷设计和实证调研设计提供参考依据。

第二，考察双渠道选择的前置变量维度分类是否科学，每个维度包含的具体属性是否全面合理。

第二，考察受访者对顾客价值分类及测量指标的理解，顾客价值的分类是否能够涵盖双渠道购物选择和双渠道信息选择的研究，以及通过访谈确定测量题项是否能够涵盖顾客价值的全部内容。

第四，与受访者共同探讨从理论上得到的测量题项的合理性和科学性，考察测量题项是否具有歧义，表达是否清楚。

第五，考察受访者对本书理论研究模型的整体设计及其思路的理解，认为理论模型及其结构是否合理。

2. 访谈过程

访谈是以口头形式，根据被询问者的答复搜集客观的、不带偏见的事实材料，以准确的说明样本所要代表的总体的一种方式。访谈法比较灵活，研究者可以根据采访对象选择调查提问的方式、语气和用词。当面交谈易于形成友好合作的气氛，可以把研究目的、要求和问题解释得更加清楚，加上当场提出的附加问题，研究者能够获得问卷调查法所难以得到的实证资料，答案也就更加准确。为了充分发挥访谈法的上述优点，就需要对访谈过程进行有效设计和合理安排。

本研究共计十四位访谈对象，他们都是具有丰富的双渠道购物经验，并且对网络相当熟悉的顾客。从职业分布看，大学教师三名、大学生四名、公司职员四名、公务员三名；从性别分布看，男性六名、女性八名；从年龄分布看，十八至三十岁的七人、三十一至四十岁的七人；从收入上看，平均月收入达到两千元以上。本研究采用半结构式访谈方式，提出访谈内容的大纲，由访谈对象自由发挥。访谈内容如下：

第一，您网络购物的时间有多长？一般通过网络购物的商品类型是什么？

第二，您一般在什么情况下，会选择网络购物，什么情况下会选择店铺购物？（比如天气原因、商品原因、情境因素等）

第三，您认为网络购物方式和店铺购物方式是相互补充的吗？

第四，双渠道购物方式是否使您的购物更加高效、更加愉快？

第五，一般您会选择什么方式搜寻购物信息？

第六，您会通过网络搜寻信息，而通过店铺购买产品吗？为什么？

第七，您对笔者提出的理论模型有什么建议和意见？您对笔者概况的信息搜寻选择和购物选择的影响因素还有哪些好的补充？

第八，您认为的顾客价值是什么？您怎么看待笔者划定的效用价值和体验价值？

第九，您认为双渠道购物方式能够带给您更多的购物价值吗？主要体现在哪些方面？

第十，针对网络购物，您会对亲朋好友提出怎样的建议？您认为在网络购物中顾客最先应该注意到什么元素？

3. 访谈结果

通过电话和电子邮件联系，约定好时间、地点，然后每人进行两小时左右的半结构式访谈。访谈内容如下：

（1）对双渠道购物方式的基本认知

由于学历层次高又是年轻人，长期从事电脑操作和具备丰富的网络经验，十四位采访对象对于双渠道购物方式并不陌生，有些甚至还是资深的网络购物高手，在淘宝网上的消费级别能够达到钻石，甚至双钻石的级别。他们游刃有余地穿梭于网络渠道和店铺渠道，已经普遍认为双渠道购物方式是高效且令人愉悦的，这已经成为他们购物生活的一部分。这说明中国的顾客，特别是受过良好教育的年轻一族，已经习惯网络购物方式，成为成熟的双渠道顾客。

（2）对通过两种渠道进行消费的产品类型和消费金额还是有很大的差异

有些顾客特别是男性顾客，他们仅仅是通过网络渠道购买他们感偏好的产品，日常消费品以及主要的大件商品还是会选择店铺渠道。比如通过亚马逊和当当网等网站购买书籍，通过一些专业的B2C或者C2C购买电脑及相关产品、音响器材及制品、照相器材等，通过专门的票务网站购买机票、电影票等。网络购物只是他们日常消费的一种补充，因为身边的店铺没有感偏好的商品，所以只好通过网络途径进行购买。也就是说，店铺渠道是购物的首选、常选，而网络渠道是次选，偶尔为之。但对于一些资深的网络购物者（以女性居多），由于相同产品在网上的售价低，可以送货到家，并且种类繁多，更为重要的是，还能买到性价比很高的产品，因此，他们谈到网络购物总是滔滔不绝，大到电视、冰箱，小到衣服、奶粉、化妆品，基本都是通过网络渠道进行消费。网络购物已经成为他们日常购物的首选、常选。

（3）顾客偏重网络方式进行信息搜寻行为，但做出购买决定的原因很复杂

随着因特网的普及，通过网络购买商品的确成本低，方便快捷，所以，被访谈对象基本上都会选择通过网络进行信息搜集、信息查找的工作，但因网上搜寻信息而做出购买决定的只占到21.4%，并且都是基于对品牌的信任，即顾客已经决定购买某一品牌的商品，只是通过网络途径寻找价格更低的购买途径。能够影响顾客做出购买决定的因素主要有以下几个方面：亲朋好友

的口碑、企业商品宣传、长期的品牌信任等。所以，通过网络进行信息搜寻只是购买的充分条件，顾客做出购买决定行为的动因是非常复杂的。

（4）对双渠道购物选择影响因素以及构成维度的认知

通过与访谈对象进行面对面的交流，并且开放地讨论影响双渠道购物选择的因素。其中，八位采访对象认为顾客因素是主要动因，其余的采访对象认为顾客因素是比较重要的动因，但也会受到情景因素、渠道因素和产品因素的共同作用。购物动机，特别是求廉动机是选择网络购物的主要驱动因素。

（三）初始量表与调研问卷

本章实证研究初始测量量表先是在现有文献中摘录适用的测量题项，然后通过对十四位富有双渠道购物经验的顾客进行小规模访谈、补充，修改了一些指标，并部分修改了测量题项的表述，形成一个用于本章实证研究的包括四十四个测量题项的初始测量量表（如表6-8）。由于题项设置不方便调查对象选择，所以在量表设计中将它归类于调查对象基础资料中，再进行科学计量，转移到测量题项中。

表6-8　双渠道选择对顾客价值影响研究的初始测量量表

构念	变量	问项	测量编码
顾客因素	购物动机	一样的产品网购时会更便宜	A1
		网络渠道更好地获得商品信息，交流购买心得	A2
		更不想被人打扰	A3
		精神放松地进行购物过程	A4
		购物过程更方便	A5
	感知风险	网络购物能够达到我的预期水平	A6
		网络购物不会带来金钱损失	A7
		要退货、换货或质量不好时，不会遭到别人嘲笑	A8
		如果网络购物不满意，我不会烦躁不安	A9
	网络摄入程度	接触网络时间：1年以下、1~3年、3~4年、4-5年、5年（含）以上	A10
		网络购物经验：1年以下、1~3年、3~4年、4-5年、5年（含）以上	A11
		每天上网的时间：3小时（含）以上、2~3小时、1~2小时、1小时以下、无	A12
		使用因特网的频率：一天两次以上、一天上网一次、三天上网一次、一个星期上网一次、无	A13

构念	变量	问项	测量编码
情境因素	物理条件	天气不好时会选择网络购物	B1
		交通拥挤时会选择网络购物	B2
		距离购物商店远时会选择网络购物	B3
	时间条件	放假的时候会选择网络购物	B4
		隔上一段时间就会选择网络购物	B5
		时间紧张的时候选择网络购物	B6
产品因素	产品属性	价格高的产品会选择网络渠道	C1
		标准化程度高的产品会选择网络渠道	C2
		体验性产品（如衣服）会选择网络渠道	C3
		探索性产品（书、CD）会选择网络渠道	C4
		品牌知名度高的产品会选择网络渠道	C5
		广告多的产品会选择网络渠道	C6
渠道因素	渠道收益	网络渠道更能获得满意的服务	D1
		网络渠道更随时随地，得心应手	D2
		网络渠道风险性低	D3
		网络渠道更少花费时间、精力	D4
多渠道选择	双渠道信息搜寻选择	喜欢上网搜寻相关商品的信息	E1
		当想搜寻某一商品信息时，优先考虑因特网	E2
		会把因特网当作搜寻商品信息的首选	E3
		通过网络搜寻商品信息，也喜欢通过网络方式购买	E4
	双渠道购买选择	喜欢上网购买相关商品	F1
		当想购买某一商品时，优先考虑因特网 会把网络购物当作购买商品的首选	F2 F3
顾客价值	效用价值	从经济角度考虑，在网上购买商品物有所值	G1
		商品价格合理	G2
		总的来讲，我得到了优良的服务	G3
	体验价值	我在网上购物经历愉快	H1
		网上购物为我带来良好的心情	H2
		创造了享乐价值	H3

关于调研问卷的设计，主要涉及在问卷中采用哪类量表形式，以及测量量表的评分级度。本章的实证研究包括十一个变量，四十一个测项测量项目采用五点语义差异量表进行测量，在量表的具体评分级度上，"5~1"分别表示正负情绪的强度；而其他潜在变量的测量项目采用五级李克特（Likert）量表进行测量，在这些量表的具体评分级度上，5表示"非常同意"、4表示"同意"、3表示"一般"2表示"不同意"、1表示"非常不同意"。通过本章实证研究，潜在变量的初始测量项目以及相应评分级别得以确定，从而形成了用于实证分析的预调研问卷。关于本章后续的正式调研问卷（见附录I）则是建立在该预调研问卷及其数据分析的基础之上。

（四）数据分析工具与方法

根据研究需要，本章使用SPSS16.0软件和AMOS7.0软件作为资料分析工具，所采用的数据分析方法包括因子分析、结构方程模型分析和方差分析等。其中，因子分析用于预调查的测项纯化、正式调研中的变量效度检验，以及双渠道选择影响因素结构维度的检验；结构方程模型分析法用于双渠道选择对顾客价值影响概念模型及其假设路径关系的检验；方差分析法用于人口统计变量对顾客价值影响的检验。

三、预调研数据分析

为了提高研究变量的信度和效度，以及设计出一份质量较高的调研问卷，在正式研究的大规模发放问卷和收集数据之前应进行预调研。

（一）预调研样本选择与实施

在预调研及其数据分析阶段，本研究将通过信度分析和探索性因子分析来筛选预调研问卷中的测量题项，最终形成用于正式研究的调研问卷。其中，信度分析是用来精简问卷，删除对测量变量毫无贡献的问卷项目，以增进每个测量变量的信度；探索性因子分析主要是确定测量量表的结构与问项，并进一步对问项进行删减和优化。为保证问卷的设计质量，及早发现问题，在大规模正式问卷调查之前，笔者首先在全国范围内通过网络传送和纸质问卷发放形式组织了小规模的预调研。通过共发放问卷180份，回收问卷145份，问卷有效率为80.6%，样本概况如表6-9所示。依据人口统计特征的分布得出，小样本的预调研数据基本体现了双渠道顾客特征，对双渠道顾客总体具有一定的代表性。

表6-9　预调研样本概况

指标	人数	百分率
性别		
男	59	40.7%
女	86	59.3%
年龄		
18岁以下	1	0.7%
18~24岁	52	35.9%
25~30岁	41	28.3%
31~35岁	36	24.8%
36~40岁	10	6.9%
41~50岁	4	2.8%
50岁以上	1	0.7%
婚姻状况		
婚	73	50.3%
否	72	49.7%
受教育程度		
高中或高中以下（含中专）	7	4.8%
大学专科	16	11%
大学本科	85	58.6%
硕士	30	20.7%
博士	7	4.8%
月收入		
无收入	35	24.1%
1000以下	13	9%
1001~2000元	36	24.8%
2001~3000元	26	18%
3001~4000元	14	9.7%
4001~5000元	6	4.1%
5001以上	15	10.3%
职业		
教师	6	4.1%
学生	40	27.6%
企事业单位人员	39	26.9%
机关工作人员	31	21.4%
专业技术人员	10	6.9%
个体户口商业、服务业人员	3	2.1%
其他	16	11%

（二）预调研数据的描述性统计分析

通过使用SPSS16.0软件，计算预调研中各研究变量的平均数和标准差，计算结果如表6-10所示。从分析结果看，各研究变量的平均值都超过3，顾客对各研究变量的感知和评价呈积极倾向，而且各研究变量的标准差基本处于1以内，样本数据的离散程度不大。因此，预调研的数据结构较为合理。

表6-10　研究变量的平均值和标准差

变量	测量题项	平均值	标准差
购物动机	A1，A2，A3，A4，A5，	3.5	0.89
网络摄入程度	A10，A11，A12，A13，	3.6	1.28
感知风险	A6，A7，A8，A9，	2.72	0.88
物理条件	B1，B2，B3，	3.27	0.94
时间条件	B4，B5，B6	3.13	0.95
产品属性	C1，C2，C3，C4C5，C6	3.23	0.98
渠道收益	D1，D2，D3，D4	3.17	0.92
双渠道信息搜寻选择	E1，E2，E3，E4	3.65	0.86
双渠道购买选择	F1，F2，F3	2.8	0.9
效用价值	G1，G2，G3	3.25	0.78
体验价值	H1，H2，H3	3.15	0.75

（三）预调研数据的信度分析

信度是指测验或量表工具所测得结果的稳定性及一致性，量表的信度愈大，则其测量标准误差愈小。

预调研问卷回收后，一般通过考察CITC系数（在同一变量维度下，计算每一指标值与其他指标值之和的相关系数）来净化测量题项。Chucthin（1979）认为，需要在进行因子分析前对测量条款进行净化。如果在没有净化测量题项之前就对条款进行因子分析，就有可能导致多维度的现象，从而更加难以解释每个因子的含义。Yoo和Donthu（2001）认为，如果CITC小于0.4且删除项目后Cronbach's α值增加，则该测项应该在问卷中被删除掉。

从表6-11中的分析结果来看，购物动机的测项A1的CITC值为0.270，并且删除该测项后，该变量的Cronbach's α值由0.668增加到0.707。经过修改整理后，预测的信度分析如表6-11所示。

表6-11　预测研究变量的信度和CITC分析

变量	测项	CITC	Cronbach's a if Item Deleted	变量	测项	CITC	Cronbach's a if Item Deleted
购物动机 α=0.668	A1	0.270	0.707	物理条件 α=0.862	B1	0.749	0.798
	A2	0.542	0.560		B2	0.772	0.773
	A3	0.351	0.647		B3	0.702	0.841
	A4	0.448	0.604	时间条件 α=0.703	B4	0.469	0.687
	A5	0.510	0.575		B5	0.665	0.361
感知风险 α=0.703	A6	0.400	0.689		B6	0.444	0.731
	A7	0.617	0.537	渠道收益 α=0.704	D1	0.554	0.01
	A8	0.472	0.648		D2	0.576	0.01
	A9	0.466	0.645		D3	0.643	0.01
网络摄入程度 α=0.815	A10	0.806	0.683		D4	0.672	0.01
	A11	0.531	0.808	双渠道信息搜寻选择 α=0.751	E1	0.449	0.743
	A12	0.564	0.778		E2	0.670	0.620
	A13	0.446	0.523		E3	0.647	0.634
产品属性 α=0.730	C1	0.260	0.700		E4	0.440	0.748
	C2	0.299	0.678	双渠道购买选择 α=0.736	F1	0.521	0.696
	C3	0.408	0.646		F2	0.604	0.597
	C4	0.457	0.710		F3	0.562	0.648
	C5	0.741	0.526	体验价值 α=0.787	H1	0.579	0.762
	C6	0.735	0.541		H2	0.651	0.686
效用价值 α=0.731	G1	0.625	0.556		H3	0.661	0.677
	G2	0.642	0.536				
	G3	0.410	0.808				

表6-12　经过调整后的预调研信度值

变　量	问项数	Cronbach's α 值
购物动机	4	0.707
感知风险	4	0.703
网络摄入程度	4	0.815
产品属性	6	0.730

变　量	问项数	Cronbach's α 值
物理条件	3	0.862
时间条件	3	0.703
渠道收益	4	0.704
双渠道信息搜寻选择	4	0.751
双渠道购买选择	3	0.736
效用价值	3	0.731
体验价值	3	0.787

（四）预调研数据的效度分析

量表信度分析完后，接着所要进行的是量表的因素分析。因素分析的目的在于求得量表的建构效度（或称构念效度）。构建效度是减少量表中题目的数量，找出量表中主要结构，变成相关性但数量较少的变量。

在提高效度的研究设计中要注重概念明确、理论正确、操作正确和阐述清晰。进而设计使之变为一组较少而彼此相关较大的变量，此种因素分析是一种探索性的因素分析法。在一群杂乱无章的数据中寻找共性，从而提出假设或者建立一个理论框架。

另外，样本的选取要重视研究科学严谨，排除无关因素，重视环境和情境因素，尽可能减少干扰变量[①]。

本研究利用主成分分析，并采用最大方差数法来进行因子分析。主成分分析法是以线性方程式将所有变量加以合并，计算所有变量共同解释的变异量，该线性组合成为主要成分。在因素的个数决定上，以特征值大于1为评估标准。根据Nunnally的建议，如果旋转后因子负荷值小于0.4或者同时在两个因子上的负荷值都大于0.4的测量题项会被删除。另外，某一变量的内涵必须与测量同一因子的其他变量的内涵保持一致。本研究分别针对双渠道选择的影响因素、双渠道选择、顾客价值进行探索性因子分析，分析结果如下：

1. 双渠道前置变量的因子分析

根据CITC的分析结果，有28个前置变量测项可以进因子分析中。利用

---

① 吴明隆. 问卷统计分析实务——SPSS操作与应用[M]. 重庆大学出版社，2016（5）：194.

SPSS13.0进行的因子分析显示，KMO值为0.733，Bartlett's球状检验的显著性水平小于0.001（如表6-13），表明这些数据适合做因子分析；另外，根据反映像相关矩阵的对角线数值代表每一个变量的取样适当性量数MSA进行判断，没有题项的MSA值小于0.50，表示所用题项适合进行因素分析；根据每个测项的初始共同性以及主成分分析法抽取主成分后的共同性（如表6-14），也没有发现题项的共同性低于0.20的值，所以，28个前置变量测项可以被采用。通过表6-15，可以得知前9个因子累积方差贡献率为67.8%。

表6-13　预调研前置变量数据的KMO和Bartlett's检验

Kaiser-Meyer-Olkin Measure of Sampling Adequacy.		0.733
artlett's Test of Sphericity	Approx. Chi-Square	1501.466
	df	378
	Sig.	0.000

表6-14　预调研前置变量数据共同性

	Initial	Extraction		Initial	Extraction
A1	1.000	0.665	B2	1.000	0.749
A2	1.000	0.665	B3	1.000	0.712
A3	1.000	0.526	B4	1.000	0.586
A4	1.000	0.561	B5	1.000	0.637
A5	1.000	0.623	B6	1.000	0.781
A6	1.000	0.688	C1	1.000	0.722
A7	1.000	0.655	C2	1.000	0.689
A8	1.000	0.681	C3	1.000	0.647
A9	1.000	0.681	C4	1.000	0.615
A10	1.000	0.670	C5	1.000	0.765
A11	1.000	0.691	C6	1.000	0.682
A12	1.000	0.658	D1	1.000	0.663
B1	1.000	0.760	D2	1.000	0.766

表6-15 预调研前置变量数据的解释总变异量

Component	Initial Eigenvalues			Extraction Sums of Squared Loadings			Rotation Sums of Squared Loadings		
	Total	% of Variance	Cumulative %	Total	% of Variance	Cumulative %	Total	% of Variance	Cumulative %
1	5.924	21.156	21.156	5.924	21.156	21.156	3.071	10.966	10.966
2	2.615	9.339	30.495	2.615	9.339	30.495	2.966	10.592	21.558
3	2.174	7.765	38.260	2.174	7.765	38.260	2.126	7.593	29.150
4	1.847	6.597	44.857	1.846	6.597	44.857	2.014	7.192	36.342
5	1.530	5.465	50.322	1.530	5.465	50.322	2.006	7.164	43.506
6	1.387	4.954	55.276	1.387	4.954	55.276	1.918	6.850	50.356
7	1.316	4.702	59.978	1.316	4.702	59.978	1.851	6.611	56.967
8	1.176	4.198	64.176	1.176	4.198	64.176	1.751	6.252	63.219
9	1.009	3.605	67.781	1.009	3.605	67.781	1.277	4.562	67.781
10	0.914	3.264	71.045						
11	0.834	2.979	74.024						
12	0.812	2.899	76.923						
13	0.748	2.673	79.596						
14	0.696	2.484	82.080						
15	0.631	2.255	84.334						
16	0.552	1.970	86.305						
17	0.533	1.902	88.207						
18	0.435	1.554	89.761						
19	0.424	1.515	91.276						
20	0.371	1.326	92.602						
21	0.368	1.313	93.915						
22	0.324	1.156	95.071						
23	0.287	1.026	96.097						
24	0.253	0.904	97.001						
25	0.235	0.841	97.842						
26	0.232	0.828	98.669						
27	0.219	0.781	99.450						
28	0.154	0.550	100.000						

2. 双渠道选择预调研数据的因子分析

利用SPSS16.0进行的因子分析显示，KMO值为0.747，Bartlett's球状检验的显著性水平小于0.001（如表6-16），表明这些数据适合做因子分析；另外，根据反映像相关矩阵的对角线数值代表每一个变量的取样适当性量数MSA进行判断，没有题项的MSA值小于0.50，表示所用题项适合进行因素分析；根据每个测项的初始共同性以及主成分分析法抽取主成分后的共同性（如表6-17），也没有发现题项的共同性低于0.20的值，所以，7个前置变量测项可以被采用。通过表4-18，可以得知前两个因子的特征值均大于1，累积方差解释贡献率为65.02%。

表6-16　预调研前置变量数据的KMO和Bartlett's检验

Kaiser-Meyer-Olkin Measure of Sampling Adequacy.		0.747
Bartlett's Test of Sphericity	Approx. Chi-Square	331.340
	df	21
	Sig.	0.000

表6-17　预调研前置变量数据共同性

	Initial	Extraction
E1	1.000	0.454
E2	1.000	0.809
E3	1.000	0.729
E4	1.000	0.660
F1	1.000	0.598
F2	1.000	0.643
F3	1.000	0.659

表6-18　预调研双渠道选择变量数据的解释总变异量

Component	Initial Eigenvalues			Extraction Sums of Squared Loadings			Rotation Sums of Squared Loadings		
	Total	% of Variance	Cumulative %	Total	% of Variance	Cumulative %	Total	% of Variance	Cumulative %
1	3.047	43.527	43.527	3.047	43.527	43.527	2.422	34.600	34.600
2	1.504	21.491	65.019	1.504	21.491	65.019	2.129	30.419	65.019
3	0.757	10.810	75.829						

Component	Initial Eigenvalues			Extraction Sums of Squared Loadings			Rotation Sums of Squared Loadings		
	Total	% of Variance	Cumulative %	Total	% of Variance	Cumulative %	Total	% of Variance	Cumulative %
4	0.560	7.995	83.824						
5	0.483	6.903	90.727						
6	0.387	5.533	96.260						
7	0.262	3.740	100.00						

3. 顾客价值调研数据的因子分析

根据CITC的分析结果，有六个前置变量测项可以进因子分析中。利用SPSS16.0进行的因子分析显示，KMO值为0.755，Bartlett's球状检验的显著性水平小于0.001（如表6-19），表明这些数据适合做因子分析；另外，根据反映像相关矩阵的对角线数值代表每一个变量的取样适当性量数MSA进行判断，没有题项的MSA值小于0.50，表示所用题项适合进行因素分析；根据每个测项的初始共同性以及主成分分析法抽取主成分后的共同性（如表6-20），也没有发现题项的共同性低于0.20的值，所以六个前置变量测项可以采用。通过表4-21可以得知前九个因子的特征值均大于1，累积方差解释贡献率为67.78%。

表6-19 预调研顾客价值数据的KMO和Bartlett's检验

Kaiser-Meyer-Olkin Measure of Sampling Adequacy.		0.755
Bartlett's Test of Sphericity	Approx. Chi-Square	297.610
	df	15
	Sig.	0.000

表6-20 预调研顾客价值数据共同性

	Initial	Extraction
G1	1.000	0.835
G2	1.000	0.803
G3	1.000	0.482
H1	1.000	0.606
H2	1.000	0.772
H3	1.000	0.717

表6-21　预调研双渠道选择变量数据的解释总变异量

Component	Initial Eigenvalues			Extraction Sums of Squared Loadings			Rotation Sums of Squared Loadings		
	Total	% of Variance	Cumulative %	Total	% of Variance	Cumulative %	Total	% of Variance	Cumulative %
1	3.019	50.323	50.323	3.019	50.323	50.323	2.335	38.914	38.914
2	1.196	19.938	70.261	1.196	19.938	70.261	1.881	31.347	70.261
3	0.631	10.519	80.780						
4	0.477	7.957	88.737						
5	0.389	6.479	95.215						
6	0.287	4.785	100.00						

　　根据预调研数据的效度分析和信度分析，最终可以得到用于本章正式研究的调研问卷，测量题项进行了局部调整形成正式测量表，如表6-22所示。

表6-22　双渠道选择研究的正式测量量表

构念	变量	问项	测量编码
顾客因素	购物动机	可以更好获得商品信息，更好与人交流购物心得	A1
		更不想被人打扰	A2
		精神放松的进行购物过程	A3
		购物过程更方便	A4
	感知风险	会达到我的预期水平	A5
		不会带来金钱损失的购物过程	A6
		要退货、换货或质量不好时，不会遭到别人嘲笑	A7
		不满意的时候，不会烦躁不安	A8
	网络摄入程度	接触网络时间：1年以下、1~3年、3~4年、4~5年、5年（含）以上	A9
		网络购物经验：1年以下、1~3年、3~4年、4~5年、5年（含）以上	A10
		每天上网的时间：3小时（含）以上、2~3小时、1~2小时、1小时以下、无	A11
		使用因特网的频率：一天两次以上、一天上网一次、三天上网一次、一个星期上网一次、无	A12
情境因素	物理条件	天气不好时会选择网络购物	B1
		交通拥挤时会选择网络购物	B2
		距离购物商店远时会选择网络购物	B3
	时间条件	放假的时候会选择网络购物	B4
		隔上一段时间就会选择网络购物	B5
		时间紧张的时候选择网络购物	B6

构念	变量	问项	测量编码
产品因素	产品属性	价格高的产品会选择网络渠道	C1
		标准化程度高的产品会选择网络渠道	C2
		体验性产品（如衣服）会选择网络渠道	C3
		探索性产品（书、CD）会选择网络渠道	C4
		品牌知名度高的产品会选择网络渠道	C5
		广告多的产品会选择网络渠道	C6
渠道因素	渠道收益	网络渠道更能获得满意的服务	D1
		网络渠道更随时随地，得心应手	D2
		网络渠道风险性低	D3
		网络渠道更少花费时间、精力	D4
多渠道选择	双渠道信息搜寻选择	喜欢上网搜寻相关商品的信息	E1
		当想搜寻某一商品信息时，优先考虑因特网	E2
		会把因特网当作搜寻商品信息的首选	E3
		通过网络搜寻商品信息也喜欢通过网络方式购买	E4
	双渠道购买选择	喜欢上网购买相关商品	F1
		当想购买某一商品时，优先考虑因特网	F2
		会把网络渠道当作购买商品的首选	F3
顾客价值	效用价值	从经济角度考虑，通过网络渠道购物非常划算	G1
		网络上购买的商品价格合理	G2
		总的来讲，网络渠道能够得到优良的服务	G3
	体验价值	我在网上购物经历愉快	H1
		网上购物为我带来良好的心情	H2
		总之，我认为网络渠道是种享乐	H3

四、正式调研设计与过程

在通过上述小规模访谈和问卷预测形成正式问卷的基础上，确定调研对象和样本容量，通过现场回收和电子邮件、网络问卷等方式搜集研究数据。

（一）调研对象与样本容量

对于调研对象的选择，本研究要求满足以下条件：调研对象具有使用互联网的基本能力和条件；调研对象是具有独立购买能力的成年人；调研对象具有网络购物经验和实体店铺购物经验。

能够游刃有余地穿梭于实体店铺和网络店铺进行购物的人群是本研究的调研对象。鉴于此，学生、教师、军人、白领、公务员、企事业单位人员、专业技术人员、自由职业者、商业、服务人员等几乎涵盖所有职业并且具有网络购物经验的人群都是研究对象。

由于本研究中使用的结构方程模型（SEM）所处理的变量数目较多，变量之间的关系较为复杂，为了维持统计假设不致违反，必须使用较大的样本量。同时，样本量的大小也牵动着SEM分析的稳定性与各种指数的适用性。但究竟有没有一个最适规模，则会随着SEM模型的复杂度与分析的目的及种类而有相当大的变化（邱皓政、林碧芳，2009）。一般而言，当样本数低100时，几乎所有的SEM分析都是不稳定的；当样本数大于200时，才可以称得上是一个中型样本。具体而言，使用极大似然估计法进行估计时，需要的样本规模最小为200个（JosePh，Ronald&Wlliam，1998）。样本数太少可能导致不能收敛或得不到合适的解。

综合以上分析，本研究对于样本容量的确定同时满足三个要求：大于200、大于测量问项的10倍、大于模型估计参数的5倍。

（二）调研方法与过程

实际研究中，将总体作为研究对象是一种理想状态，但这往往局限于研究对象所属范围较小的情形。针对本书双渠道选择的选题以及上述调研对象，本研究专门成立了三人研究小组，采取两种调研方法：网络电子问卷和纸质问卷。网络问卷通过电子邮件和QQ、MSN等即时通信进行发放和回收，纸质问卷通过现场发放、回收方式，两种方式相互补充。

本研究的网络电子问卷采取两种方式，一是把调查问卷作为附件，通过电子邮件发给被调查对象；二是通过QQ和MSN等即时通信发放给调查对象，且建议对方让自己的熟人参与答题或转发问卷给自己认识的人，以获取更多问卷。电子邮件发放问卷方式的效果不好，除相识的人以外，发放的陌生邮箱绝大部分没有回复，原因可能是该邮箱已废弃或者好久没有登录，或者觉得麻烦没有答题。但是通过QQ和MSN发放问卷的回收率非常高，质量好，基本是研究组的成员群发给好友，然后好友转发给他（她）QQ名单上的好友。

这种强链接效应非常高效，基本都是10份、20份的回收问卷。同时，这也说明即时通信已成为目前交流的主要工具，特别是QQ，确实成为人们生活的一部分。

纸质问卷针对在校大学生、研究生、MBA、公司职员、公务员，共发放了370份。调查前，首先询问调查对象是否具有网络购物经验，然后填写问卷。MBA学生是调查的主要对象，他们来自各行各业，无论职业还是收入、教育水平都比较高，而且基本都是双渠道购买者，所以，问卷的回收率非常高。

本研究的调查时间为2016年7月至2016年11月、为期4个月。网络电子问卷共收到251份，有效问卷223份，有效率为88.8%；纸质问卷收回370份，其中有效问卷341份，有效率92.2%。本研究共收到有效问卷564份。对于无效问卷的认定主要依据以下原则：信息不完整，有些题项存在遗漏；答题不认真，连续超过五个指标都选同一选项。根据上述样本容量的要求，本研究共有41个测量问项，问卷数是测量问项的13.76倍，所以，564份问卷符合样本容量要求。

本章主要借助正式调研搜集的数据，在对样本概况和数据质量分析的基础上，对研究的假设进行实证分析。本章包括六部分内容：描述性统计、信度效度分析、验证性分析、回归分析、理论模型结构方程分析等。

五、统计分析

（一）样本人口统计特征

对于样本人口统计特征，本研究参照CNNIC在2016年7月发布的第26次中国互联网络发展状况统计报告进行比较分析。之所以选择CNNIC是因为其数据权威而且报告内容与本书研究的内容相近，如表6-23所示：

表6-23　正式调研样本概况

指　标	人　数	百分率
性别		
男	279	49.5%
女	285	50.5%

指　标	人　数	百分率
年龄		
18 岁以下	8	1..4%
18~24 岁	128	22.7%
25~30 岁	213	37.8%
31~35 岁	147	26.1%
36~40 岁	59	10.5%
41~50 岁	8	1.4%
50 岁以上	1	0.2%
婚姻状况		
婚	331	58.7%
否	233	41.3%
受教育程度		
高中或高中以下 (含中专)	12	2%
大学专科	85	15%
大学本科	247	43.8%
硕士	183	32.4%
博士	37	6.8%
月收入		
无收入	82	14.5%
1000 以下	58	10.3%
1001~2000 元	132	23.4%
2001~3000 元	109	19.3%
3001~4000 元	59	10.5%
4001~5000 元	22	4%
5001 以上	102	18%
职业		
教师	32	5.7%
学生	128	22.7%
企事业单位人员	232	41.1%
机关工作人员	86	15.2%
专业技术人员	36	6.4%
个体户口商业、服务业人员	12	2.1%
其他	38	6.7%

上表分别分析各项目指标的概况。

1. 性别

从整体网民的性别比例来看，男性和女性拥有同样的网络资源，CNNIC（2016）指出男性占54.8%、女性占45.2%。总体比例，男性略高于女性。与普通网民中男性较多的特点有所不同，网络购物用户中女性用户占据半边天，目前比例占到50.8%。城市发展水平越高，这种特点越鲜明。北京、上海、广州网购用户中女性明显高于男性，其他城市用户则以男性居多。由于本研究的调查发放对象既有北京、上海等大城市人群，也包括济南、德州等中小城市人群，但从上表可以看出，本研究中的男性占49.5%、女性占50.5%，男性比例略低于女性。因为本研究所针对的是所有有网购经验和店铺购物经验的人群，所以，研究样本的性别比例合理。

2. 年龄

根据中国电子商务研究中心提供的报告可知，从网购用户的年龄构成看，网购群体较一般网民更偏年轻化。18~30岁的网民是网购的主力，占网购用户总数的81.7%。其中，18~24岁的网购用户占比还在提升，年增幅达15.4个百分点。未成年人和40岁以上网民群体网购使用相对较少。前者由于经济独立性较差，可支配收入较少，网购实力不强；后者的网络购物的生理和心理屏障较多，网络购物动力较弱。但是与2009年相比，2016年，18岁以下购物网民比例出现小幅上升，增长了0.2的百分点。与40岁以上的中老年人相比，未成年网民进行网络购物的可能性更大。从表4-23中可以看出，本研究样本的年龄结构主要集中在18~35岁之间，占86.6%，且40岁以下占样本的98.5%。本研究样本与报告提出的数据结果大体一致，都显示年轻人是主要的网民群体。所不同的是，本研究的样本集中在18~35岁，占调查总数的86.6%，这与本研究的定位主要以自己有收入来源并且具备一定消费能力的人群为主有关，因为，他们是目前消费品市场的中坚力量。

3. 文化程度

从网络媒体信息对顾客买影响角度来看，高学历的占比还是较高的。据2015年中国网络购物市场研究报告，与普通网民相比，网购用户中高学历群体占比较高，大学本科学历的占到73.8%。本研究的样本中，大学文化程度以上的有467人，占83%；硕士及以上所占比例达到39.2%。所以，本研究样本的高学历现象严重，一方面，本研究是以研究生、MBA学生和公务员为调研对象；另一方面，问卷调查以电子邮件和网络答题的方式进行，高学历群体更容易接受。因此，从网络的利用和影响深度来看，当前高学历现象还是比较明显的。综上所述，本研究样本的文化程度与研究内容一致，具有合理性。

4. 月平均收入

本研究样本的收入分布情况，见表6-23所示。从表中可以看出，本研究对象的收入比较平均。没有收入的大学生占到14.5%；月收入2000元以下的调查对象占到39.2%，代表刚步入社会的大学生，他们是消费的新生力量；月收入在2001~3000元的有109人，占调查对象的19.3%；3001~5000元的有81人，占总数的14.5%；5000元以上的有102人，占总样本的18%。每一个收入阶段的人都有，说明样本采集具有较好的代表性。

5. 职业

本研究样本的职业分布情况，见表6-23所示。可以看出，在本研究样本职业类别中，学生、企事业的单位人员和公务员是主要调研对象，分别占22.7%、41.1%和15.2%。虽然CNNIC（2016）的报告指出，目前我国网民最大群体仍是学生，占30.7%；企事业单位人员和公务员分居二、三位，分别占18.9%和7.9%，但网购人群的职业比例还是以企事业单位人员和学生为主。由于本样本是以在校大学生、研究生和MBA学生为主，MBA的调查对象既有学生身份，也有企事业单位人员身份，因此，样本的职业分布符合实际情况。

（二）描述性统计分析

在进行数据的信度和效度分析，以及运用结构方程模型进行假设检验前，本书对研究变量各测量题项进行了描述性统计分析。通过使用SPSS16.0软件计算各研究变量具体测量题项的最小值、最大值、平均值、标准差、偏度和峰度，得到本研究各变量基本数据的统计描述（如表6-24所示）。由于本章研究使用AMOS默认的极大似然估计法（ML）进行参数估计，故首先需要检验数据是否符合多变量正态分布的假定。

表6-24　测量题项的统计性分析结果

测项	最小值	最大值	均值	标准差	偏度	峰度
A1	1.00	5.00	3.328	0.94	-0.057	-0.740
A2	1.00	5.00	3.70	0.91	-0.51	-0.01
A3	1.00	5.00	3.38	0.90	0.083	-0.43
A4	1.00	5.00	3.67	0.89	-0.4	-0.25
A5	1.00	5.00	3.02	0.75	0.22	0.31
A6	1.00	5.00	2.65	0.86	0.44	-0.04

测项	最小值	最大值	均值	标准差	偏度	峰度
A7	1.00	5.00	3.15	0.99	−0.09	−0.50
A8	1.00	5.00	2.61	0.88	0.71	0.40
A9	1.00	5.00	4.5	0.86	−1.97	0.49
A10	1.00	5.00	3.08	1.39	0.06	−1.21
A11	1.00	5.00	3.50	1.38	−0.27	−1.29
A12	1.00	5.00	4.45	0.90	−2.05	4.38
B1	1.00	5.00	3.35	0.98	−0.11	−0.48
B2	1.00	5.00	3.31	0.92	−0.39	−0.12
B3	1.00	5.00	3.47	0.85	−0.48	−0.01
B4	1.00	5.00	3.07	0.89	−0.20	−0.19
B5	1.00	5.00	2.68	0.82	0.16	−0.32
B6	1.00	5.00	2.83	0.97	0.23	−0.79
B7	1.00	5.00	3.41	0.94	−0.43	−0.47
B8	1.00	5.00	3.24	0.98	−0.07	−0.93
C1	1.00	5.00	3.27	1.14	−0.26	−0.83
C2	1.00	5.00	3.63	0.95	−0.50	−0.18
C3	1.00	5.00	2.90	1	0.058	−0.61
C4	1.00	5.00	3.90	0.93	−0.08	−0.43
C5	1.00	5.00	3.28	1.02	−0.19	−0.61
C6	1.00	5.00	3.24	0.91	−0.15	−0.42
D1	1.00	5.00	2.79	0.76	−0.11	0.56
D2	1.00	5.00	3.54	0.89	−0.46	0.07
D3	1.00	5.00	3.83	0.94	−0.52	−0.35
D4	1.00	5.00	3.28	1.02	−0.19	−0.61
E1	1.00	5.00	3.98	0.79	−0.73	0.94
E2	1.00	5.00	4.05	0.85	−0.01	0.68
E3	1.00	5.00	3.91	0.92	−0.53	−0.32
E4	2.00	5.00	3.32	0.82	0.15	−0.49
F1	1.00	5.00	3.25	0.87	0.11	−0.27
F2	1.00	5.00	3.05	0.94	0.19	−0.36
F3	1.00	5.00	2.72	0.95	0.46	−0.16

测项	最小值	最大值	均值	标准差	偏度	峰度
G1	2.00	5.00	3.56	0.80	−0.03	−0.46
G2	2.00	5.00	3.65	0.73	−0.27	−0.17
G3	1.00	5.00	3.03	0.74	0.03	−0.11
H1	1.00	5.00	3.38	0.75	−0.15	0.58
H2	1.00	5.00	3.28	0.76	−0.05	0.45
H3	1.00	5.00	3.24	0.79	0.14	0.39

检验结果显示，43个观察变量的偏度（Skewness）系数的绝对值介于0.01~2.05之间，均小于3，峰度（Kurtosis）系数的绝对值介于0.01~4.38之间，均小于10，故研究数据符合正态分布的假定（Hair et al., 1998）。因此，本研究可以运用极大似然估计法进行测量模型和结构模型分析。

六、数据质量的信度和效度分析

以下将通过样本数据的信度效度分析，对数据的质量进行评估。首先，通过探索性因子分析进行结构效度的分析，然后计算测量问项的Cronbacha值，对其信度进行评价。

（一）效度分析

效度主要包括内容效度和结构效度。本研究在文献综述和理论研究的基础上，设计调查问卷，并经过小规模访谈进行修正，所以，测量问项的内容效度能够保证。以下主要验证结构效度。首先对购物动机、感知风险、网络摄入程度、产品属性、物理条件、个人状态、时间条件、渠道因素、信息选择、购买选择、效用价值和体验价值等12个变量测量问项的数据进行KMO和Bartlett球体检验，检验结果见表4-25所示。

表6-25　KMO和Bartlett球体检验结果

Kaiser–Meyer–Olkin Measure of Sampling Adequacy.		0.829
Bartlett's Test of Sphericity	Approx. Chi–Square	3742.027
	df	946
	Sig.	0.000

表中结果显示KMO系数为0.829和Bartlett球体检验显著，表明样本数据适合做进一步因子分析。

表6-26　样本数据探索性因子分析结果

| | 因　子 | | | | | | | | | | | |
	1	2	3	4	5	6	7	8	9	10	11	12
A1	0.249	0.114	0.047	−0.019	0.102	0.226	−0.096	0.249	0.690	−0.093	−0.122	−0.037
A2	0.014	0.151	0.021	0.189	0.056	0.040	0.005	0.072	0.741	0.035	0.068	0.042
A3	0.373	0.094	0.048	0.109	0.149	0.086	0.219	0.107	0.448	0.163	0.209	−0.006
A4	0.630	0.072	0.138	0.060	0.149	0.079	0.131	0.167	0.191	0.052	−0.041	0.019
A5	0.507	0.417	0.088	0.031	0.019	0.184	0.042	0.235	−0.154	−0.017	−0.078	0.029
A6	0.223	0.188	0.006	−0.150	0.267	0.574	−0.138	0.210	−0.214	−0.102	0.111	−0.002
A7	−0.035	0.010	0.086	0.224	0.039	0.638	0.015	0.019	0.108	−0.158	0.192	0.057
A8	−0.025	0.171	0.045	−0.058	0.021	0.428	−0.311	0.113	0.143	0.255	0.013	0.148
A9	0.141	−0.063	0.007	0.167	0.230	0.017	0.052	0.120	0.107	0.567	−0.476	0.109
A10	0.096	0.135	0.032	0.006	0.286	−0.007	0.126	0.141	0.032	0.306	−0.374	0.440
A11	0.073	0.209	0.119	0.024	−0.029	−0.136	0.117	0.059	0.085	0.604	0.016	0.009
A12	0.025	0.059	−0.012	0.002	0.054	0.116	0.053	−0.048	−0.094	0.818	0.137	−0.054
B1	−0.005	0.008	0.025	0.841	0.082	0.116	0.019	0.128	0.102	0.013	0.123	0.096
B2	0.063	0.062	0.043	0.862	0.119	0.108	0.004	0.157	0.047	0.029	0.095	−0.008
B3	0.166	0.101	0.030	0.792	0.138	0.060	0.014	0.179	0.083	0.070	−0.103	−0.012
B4	0.169	0.244	0.010	0.366	0.064	−0.051	−0.003	0.644	0.061	0.053	0.001	−0.006
B5	0.065	0.086	0.061	0.159	0.001	0.206	0.040	0.744	0.197	0.078	0.106	−0.164
B6	−0.071	0.271	0.166	0.284	−0.133	−0.033	0.015	0.603	0.131	−0.062	−0.035	0.383
B7	0.446	0.254	0.254	0.275	−0.149	−0.095	−0.038	0.178	0.172	0.039	−0.065	0.024
B8	0.131	0.315	0.381	0.440	−0.097	−0.273	0.007	−0.121	0.145	−0.080	−0.014	−0.262
C1	0.340	0.032	0.204	0.050	−0.043	0.139	−0.072	−0.157	0.024	−0.074	0.194	0.639
C2	0.430	−0.086	0.460	0.090	0.130	0.103	0.189	−0.042	−0.003	0.057	0.023	−0.357
C3	0.139	0.004	0.147	0.158	−0.055	0.096	0.081	0.119	0.089	0.136	0.717	0.108
C4	0.164	0.170	0.171	0.002	0.248	−0.061	0.793	0.039	−0.007	0.096	−0.010	−0.015
C5	0.178	0.148	0.910	0.025	0.092	0.125	0.059	0.032	0.057	0.039	0.025	0.018
C6	−0.045	0.010	0.781	0.054	−0.002	0.010	0.123	0.102	−0.012	0.049	0.096	0.171

	因 子											
	1	2	3	4	5	6	7	8	9	10	11	12
D1	0.137	0.273	0.145	0.144	-0.078	0.555	0.183	0.023	0.167	0.231	-0.150	-0.007
D2	0.369	0.133	0.027	0.205	0.054	0.308	0.414	-0.041	0.161	0.148	0.085	0.182
D3	0.142	0.102	0.103	-0.043	0.113	0.007	0.793	0.027	0.014	0.092	0.018	-0.037
D4	0.178	0.148	0.910	0.025	0.092	0.125	0.059	0.032	0.057	0.039	0.025	0.018
E1	0.196	0.243	0.155	0.181	0.361	-0.075	0.288	-0.085	0.376	0.063	0.079	0.126
E2	0.125	0.057	0.107	0.180	0.815	0.094	0.185	0.006	0.086	0.102	-0.065	0.032
E3	0.136	0.175	0.045	0.110	0.802	-0.027	0.167	-0.032	0.108	0.006	-0.081	-0.040
E4	0.474	0.426	0.065	0.152	0.322	0.006	-0.006	0.203	0.072	0.016	0.031	-0.121
F1	0.463	0.617	0.225	0.057	0.142	-0.105	0.011	0.163	0.045	0.170	0.019	-0.060
F2	0.362	0.467	0.213	0.018	0.276	0.005	-0.201	0.093	0.076	0.217	0.294	0.125
F3	0.418	0.544	0.190	0.052	0.146	0.001	-0.071	0.192	-0.068	0.082	0.076	0.209
G1	0.712	0.177	0.049	0.040	0.072	0.067	0.184	-0.003	0.024	0.084	0.070	0.198
G2	0.733	0.208	0.025	0.024	0.071	0.053	0.136	-0.171	0.136	0.002	0.056	0.026
G3	0.245	0.321	0.185	0.145	-0.260	0.518	0.052	-0.115	0.181	-0.010	-0.153	-0.095
H1	0.270	0.647	0.055	0.041	0.055	0.244	0.095	-0.025	0.141	0.143	-0.121	0.019
H2	0.030	0.741	0.054	0.141	0.075	0.209	0.220	0.183	0.174	0.081	0.070	-0.065
H3	0.148	0.705	-0.009	0.046	0.080	0.227	0.228	0.111	0.199	0.032	-0.014	0.176

＊表中 A 代表顾客自身因素，其中 A1~A4 代表顾客动机的测项，A5~A8 代表感知风险测项，A9~A12 代表网络摄入程度测项；B 代表情景因素，其中 B1-B3 代表物理条件，B4~B6 代表时间条件；C 代表产品属性；D 代表渠道收益；E 代表双渠道信息选择；F 代表双渠道购物选择；G 代表效用价值；H 代表体验价值。

（二）信度分析

信度是概念测量的可靠性，用来衡量测量结果的一致性与稳定性，反映了同一概念的不同题项测量该概念的一致性程度。本研究选取最为常用的内部一致性系数Cronbach's α 值对研究变量进行信度评价。运用SPSS16.0统计软件的可靠性分析程序，对总样本的数据进行内部一致性系数的计算。由表6-27所示可知，各研究变量的Cronbach's α 值均大于0.7，达到了学界建议的0.7的标准值。因此，研究变量的测量具有较好的信度，数据比较可靠。

表6-27　变量的信度检验

研究变量	测量题项数目	Cronbach's α
购物动机	4	0.758
感知风险	4	0.725
网络摄入程度	4	0.768
产品属性	6	0.837
物理条件	3	0.874
时间条件	3	0.749
渠道因素	4	0.770
信息选择	4	0.754
购买选择	3	0.812
效用价值	3	0.744
体验价值	3	0.821

七、数据质量的验证性分析

根据Bollen（2000）的建议，研究测量模型的评估可以逐个部分进行匹配检验。本研究的主要目的是探究双渠道选择同顾客价值之间的关系，以及影响双渠道选择的前置变量。本部分将模型中的变量分为4个部分进行分析，分别是顾客因素（购物动机、网络摄入程度、感知风险）、情景因素（物理条件、时间条件）、双渠道选择（双渠道信息选择、双渠道购买选择）、顾客价值（效用价值、体验价值）。每一部分建立测量模型，分别进行验证因子分析。

（一）顾客因素

1. 模型设定

本部分包括3个变量，分别是购物动机、网络摄入程度和感知风险；每1个变量都包含四个测项。因此，本部分验证性因子分析模型共涉及测量指标共12个。顾客因素验证性因子分析模型设定如图6-1所示。

2. 模型识别

在本模型中，共计12个观测指标，因此，总的自由度q(q+1)/2=78，而要估计的参数包括：12个负荷系数、3个变量相关系数和12个测量指标的误差方差，共计27个估计参数，t=27<78，满足上文所述的模型被识别的必要条件，也即t规则。

根据验证性因子分析模型识别的三指标经验规则[①]，本模型每一个潜变量均有三个以上的测量指标，因子负荷矩阵的每一行有且只有一个非零值，这意味着每一个指标只测量一个特质潜变量，没有横跨因子现象，而且残差的协方差矩阵为对角矩阵，即特殊因子之间相互独立。因此，根据三指标经验性规则，本模型也满足模型被识别的充分条件。因此，上述模型可以被识别。

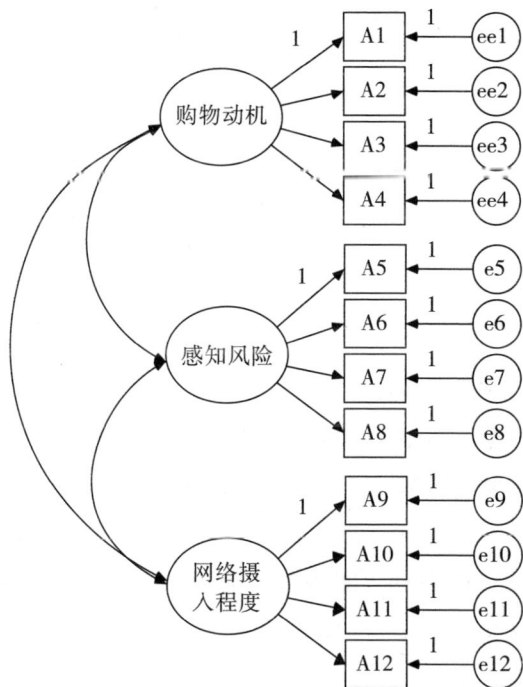

图6-1　顾客因素验证性因子分析模型

3. 模型评价

运用AMOS7.0软件，采取固定负荷法和极大似然法（ML），对整个模型进结行评估。结果如表6-28所示。

————————————

① 三指标法则。如果①每个潜变量有三个或以上的测量变量；②因子负荷矩阵每一行有且只有一个非零值，即一个测量变量只测量一个特质量；③残差的协方差矩阵为对角矩阵，即特殊因子之间相互独立。同时满足上述三条件，则模型可识别。

表6-28 顾客因素验证性因子分析结果

潜变量	项目	非标准负荷	P	T值	标准负荷	项目信度	CR	AVE
购物动机	A1	1.000			0.755	0.796	0.764	0.612
	A2	0.913	***	8.303	0.726	0.600		
	A3	1.126	***	9.144	0.861	0.540		
	A4	0.916	***	8.437	0.741	0.610		
感知风险	A5	1.000			0.712	0.729	0.668	0.554
	A6	1.374	***	6.794	0.616	0.572		
	A7	1.057	***	6.046	0.614	0.679		
	A8	0.823	***	5.522	0.559	0.762		
网络摄入程度	A9	1.000			0.714	0.593	0.732	0.517
	A10	1.112	***	7.418	0.790	0.436		
	A11	1.005	***	7.075	0.848	0.577		
	A12	0.650	***	7.033	0.743	0.508		

（*** 表示 P<0.001）

运行结果中，各拟合指标的数值为，$x^2=145.708$，$x^2/df=2.857$；GFI=0.931，AGFI=0.789，CFI=0.931，NFI=0.969，RMSEA=0.082，均达到了满意的标准，模型拟合情况良好。因此，上述模型基本可以接受。

4. 信度评估

从单个项目的信度来看，项目信度处于0.508~0.796之间，大于0.50的标准，因此，可以认为单个项目的信度是可以接受的。因子的信度主要由组合信度（CR）来评估。根据公式计算出来的组合信度，高于前述的0.5或0.6的标准。因此，因子的信度是可以接受的。

5. 效度评估

效度和聚合度的区分检验是通过平均方差抽取完成的根据平方差抽取量计算出来的值要求大于0.5，这样，前面探索性因子分析就表明通过构建的变量测量具有较好的收敛效度。

通过采取平均方差抽取量计算平方根，再与其他潜在变量进行互相比较，如果计算出的潜在变量远远大于其他潜在变量，则说明不同的潜在变量具有显效度，因为潜变量测量项目的方差大于其他测量项目的方差。

（二）情境因素

1. 模型设定

本部分包括两个变量，分别是物理条件和时间条件，每一个变量都包含3个测项。因此，本部分验证性因子分析模型共涉及测量指标共6个。顾客因素验证性因子分析模型设定，如图6-2所示。

2. 模型识别

在本模型中，共计6个观测指标，因此，总的自由度q(q+1)/2=21，而要估计的参数包括：6个负荷系数、2个变量相关系数和6个测量指标的误差方差，共计14个估计参数，t=14<21，满足上文所述的模型被识别的必要条件，也即t规则。

根据验证性因子分析模型识别的三指标经验规则，本模型每一个潜变量均有三个以上的测量指标，因子负荷矩阵的每一行有且只有一个非零值，这意味着每一个指标只测量一个特质潜变量，没有横跨因子现象，而且残差的协方差矩阵为对角矩阵，即特殊因子之间相互独立。因此，根据三指标经验性规则，本模型也满足模型被识别的充分条件。因此，上述模型可以被识别。

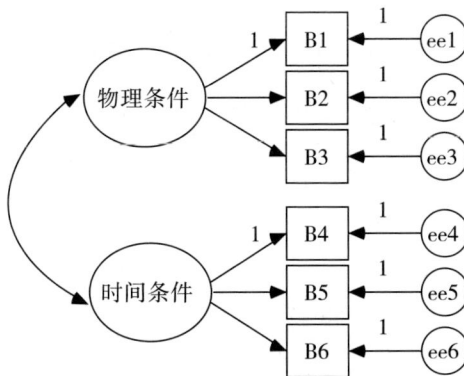

图6-2 情境因素验证性因子分析模型

3. 模型评价

运用AMOS7.O软件，采取固定负荷法和极大似然法（ML），对整个模型进结行评估。结果如表6-29所示。

表6-29　顾客因素验证性因子分析结果

潜变量	项目	非标准负荷	P	T 值	标准负荷	项目信度	CR	AVE
物理条件	A1	1.006	***		0.755	0.798	0.704	0.643
	A2	0.964	***	8.303	0.726	0.600		
	A3	0.925	***	9.144	0.861	0.540		
时间条件	A4	1.012			0.712	0.729	0.755	0.610
	A5	1.413	***	6.794	0.616	0.572		
	A6	0.947	***	6.046	0.614	0.679		

（*** 表示 P<0.001）

运行结果中，各拟合指标的数值为x^2=25.451，x^2/df=3.18；GFI=0.779，AGFI=0.641，NFI=0.543，RMSEA=0.890，均达到了满意的标准，模型拟合情况良好。

如果计算出的潜在变量远远大于其他潜在变量，则说明不同的潜在变量具有显效度，因为潜变量测量项目的方差大于其他测量项目的方差。

（三）双渠道选择

1. 模型设定

本部分包括2个变量，分别是双渠道信息选择和双渠道购买选择，双渠道信息选择包含4个测项，双渠道购买选择包含3个测项。因此，本部分验证性因子分析模型共涉及测量指标共7个。顾客因素验证性因子分析模型设定如图6-3所示。

2. 模型识别

在本模型中，共计7个观测指标，因此总的自由度q(q+1)/2=28，而要估计的参数包括：7个负荷系数、2个变量相关系数和7个测量指标的误差方差，共计16个估计参数，t=16<28，满足上文所述的模型被识别的必要条件，也即t规则。

根据验证性因子分析模型识别的三指标经验规则，本模型每一个潜变量均有三个以上的测量指标，因子负荷矩阵的每一行有且只有一个非零值，这意味着每一个指标只测量一个特质潜变量，没有横跨因子现象，而且残差的协方差矩阵为对角矩阵，即特殊因子之间相互独立。

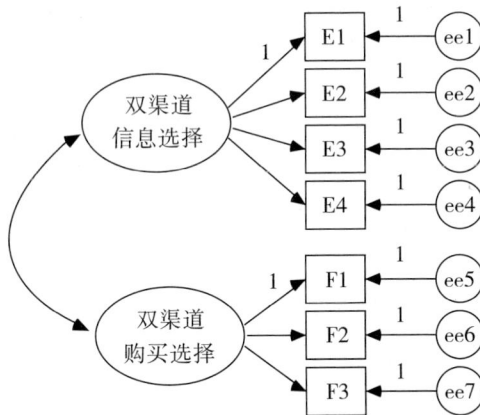

图6-3 双渠道选择验证性因子分析模型

3. 模型评价

运用AMOS7.O软件，采取固定负荷法和极大似然法（ML），对整个模型进结行评估。结果如表6-30所示。

表6-30 双渠道选择证性因子分析结果

潜变量	项目	非标准负荷	P	T 值	标准负荷	项目信度	CR	AVE
双渠道信息搜寻选择	E1	1.000			0.811	0.779	0.845	0.732
	E2	1.796	***	12.453	0.756	0.698		
	E3	1.920	***	12.234	0.881	0.601		
	E4	0.973	***	11.548	0.657	0.833		
双渠道购买选择	F1	1.000			0.887	0.759	0.765	0.643
	F2	1.134	***	10.887	0.712	0.711		
	F3	1.135	***	9.056	0.704	0.678		

（*** 表示 P<0.001）

运行结果中，各拟合指标的数值为x^2=37.858，x^2/df=2.890；GFI=0.897，AGFI=0.778，CFI=0.897，NFI=0.845，RMSEA=0.175，均达到了满意的标准，模型拟合情况良好。因此，上述模型基本可以接受。

4. 信度评估

从单个项目的信度来看，项目信度处于0.601~0.833之间，大于0.50的标准，因此，可以认为单个项目的信度是可以接受的。因子的信度主要由组合信度（CR）来评估。根据公式计算出来的组合信度高于前述的0.5或0.6的标准。因此，因子的信度是可以接受的。

5．效度评估

主要从平均方差抽取量（AVE）来检验区分效度和聚合效度。根据AVE公式计算出来的AVE值大于0.50的标准，结合前述探索性因子分析的结果，表明构建的变量的测量具有良好的收敛效度。

采用将平均方差抽取量AVE的平方根，与该潜变量与其他潜变量之间的相关系数进行比较，如果前者远远大于后者，则说明每一个潜变量与其自身的测量项目分享的方差，大于与其他测量项目分享的方差，从而说明了不同潜变量的测量项目之间具有明显的区分效度。

（四）顾客价值

1．模型设定

本部分包括两个变量，分别是效用价值和时间条件，每一个变量都包含三个测项。因此，本部分验证性因子分析模型共涉及测量指标共6个。顾客因素验证性因子分析模型设定如图4-4所示。

2．模型识别

在本模型中，共计6个观测指标，因此，总的自由度q(q+1)/2=21，而要估计的参数包括：6个负荷系数、2个变量相关系数和6个测量指标的误差方差，共计14个估计参数，t=14<21，满足上文所述的模型被识别的必要条件，也即t规则。

根据验证性因子分析模型识别的三指标经验规则，本模型每一个潜变量均有三个以上的测量指标，因子负荷矩阵的每一行有且只有一个非零值，这意味着每一个指标只测量一个特质潜变量，没有横跨因子现象，而且残差的协方差矩阵为对角矩阵，即特殊因子之间相互独立。因此，根据三指标经验性规则，本模型也满足模型被识别的充分条件。因此，上述模型可以被识别。

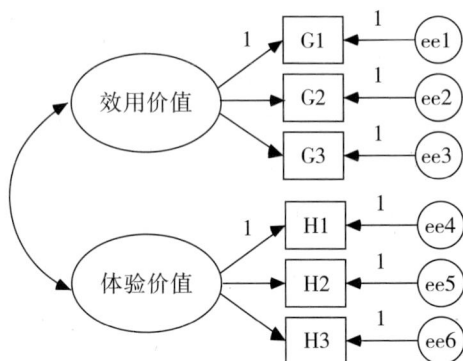

图6-4　顾客价值验证性因子分析模型

3. 模型评价

运用AMOS7.O软件，采取固定负荷法和极大似然法（ML），对整个模型进行评估。结果如表6-31所示。

表6-31　顾客因素验证性因子分析结果

潜变量	项目	非标准负荷	P	T 值	标准负荷	项目信度	CR	AVE
效用价值	A1	1.000			0.834	0.689	0.647	0.781
	A2	0.977	***	23.104	0.671	0.744		
	A3	0.416	***	22.311	0.722	0.677		
体验价值	A4	1.000			0.709	0.711	0.754	0.663
	A5	1.083	***	17.346	0.878	0.764		
	A6	1.187	***	18.332	0.699	0.693		

（*** 表示 P<0.001）

运行结果中，各拟合指标的数值为x^2=19.535，x^2/df=2.44；GFI=0.941，AGFI=0.846，NFI=0.908，RMSEA=0.065，均达到了满意的标准，模型拟合情况良好。因此，上述模型基本可以接受。

4. 信度评估

从单个项目的信度来看，项目信度处于0.677~0.711之间，大于0.50的标准，因此，可以认为单个项目的信度是可以接受的。因子的信度主要由组合信度（CR）来评估。根据公式计算出来的组合信度，高于前述的0.5或0.6的标准。因此，因子的信度是可以接受的。

5．效度评估

主要从平均方差抽取量（AVE）来检验区分效度和聚合效度。根据AVE公式计算出来的AVE值大于0.50的标准，结合前述探索性因子分析的结果，表明构建的变量的测量具有良好的收敛效度。

采用将平均方差抽取量AVE的平方根，与该潜变量与其他潜变量之间的相关系数进行比较，如果前者远远大于后者，则说明每一个潜变量与其自身的测量项目分享的方差，大于与其他测量项目分享的方差，从而说明了不同潜变量的测量项目之间具有明显的区分效度。

八、结构方程分析

（一）结构方程模型概述

根据方法与目的不同，实证研究的进行主要分为验证性研究和探索性研究两种。由于探索性因子分析（EFA）用于测量效度和信度的评价，具有一定的学术争议。

1．结构方程模型内涵

完整的结构方程模型由测量模型和结构模型两部分组成。测量模型通过确认性因子分析来识别观测变量和因变量之间的关系，结构模型验证是各条路径的统计显著性。在结构方程测量模型中，观察变量和隐变量之间的关系通常用以下方程表示：

$$x= \wedge x\varepsilon + \delta$$

$$y= \wedge x\eta + \varepsilon$$

其中，x代表外生指标组成的向量；y代表内生指标组成的向量；$\wedge x$代表外生指标与外生潜变量之间的关系，是外生指标在外生潜变量上的因子负载矩阵；$\wedge y$代表内生指标与内生潜变量之间的关系，是内生指标在内生潜变量上的因子负载矩阵；δ代表外生指标的误差项；ε代表内生指标的误差项。

隐变量之间关系一般用如下形式表示：$\eta=B\eta+\Gamma\varepsilon+\xi$

其中，η为内生变量的mxl阶任意向量，B代表η变量的mxm阶相关系数矩阵，ε为内生变量的nxl阶任意向量，Γ代表ε变量的nxn阶相关系数矩阵，ξ代表结构关系中的mxl阶残差向量。

结构方程模型可以进行协方差间的估计，用来检验变量因果关系模型的适合性，可进行路径分析、回归分析、验证性因素分析、理论因果关系模型图的检验等。

本研究采用AMOS（Analysis of Moment Structure）软件，AMOS的数据分析主要用于处理结构方程式模型、协方差结构分析或因果模型分析等。AMOS具有容易使用的语法界面，可说是窗口化的SEM，使用者只要熟悉工具列图像功能即可快速而有效地绘画模型图，进而将模型图结果统计量求出。

2. 结构方程模型的测量步骤

Bollen（2000）利用验证性因素分析提出SEM模型的分析步骤上，基本包括以下步骤：模型的确定、模型辨认、参数估计、检验配适度、模型的再确定。

如果观察的数据与假设模型并不配适，则需要进行检验配适度并修正假设模型，这样可以获得一个较好的值。如果观察数据跟假设模型配适，则不用修正。

学术界确认SEM模型的分析程序有八个步骤：构建理论模型、建构路径图、模型的确定、模型的辨人、参数估计、模型配适度的评估、模型的修改、模型的复核效化。

SEM模型产生的有效性测量模型，计算应该由以下几个步骤组成：构建理论模型，建立变量之间因果路径图，用测量方程式和结构方程式转换因果路径图，选择分析模型、模型评估鉴定、检验配适度、修改订正模型。一个完整结构方程模型的分析程序可以如图6-5。

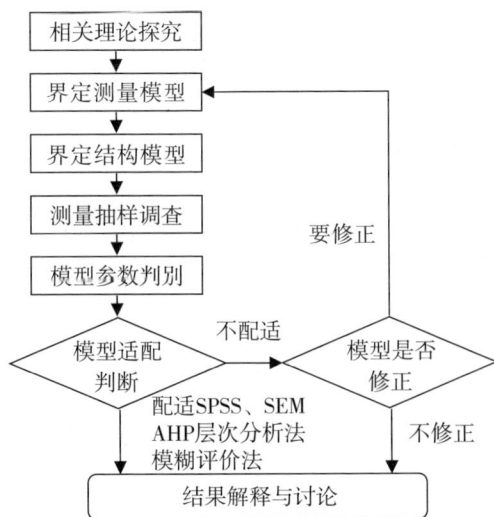

图6-5　结构方程模型分析的基本程序

3. 模型配适度检核指标

在模型配适度的评价方面，要注意以下几个问题：

（1）配适度指标的优劣无法保证一个模型是有用的。配适指标所提供的信息只是告知研究者模型配适度的不足，配适度的指标绝对不反映模型的可靠程度。

（2）一个模型配适良好并不能证明什么。研究者应该相信还有许多理论模型也可以配适得很好，甚至在某些案例中可能会配适得更好。事实上，配适值不高并不见得是一件坏事情，不准确的指标值可以推断出更多有价值的信息，这样才能够进一步分析得出更加优秀的结论。

（3）多种数据源去评估模型的配适度，或者依据不同的观念采用不同标准的指标去评估配适度，这样才会有好的效果。

（4）结构方程模型在现实中会出现模糊性，也就是有些指标可以用接受模型，而另外一些指标准则会呈现拒绝模型。

（5）最重要的一点是，研究者无法对检验结果加以评估和解释，因为，此结果好像与研究者建构的理论相分离，或是无法根据研究发现的相关概念或命题来评价或解释模型。

学术界关于结构方程模型适配度的研究有着不同的结论，Diamanto（2011）认为模型配适度的评估要从四个评估角度去衡量：评估整体配适度、评估结构模型、评估测量模型、评估统计检验力。但实际数据与假设模型是否契合，须同时考虑下列三个方面：整体模型配适度指标、基本配适度指标、模型内在结构配适度指标。

统计检验量配适的标准或临界值如表6-32所示。

表6-32　统计检验量配适的标准或临界值

统计检验量	配适的标准或临界值
绝对配适度指数	
x^2 值	显著性概率值 p>0.05（未达显著水平）
GFI 值	>0.9 以上
AGFI 值	>0.9 以上
RMR 值	<0.05

统计检验量	配适的标准或临界值
SRMR 值（AMOS 要另外计算）	<0.05
RMSEA 值	<0.05（配适良好）<0.08（配适合理）
NCP 值	愈小愈好，90% 的置信区间包含 0
ECVI 值	理论模型的 ECVI 值小于独立模型的 ECVI 值，且小于饱和模型的 ECVI 值
增值配适度指数	
NFI 值	>0.9 以上
RFI 值	>0.9 以上
IFI 值	>0.9 以上
TLI 值	>0.9 以上
CFI 值	>0.9 以上
简约配适度指数	
PGFI 值	>0.50 以上
PNFI 值	>0.50 以上
CN 值	>200
NC 值（x^2 自由度比值）	1<NC<3，表示模型有简约配适程度 NC>5，表示模型需要修正
AIC 值	理论模型的 AIC 值小于独立模型的 AIC 值，且小于饱和模型的 AIC 值
CAIC 值	理论模型的 CAIC 值小于独立模型的 CAIC 值，且小于饱和模型的 CAIC 值

4．评估内容和程序

（1）测量项目的信度在CFA中，可以给出不同项目的信度指标，其值为单个项目的标准化负荷系数的平方。

计算公式如下：

$$AVE= \frac{\sum 标准化负荷量^2}{\sum 标准化负荷量^2 + \sum 误差方差}$$

（二）模型设定

双渠道选择模型共包括11个变量，包括：购物动机、感知风险、网络摄入程度、物理条件、时间条件、双渠道信息搜寻选择、双渠道购买选择、效用价值、体验价值，涉及43个测项。双渠道选择对顾客价值影响结构模型设定如图6-6所示。

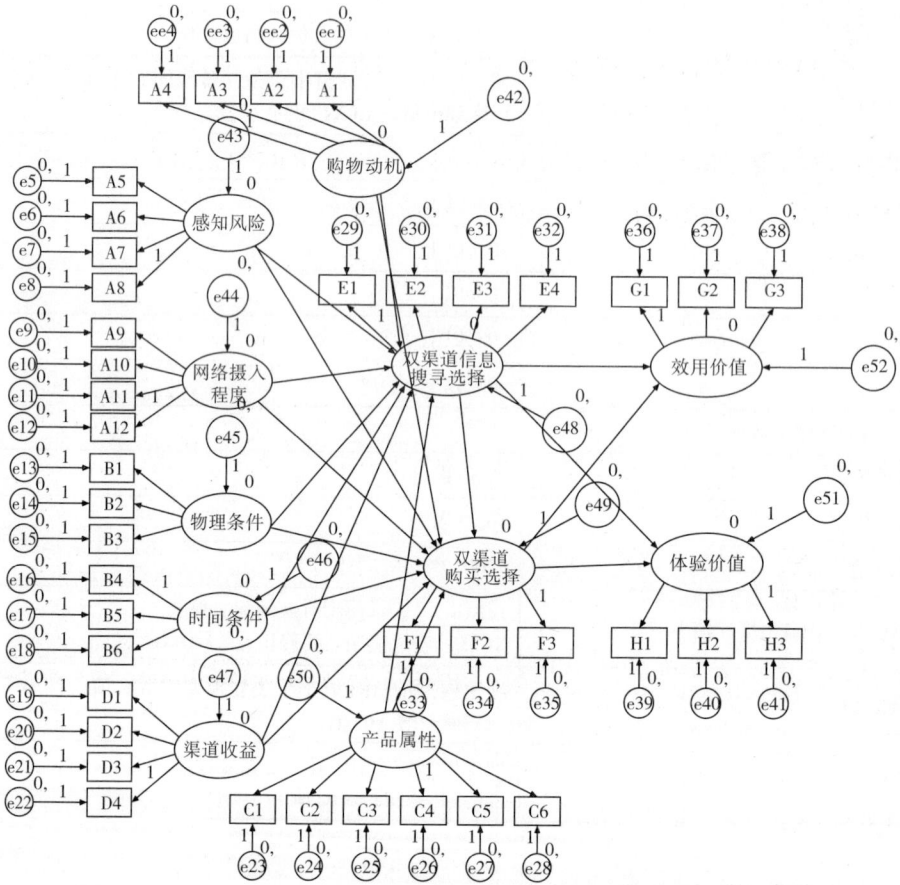

图6-6 顾客双渠道购物选择结构模型图

（三）模型识别

本模型中，共计有43个观测指标，总的自由度为q(q+l)/2=946，而要估计的参数包括：43个负荷系数、43个测量指标的误差方差、18个回归系数、4个变量的回归残差，共计108个估计参数，t=108<946，满足上文所述的模型被识别的必要条件，也即t规则。

根据验证性因子分析模型识别的三指标经验规则，本模型每一个潜变量均有三个以上的测量指标，因子负荷矩阵的每一行有且只有一个非零值，这意味着每一个指标只测量一个特质潜变量，没有横跨因子现象，而且残差的协方差矩阵为对角矩阵，即特殊因子之间相互独立。因此，根据三指标经验性规则，本模型也满足模型被识别的充分条件。因此，上述模型可以被识别。

（四）模型评价

运用AMOS7.0软件，对整个模型进行结构方程估计，运行结果参见图6-33所示。在运行结果中，各拟合指标的数值为x^2=3452.818，df=1043，x^2/df =3.31，GFI=0.876，AGFI=0.912，CFI=0.957，NFI=0.885，RMSEA=0.0073，均达到了满意的标准，表明模型拟合情况良好。因此，上述模型基本可以接受。

结构方程模型的各路径系数及其显著性检验，如表6-33所示。

表6-33　模型各路径回归系数检验表

路　径	回归系数	标准误	T 值	P 值	标准回归系数
双渠道信息搜寻选择 <– 购物动机	0.240	0.051	4.719	***	0.287
双渠道信息搜寻选择 <– 感知风险	0.116	0.084	1.370	0.171	0.078
双渠道信息搜寻选择 <– 网络摄入程度	0.327	0.067	4.911	***	0.339
双渠道信息搜寻选择 <– 物理条件	0.075	0.016	4.576	***	0.217
双渠道信息搜寻选择 <– 时间条件	−0.105	0.038	−2.768	0.006	−0.166
双渠道信息搜寻选择 <– 渠道收益	0.253	0.070	3.601	***	0.229
双渠道信息搜寻选择 <– 产品属性	0.145	0.066	2.189	0.029	0.103
双渠道购买选择 <– 购物动机	0.335	0.070	4.782	***	0.269
双渠道购买选择 <– 网络摄入程度	0.194	0.080	2.426	0.015	0.135
双渠道购买选择 <– 感知风险	1.106	0.222	4.974	***	0.500
双渠道购买选择 <– 物理条件	−0.115	0.022	−5.219	***	−0.223
双渠道购买选择 <– 时间条件	0.559	0.078	7.150	***	0.589
双渠道购买选择 <– 渠道收益	0.265	0.089	2.975	0.003	0.161
双渠道购买选择 <– 产品属性	0.361	0.098	3.696	***	0.171
双渠道购买选择 <– 双渠道信息搜寻选择	0.246	0.101	2.445	0.014	0.165
效用价值 <– 双渠道信息搜寻选择	0.154	0.075	2.042	0.041	0.103
体验价值 <– 双渠道信息搜寻选择	0.118	0.069	1.709	0.087	0.080
效用价值 <– 双渠道购买选择	0.586	0.061	9.556	***	0.587
体验价值 <– 双渠道购买选择	0.673	0.060	11.292	***	0.681

（*** 代表 P<0.01）

从表6-33中，可以看出双渠道信息搜寻选择<–感知风险、体验价值<–双渠道信息搜寻选择，两个路径的P值为0.171、0.087，没有通过显著性检验。

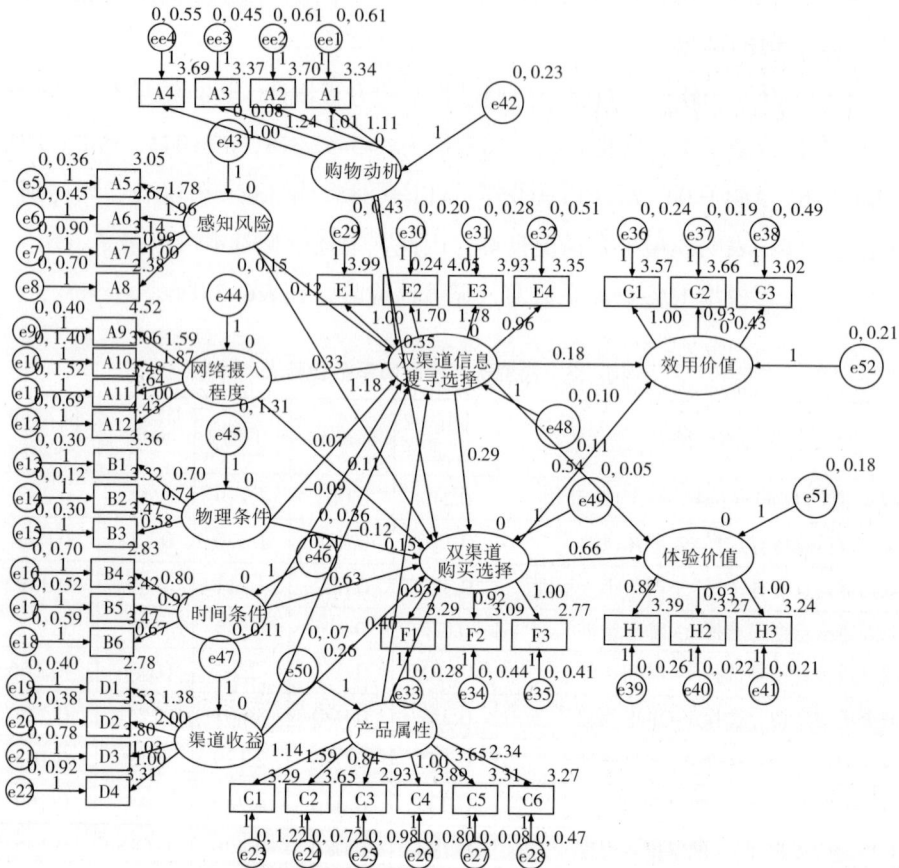

图6-7 双渠道顾客购物选择结构模型检验图

双渠道信息搜寻选择<–时间条件、双渠道信息搜寻选择<–产品属性、双渠道购买选择<–网络摄入程度、双渠道购买选择<–渠道收益、双渠道购买选择<–双渠道信息搜寻选择、效用价值<–双渠道信息搜寻选择，六个路径在0.05水平上显著，其余的都在0.01水平上显著。

（五）假设验证

本部分对假设关系成立的检验标准为：回归系数的显著性水平在0.05以上的为显著，假设成立；路径系数的显著性水平在0.1以上的为弱显著，假设部分成立，低于0.1的则认为不显著，假设不成立。

根据上述标准，本部分各相关假设的验证情况如表6-34所示。

表6-34　假设验证结果

序号	假设内容	验证结果
H1a	购物动机对信息搜寻选择具有显著正向影响	支持
H1b	网络摄入程度对信息搜寻选择具有显著正向影响	支持
H1c	感知风险对信息搜寻选择具有显著正向影响	不支持
H2a	购物动机对购买选择具有显著正向影响	支持
H2b	网络摄入程度对购买选择具有显著正向影响	部分支持
H2c	感知风险对购买选择具有显著正向影响	支持
H3a	渠道收益对信息搜寻选择具有显著正向影响	支持
H4a	渠道收益对购买选择具有显著正向影响	部分支持
H5a	物理条件对信息搜寻选择具有显著正向影响	支持
H5b	时间条件对购买选择具有显著正向影响	部分支持
H6a	物理条件对购买选择具有显著正向影响	支持
H6b	时间条件对购买选择具有显著正向影响	支持
H7a	产品属性对信息搜寻选择具有显著正向影响	部分支持
H8a	产品属性对购买选择具有显著正向影响	支持
H9	信息搜寻选择对购买选择具有显著正向影响	部分支持
H10a	信息搜寻对效用价值具有显著正向影响	部分支持
H10b	信息搜寻对体验价值具有显著正向影响	不支持
H11a	购买对效用价值具有显著正向影响	支持
H11b	购买对体验价值具有显著正向影响	支持

从表中可以得出感知风险对双渠道信息搜寻影响不显著；双渠道信息搜寻对体验价值影响不显著；网络摄入程度对双渠道购买选择有部分影响；渠道收益对双渠道购买选择有部分影响；时间条件对双渠道购买选择有部分影响；产品属性对双渠道信息搜寻选择有部分影响；双渠道信息搜寻选择对双渠道购买选择有部分影响；双渠道信息搜寻对效用价值有部分影响。

九、实证结果与讨论

经过实证研究后，本部分提出了理论模型的修正模型，实线表示支持，虚线代表部分支持，去掉了不支持的路径。如图6-8所示，上述实证研究表明，前置变量对双渠道购物选择的影响以及双渠道购物选择对顾客价值的影响与前面依据文献提出的假设有一定的出入，但是基本符合。下面逐一进行剖析。

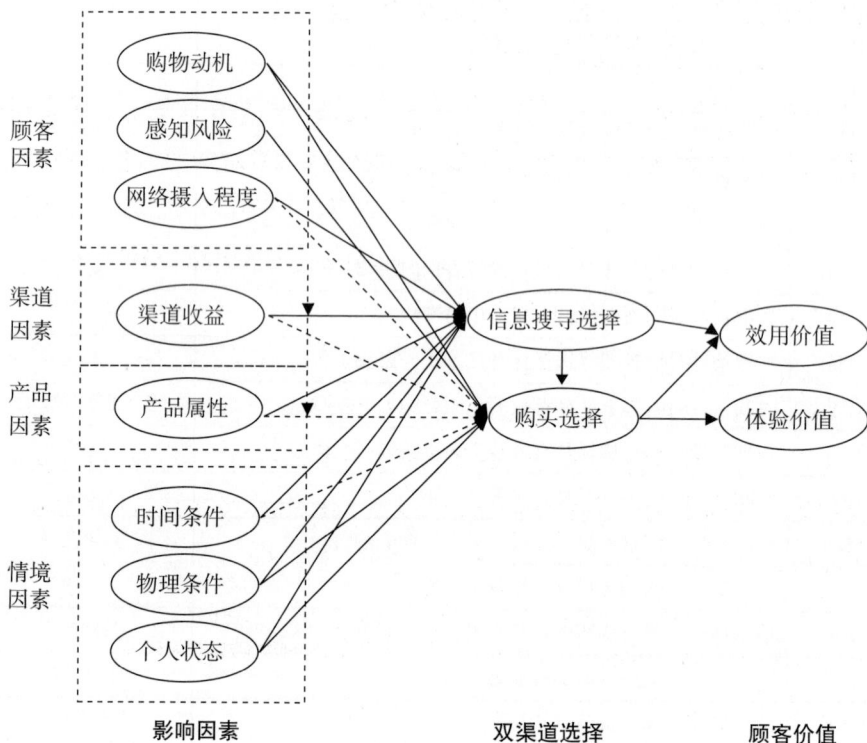

图6-8　双渠道顾客渠道选择修正模型

（一）顾客因素对购物选择的影响

从实证结果得知购物动机对顾客的双渠道信息搜寻选择和双渠道购买选择都有显著影响，这说明顾客无论是在信息搜寻，还是购买产品时，都有更好获得商品信息、更好与人交流的动机，并且在此过程中希望享受到方便快捷购物体验，并且不被人打扰的购物乐趣。

网络摄入程度对于信息搜寻选择是有显著影响的，但对购买选择影响不是很显著。双渠道顾客对于网络技术的掌握程度影响了搜寻信息行为，网络技术越熟练越喜欢通过网络进行产品信息的查询。当然，网络摄入程度高的顾客会倾向于使用网络渠道进行购物，但不一定所有网络技术熟练的顾客会选择网络购物，还有其他因素影响着他们的购买行为。

感知风险对购买选择会有显著影响，即使能够熟练掌握网络技术的顾客，经常通过上网搜寻产品信息，也会因为认为网络购物风险高而放弃网购。但是感知风险对信息搜寻选择的影响并不显著，这说明搜寻信息行为本身无论是在线上还是线下都是安全的，不存在风险行为。

（二）渠道因素对购物选择的影响

渠道收益对信息搜寻选择影响是十分显著的，因为喜欢通过网络渠道搜寻产品信息，肯定是认为网络渠道更能让他们获得满意的产品信息和服务，并且随时随地、得心应手，花费更少的时间和精力。但是网络渠道的优势并没有完全影响顾客的购买选择，顾客购买产品时，还会考虑其他的因素。

（三）情境因素对购物选择的影响

物理条件对双渠道信息搜寻选择和购买选择都有显著影响，这说明在都市快节奏的生活条件下，顾客对购物情境要求越来越高，天气不好、交通拥挤、购物不方便都成为选择网络渠道购物的重要因素。但是，时间条件对双渠道购买选择的影响并不是特别显著，这说明店铺购物能够亲身感受产品，或者休闲逛街带来的愉悦心情使时间条件并不能完全影响顾客的购买选择。

（四）产品因素对双渠道购物选择的影响

因产品而异是双渠道顾客的最大特点之一。在调查问卷的最后一项——您经常通过网络购买哪些产品或服务中，被调查者的选择五花八门，书刊、音像器材及制品、照相器材、体育用品等都有涉及，并且进行访谈的时候，大多数被调查对象都选择通过网络购买固定的产品，而其他产品都会选择通过店铺渠道获得。所以，产品属性对顾客的购买选择影响是非常显著的。但是产品属性对于信息搜寻选择有影响，却不十分显著，说明通过某个渠道搜集信息，对购买选择会产生影响，但并不是绝对性的。比如，很多人买车会通过网络查询相关信息，然后到专卖店进行购买；或者一些女性买鞋会到实体店进行试穿，记下品牌、款式，再通过淘宝网进行购买。

（五）信息搜寻选择对购买选择的影响

双渠道信息选择对购买选择有影响，但并不显著。这说明顾客在购物过程中，搜寻信息和购买两种行为是既相关又分离的，同时验证了Strebel et al.（2014）的观念：在信息搜索阶段，顾客倾向于使用多种渠道来获取信息。

这也说明不同渠道在搜索阶段存在替代效应。

（六）渠道选择对顾客价值影响

最后是最关键的选择对顾客价值影响的实证结果。购买选择直接影响顾客的效用价值和体验价值，这说明双渠道购物的确能够带来更多的顾客价值。双渠道信息搜寻选择更能给顾客一定的效用价值，肯定了前人的研究：网络渠道相对于传统渠道在产品信息展示上具有前所未有的优势，网络渠道正成为一种替代渠道。但是本研究的信息搜寻选择对体验价值没有什么影响，这可能同本研究选择的样本人群的网络掌握技术有关（大学本科以上学历达到83%），当网络信息搜寻行为成为样本人群购物信息搜寻的主要方式时，就淡化了顾客的体验价值。

十、本章小结

本章首先提出顾客因素、渠道因素、产品因素和情景因素是顾客选择的影响因素，顾客选择包括信息搜寻选择和购买选择两个方面，并且都相应地提出假设。本书的重点是希望了解顾客对网络渠道选择的影响因素，因此，将研究环境设定为顾客对网络渠道的选择，通过前人文献以及定性研究开发了测量初始量表和调研问卷，并进行预调研，再进行描述性分析、效度和信度分析后，重新调整初始量表形成正式测量问卷；通过随机发放纸质问卷和电子问卷共收集564份问卷，进行详尽的描述性统计分析、数据质量的效度和信度分析、数据质量的验证性分析和影响因素对顾客价值影响的回归分析；最后采用结构方程实证方法进行验证性分析，得出相关假设的验证结果。感知风险对双渠道信息搜寻影响不显著；双渠道信息搜寻对体验价值影响不显著；网络摄入程度对双渠道购买选择有部分影响；渠道收益对双渠道购买选择有部分影响；时间条件对双渠道购买选择有部分影响；产品属性对双渠道信息搜寻选择有部分影响；双渠道信息搜寻选择对双渠道购买选择有部分影响；双渠道信息搜寻对效用价值有部分影响。

第七章　双渠道顾客渠道绩效评价实证研究

顾客对渠道好坏的评价需要用渠道绩效进行衡量，所以说，绩效评价既是渠道研究的最终目的，也是双渠道顾客消费行为研究衡量的重要指标。前面文献综述中已经阐述衡量渠道绩效评价视角都是企业视角和社会视角，但随着双渠道的发展，顾客在渠道权力中的地位越来越高，因此，从顾客视角对渠道绩效进行评价是本章主要的探索性研究。

一、评价指标分析

顾客视角的渠道绩效评价体系主要包括两层指标，第一层指标体系包括产品满意、服务满意和深层次需求，根据一层的三个指标又分别设定了二层指标。本书主要的测量依据就是产品和服务是顾客的基本需求，另外，通过渠道进行商品购买时，顾客是否能够有深层次、精神层面的需求。

（一）产品满意指标

因为本书设定的双渠道范围是网络渠道和店铺渠道，主要是以产品为主的渠道研究，所以，产品满意是顾客满意的基本需求。产品满意包括对产品质量的满意以及对产品价格的满意。产品质量满意指标依据受访者最近一年中因为产品质量引起的退货率。

（二）服务满意指标

随着科技水平的提高，企业越来越难保持产品技术的独特性，所以，服务就成为企业之间竞争的主要方面。本书依据张庚淼等（2012）划分，令顾客满意的服务应表现在四个方面，即服务的便利性、专业化、态度和效率[1]。能令顾客满意的不仅是产品的质量和价格，随着产品同质化的发展趋势、顾

---

[1] 张庚淼，陈宝胜，陈金贤. 营销渠道整合研究. 西安交通大学学报，2012（12）：45–57.

客消费水平的提高，不仅对产品有了更高的要求，服务也是衡量顾客满意度的重要指标。

（三）深层次需求指标

深层次需求是顾客在产品购买过程中更高的心理满意程度，深层次需求同服务满意的区别在于服务需求是对服务人员的基本要求，而深层次需求更注重顾客心理层面的满意度。比如通过网络渠道进行交易后，如果买到的产品比通过店铺渠道买的性价比更高，那么，顾客就会有种成就感。另外，无论是现实中的服务人员，还是网络中的虚拟销售人员，顾客都可以通过购买过程同对方成为朋友，起码成为关注某一产品或者某一行业的朋友，那么，顾客心理满足程度和受到尊重的需求就会远远超于普通的服务需求。

二、实证方法及实证步骤

现代综合评价方法有很多，其中包括AHP层次分析法、模糊综合评判法、数据包络分析法、人工神经网络评价法、灰色综合评价法，以及各种方法的综合评价。根据目前的文献分析，国内渠道研究者（田家华2014、肖亮2014、王蓉等2016、马新宏2018）都选择层次分析法和模糊评价法的综合方法对渠道绩效进行评价[1]。所以，本章也借助AHP层次分析法和模糊综合评价法进行顾客视角的渠道绩效实证研究。

（一）AHP层次分析法

美国教授T.L.Saty提出了AHP层次分析法，其核心概念就是复杂问题层次化。首先，把一个复杂的问题进行分解，找出主要影响因素，并将这些影响因素按照重要程度和支配关系进行有递进关系的层次结构；其次，影响因素的重要性则通过两两比较，然后综合分析判断，确定重要性的顺序。

层次分析法的好处是可以对那些难以定量的问题进行计算，这样，为管理者和决策者提供了更多的依据，所以，层次分析法的应用范围极广。

① 田家华. 蜂产品企业营销渠道绩效评价研究[D]. 福建农林大学图书馆，2014（4）.

肖亮. 基于AHP与模糊方法的企业营销渠道绩效评价[J]. 科技创业，2014（3）.

王蓉，等. 农产品流通渠道模糊综合评价[N]. 江西农业大学学报，2016（6）.

马新宏. 基于AHP的模糊综合评价在市场营销渠道效果评价中的应用[J]. 供应链，2018（9）.

王海峰. 基于Fuzzy–AHP模型的营销渠道绩效评价[J]. 商业研究，2009（11）：108–115.

AHP层次分析法的分析过程主要包括以下几个步骤：首先，建立递进关系的结构模型；然后，构造出各层次中的全部判断矩阵，并进行层次排序及一致性检验；最后是对层次总排序的一致性检验。

1. 建立递阶层次结构模型

构建层次分析模型，最重要的就是把复杂问题进行分层次，按照复杂问题的影响因素的重要性和组成部分构造出一个有层次的结构模型。元素又按其属性及关系形成若干层次。上一层次的元素作为准则对下一层次有关元素起支配作用。这些层次可以分为三类：

最高层：这一层次中只有一个元素，它一般是分析问题的预定目标或理想结果，因此，也称为目标层。中间层：这一层次中包含了为实现目标所涉及的中间环节，可以由若干个层次组成，包括所需考虑的准则、子准则，因此，也称为准则层。最底层：这一层次包括为实现目标可供选择的各种措施、决策方案等，因此，也称为措施层或方案层。本章图7-1就是按照层次法进行的模型构建，这里就不赘述了。

2. 构造判断矩阵

对于n个元素来说，得到两两比较判断矩阵$C=(C_{ij})_n \times_n$。其中C_{ij}表示因素i和因素j相对于目标的重要值。一般来说，构造的判断矩阵取如下形式：

B_K	C_1	C_2	⋯⋯	C_n
C_1	C_{11}	C_{12}	⋯⋯	C_{1n}
C_2	C_{21}	C_{22}	⋯⋯	C_{2n}
⋮	⋮	⋮		⋮
C_n	C_{n1}	C_{n2}	⋯⋯	C_{nn}

矩阵C具有如下性质：

（1）$C_{ij}>0$，

（2）$C_{ij}=\dfrac{1}{C_{ij}}$ （$i \neq j$）

（3）$C_{ij}=1$，（$i,j=1,2,\ldots\ldots,n$）

在层次分析法中，为了使决策判断定量化，形成上述数值判断矩阵，常根据一定的比率标度将判断定量化。确定C_{ij}的值常用的1-9标度方法。

表7-1 判断矩阵标度及其含义

标　度	含　义
1	表示两个因素相比，具有同样重要性
3	表示两个因素相比，一个因素比另一个因素稍微重要
5	表示两个因素相比，一个因素比另一个因素明显重要
7	表示两个因素相比，一个因素比另一个因素强烈重要
9	表示两个因素相比，一个因素比另一个因素极端重要
2，4，6，8	上述两相邻判断的中值
倒数	因素i与j比较的判断a_{ij}，则因素j与i比较的判断

3. 单准则排序及其一致性检验

单准则排序指根据判断矩阵，计算对于上一层中某个元素和本层次与之有联系的元素的重要性权。层次单准则排序是总排序的基础。层次单准则排序主要计算判断矩阵的最大特征值和与之相对应的特征向量，即根据线性代数中的指示，对于判断矩阵C，必有符合：

$$|\lambda I - C| = 0$$

最大特征值$\lambda_{max} \geq n$存在，且为单根。如果判断矩阵具有完全一致性时，$\lambda_{max} = n$，其余特征值均为0。根据判断矩阵的最大特征值，计算与之相对应的特征向量，即为满足$CW = \lambda_{max} W$的，W的分量W_i就是对应元素单排序的权重。为了检验判断矩阵的一致性，这里引入一致性指标CI，其值按下式计算：

$$CI = \frac{\lambda_{max} - n}{n - 1}$$

显然，如果判断矩阵具有完全一致性，那么，有$\lambda_{max} = n$，则CI=0；如果λ_{max}大于n，则判断矩阵具有满意一致性。为了更好地检验判断矩阵的一致性，美国数学家Saty引进了判断矩阵的平均随一致性指标RI，用随机的方法构造了500个相关矩阵，对于不同的n阶矩阵，得出RI值，见表7-2：

表7-2 RI取值表

n	1	2	3	4	5	6	7	8	9	10	11
RI	0	0	0.58	0.90	1.12	1.24	1.32	1.41	1.45	1.49	1.51

从判断矩阵的定义可知，一阶、二阶判断矩阵总是完全一致的，当阶数大于2时，判断矩阵的一致性指标CI与同阶的平均随机一致性指标班之比，称为判断矩阵的一致性比例，用CR表示，即：

$$CR=\frac{CI}{RI}$$

如果$n=1$或2，那么，判断矩阵具有完全一致性，定义为$CR=0$；如果$n>2$，若求得$CR<0.1$，那么，判断矩阵具有满意一致性，该判断矩阵可以用作层次分析，若求得$CR\geq0.1$，则判断矩阵不具有满意一致性，需要对判断矩阵进行调整和修正，直到矩阵满足$CR<0.1$为止。

4. 层次总排序的一致性检验

通过两两比较，得出低层次的影响因素对问题目标的重要性程度，也就是权重赋予不同的影响因素，这样，我们就可以得出高层次的元素的权重向量，从而通过比较得出最优方案。

假设上一层次包含A_1，A_2，……，A_m共m个因素，它们的层次总排序权重分别为a_1，……a_m。又设其后的下一层次（B层）包含n个因素B_1，……B_n，它们关于A_j的层次单排序权重分别为b_{1j}，……，b_{nj}（当B_i与A_j无关联时，$b_{ij}=0$）。现求B层中各因素关于总目标的权重，即求B层各因素的层次总排序权重b_1，……b_n计算按下表所示方式进行，即：

$$b_i=\sum_{j=1}^{m}b_{ij}a_j, i=1,……, n$$

对层次总排序也需作一致性检验，检验仍像层次总排序那样由高层到低层逐层进行。这是因为虽然各层次均已经过层次单排序的一致性检验，各成对比较判断矩阵都已具有较为满意的一致性。但当综合考察时，各层次的非一致性仍有可能积累起来，引起最终分析结果较严重的非一致性。

设B层中与A_j相关的因素的成对比较判断矩阵在单排序中经一致性检验，求得单排序一致性指标为$CI(j)$，（$j=1$, m），相应地，平均随机一致性指标为$RI(j)$ [$CI(j)$、$RI(j)$已在层次单排序时求得]，则B层总排序随机一致性比例为：

$$CR=\frac{\sum_{j=1}^{m}CI(j)a_j}{\sum RI(j)a_j}$$

当$CR<0.10$时，认为层次总排序结果具有较满意的一致性，并接受该分析

结果。不然，就必须对本层次的各判断矩阵进行调整和修改。

（二）模糊综合评价法

模糊综合评价是借助模糊数学的一些概念，对实际的综合评价问题提供一些评价的方法。具体地说，模糊综合评价就是以模糊数学为基础，应用模糊关系合成的原理，将一些边界不清、不易定量的因素定量化，从多个因素对被评价事物隶属等级状况进行综合性评价的一种方法。综合评价对评判对象的全体，根据所给的条件，给每个对象赋予一个非负实数——评判指标，再据此排序择优[①]。所以，本书运用了模糊数学和综合评价的理论与方法，试图通过建立多级模糊综合评价模型来进行绩效评价，具体步骤如下：

1. 确定评价因素、评价等级

设 $U = \{u_1, u_2, \cdots\cdots u_m\}$ 为刻画被评价对象的 m 种因素（即评价指标）；$V = \{v_1, v_2, \cdots\cdots v_m\}$ 为刻画每一因素所处的状态的 n 种决断（即评价等级）。

这里，m 为评价因素的个数；n 为评语的个数。

2. 构造评判矩阵和确定权重

首先针对因素集中的单因素 $u_i(i=1, 2, \cdots\cdots, m)j$ 进行单因素评判，从因素 ui 着眼该事物对抉择等级 $v_i(i=1, 2, \cdots\cdots, m)$ 的隶属度为 r_{ij}，这样，就得出第 i 个因素 u_i 单因素评判集：$r_{ij}=(i= r_{i1}, r_{i2}, \cdots\cdots, r_{in})$

这样，m 个着眼因素的评价集就构造出一个总的评价矩阵 R。即每一个被评价对象确定了从 U 到 V 的模糊关系 R，它是一个矩阵：

$$R=(r_{ij}) \, mxn = \begin{pmatrix} r_{i11} & \cdots & r_{i1n} \\ \vdots & \ddots & \vdots \\ r_{im1} & \cdots & r_{imn} \end{pmatrix}, \, (i=1, 2, \cdots\cdots, m; j=1, 2, \cdots\cdots, n)$$

其中，r_{ij} 表示从 $u_{i\cdot}$ 着眼，该评判对象能被评的为 v_i 隶属度。具体地说，r_{ij} 表示第 i 个因素 u_i 在第 j 个评语 v_i 上的频率分布，一般将其归一化使之满足 $\sum r_{ij}=1$。这样，R 阵本身就是没有量纲的，不需作专门处理。

一般来说，用等级比重确定隶属矩阵的方法，可满足模糊综合评判的要求。用等级比重法确定隶属度时，为保证可靠性，一般要注意两个问题：第一，评价者人数不能太少，只有这样，等级比重才趋于隶属度；第二，评价

————————

① 杜栋，庞庆华. 现代综合评价方法与案例精选[M]. 清华大学出版社，2005（9）：35.

者必须对被评事物有相当的了解，特别是一些涉及专业方面的评价，更应如此。

得到这样的模糊关系矩阵，尚不足以对事物做出评价。评价因素集中的各个因素在"评价目标"中有不同的地位和作用，即各评价对象在综合评价中占有不同的比重。拟引入U上的一个模糊子集A，称权重或权数分配集，$A=(a_1, a_2, \cdots\cdots a_m)$，其中$a_i>0$，且$\sum a_i=1$，反映对诸因素的一种权衡。

权数乃是表征因素相对重要性大小的量度值。所以，在评价问题中，赋权数是极其重要的。常见的评价问题中的赋权数，一般多凭经验主观臆测，富有浓厚的主观色彩。在某些情况下，主观确定权数尚有客观的一面，一定程度上反映了实际情况，评价的结果则有较高的参考价值。但是主观判断权数有时严重地扭曲了客观实际，使评价的结果严重失真而有可能导致决策者的错误判断。在某些情况下，确定权数可以利用数学的方法，尽管数学方法掺杂有主观性，但数学方法具有严格的逻辑性，而且可以对确定的"权数"进行处理，以尽量剔除主观成分，符合客观现实。

3. 进行模糊合成和做出决策

R中不同的行反映了某个被评价事物从不同的单因素来看对各等级模糊子集的隶属程度。用模糊权向量A将不同的行进行综合，就可得到该被评事物从总体上来看对各等级模糊子集的隶属程度，即模糊综合评价结果向量。

（三）确定评价因素集

进行渠道评价之前，首先要确定评价因素。

建立评价指标集合（因素集U）。评价因素集U是绩效评价指标的集合，它具有层次性，即$U = \{u_1, u_2, u_3, \cdots\cdots u_m\}$；$U_i = \{u_i1, u_i2, \cdots, u_{ij}\}$，其中$U_i$为评价指标体系中第i个准则层。

依据顾客视角顾客视角的渠道绩效评价体系模型，本书的因素集包括：

$U=\{u_1, u_2, u_3\}$，u_1代表产品满意；u_2代表服务满意；u_3代表深层次需求；

$U_1=\{u_{11}, u_{12}\}$，u_{11}代表产品质量；u_{12}代表产品价格；

$U_2=\{u_{21}, u_{22}, u_{23}, u_{24}\}$，$u_{21}$代表便利性；$u_{22}$代表专业化；$u_{23}$代表态度；$u_{24}$代表效率；

$U_3=\{u_{31}, u_{32}, u_{33}, u_{34}\}$，$u_{31}$代表信息沟通能力；$u_{32}$代表定制化，也就是顾客特殊需求的满意度；$u_{33}$代表成就感；$u_{34}$代表尊重和信赖；

（四）确定评价指标权重

目前，权重的确定方法有数十种之多，根据计算权数时原始数据的来源不同，大致可归为两类：一类是主观赋权法，其原始数据主要由专家根据经验主观判断得到，如专家估计法、德尔菲法、层次分析法等；另一类为客观赋值法，其原始数据主要由各指标在被评估单位中的实际数据形成，如离差最大化法、均方差法、主成分分析法等。根据顾客视角营销渠道绩效评价自身特点和各种方法的优点及其应用范围，本章选择专家估计法和层次分析法作为确定权数的主要方法。

以四名企业管理或者市场营销方面的博士组成研究小组，通过十一名具有丰富购买经验、年龄层次处于不同阶段的顾客作为研究专家，经过反复探讨、沟通在综合分析结合经验的基础上，利用AHP层次分析法，通过评价指标两两成对的重要性比较建立判断矩阵（如下），然后用求解矩阵特征值的方法解除，最后需要对上述判断的逻辑性进行一致性检验。

准则层对于目标层的判断矩阵A-B为，结果如下：

$$A=\begin{pmatrix} 1 & 2 & 2 \\ 1/2 & 1 & 1 \\ 1/2 & 1 & 1 \end{pmatrix}$$

最底层C相对于准则层的判断矩阵为B-C，结果如下：

$$B_1=\begin{pmatrix} 1 & 1 \\ 1 & 1 \end{pmatrix} \quad B_2=\begin{pmatrix} 1 & 1/4 & 3 & 1 \\ 4 & 1 & 4 & 3 \\ 1/3 & 4 & 1 & 1 \\ 1 & 1/3 & 1 & 1 \end{pmatrix} \quad B_3=\begin{pmatrix} 1 & 2 & 1/2 & 1/3 \\ 1/2 & 1 & 1/4 & 1/2 \\ 2 & 3 & 1 & 1/2 \\ 3 & 2 & 2 & 1 \end{pmatrix}$$

理论上讲，层次单排序计算问题可归结为计算判断矩阵的最大特征根及其特征向量的问题。

对于判断矩阵A来说，其计算结果为：

$$W=\begin{pmatrix} 0.5 \\ 0.25 \\ 0.25 \end{pmatrix}, \lambda_{max}=2.0, CI=0, RI=0, CR=0.$$

$CR<0.1$，一致性检验通过。

对于判断矩阵B_1，其计算结果为：

$$W_1 = \begin{pmatrix} 0.5 \\ 0.5 \end{pmatrix}, \lambda_{max}=2, CI=0, RI=0, CR=0.$$

对于判断矩阵B_2，其计算结果为：

$$W_2 = \begin{pmatrix} 0.191 \\ 0.542 \\ 0.111 \\ 0.156 \end{pmatrix}, \lambda_{max}=4.164, CI=0.055, RI=0.9, CR=0.061$$

$CR<0.1$，一致性检验通过。

对于判断矩阵B_3，其计算结果为：

$$W_3 = \begin{pmatrix} 0.168 \\ 0.110 \\ 0.312 \\ 0.410 \end{pmatrix}, \lambda_{max}=4.205, CI=0.068, RI=0.9, CR=0.076$$

$CR<0.1$，一致性检验通过。

层次总排序检验：W=（0.25；0.25；0.028；0.135；0.048；0.039；0.042；0.028；0.078；0.103）

$CI=0.031$，$RI=0.450$，$CR=0.069$

$CR<0.1$，层次总排序一致性检验通过。

所以，上述结果可以表述为下图所示的评价体系权重层次图，它反映了每一层指标对上层指标的贡献率。

（五）建立等级评价标准

建立评价评语集（判断集V），评语集V是评价者对评价对象做出的各种总的评价结果组成的集合，即$V=\{v_1, v_2, v_3, \cdots\cdots v_n\}$。

本章把评价集V划分为五个评价等级，即$V=\{v_1, v_2, v_3, v_4, v_5\}$={非常满意，比较满意，一般，不太满意，很不满意}。

（六）确立隶属关系建立模糊评价矩阵

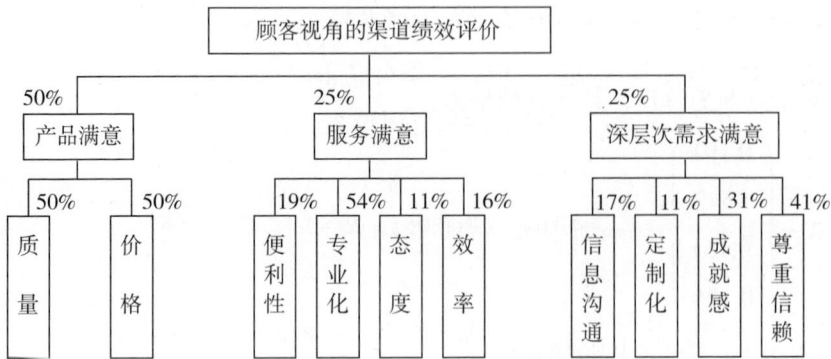

图7-1　顾客视角渠道绩效评价指标权重分布

本章主要是通过对双渠道顾客渠道满意度和单渠道顾客的渠道满意度分别进行科学评价，得出相应的研究结果。双渠道绩效评价的群体是穿梭于网络渠道和店铺渠道两种渠道的顾客，单渠道绩效评价的群体，本章只研究仅通过店铺渠道进行购物的顾客，因为没有单纯通过网络渠道购物的顾客。

研究小组采用问卷调查的形式对评价指标体系中第三层各个元素进行单因素评价。首先，对要调研的商品进行界定。Nelson（1970）提出将商品分为搜索型商品和体验型商品，其中搜索型商品指的是在购买前就可以决定产品的品质内容，例如书、CD等。而体验型商品指的是直到购买和使用商品后才能了解到商品主要品质的商品，例如衣服、乐器等。具体来说，可以排除产品质量、产品实用性的影响，本书界定采用同一品牌、同一质量的产品。从产品的标准化程度来看，高标准化的产品差异性较小，低标准化的产品差异性大。对于高标准化产品来说，顾客从不同营销渠道购买的产品是没有太大差别的，顾客可以选择从任何可得的渠道购买商品，这样，传统营销渠道和网络营销渠道间就存在激烈的竞争；而对于非标准化产品来说，顾客从不同营销渠道购买的产品的品质可能存在较大的差别。

本章采用同一品牌、同一质量的高标准化的搜索型产品作为调查产品的种类，其中包括书刊、电脑及相关产品、音像器材及制品、照相器材和通信产品。

研究小组采用街边发放纸质问卷和通过QQ或电子邮件发放电子版问卷两

种方式进行调研，共获得问卷141份，其中有效问卷为125份，占问卷总数的88.7%。其中，65名被调查对象采用网络渠道和店铺渠道两种渠道购买高标准化的搜索型产品，60名只采用店铺渠道购买相关产品。

通过对调查结果的整理、统计，即得到单因素模糊评判矩阵。问卷调查结果统计表见表7-4、7-5，调查问卷见附录Ⅱ。

$$R_i = \begin{pmatrix} r_{i11} & \cdots & r_{i1n} \\ \vdots & \ddots & \vdots \\ r_{im1} & \cdots & r_{imn} \end{pmatrix}, \quad (i=1, 2, 3)$$

其中，m为评价指标集u_i中元素的个数，n为评价集v中元素的个数。

表7-4　双渠道顾客满意度调查结果统计表

指标 ＼ 评价	非常满意	比较满意	一般	不太满意	很不满意
产品质量	23	29	8	4	1
产品价格	7	27	25	4	2
服务便利性	12	32	16	4	1
服务专业化	12	30	16	6	1
服务态度	7	31	17	10	0
服务效率	13	24	25	3	0
对方信息沟通的能力	8	25	25	6	1
对产品或服务的特殊要求能够实现	5	12	32	13	3
成就感	5	12	37	8	3
尊重感	9	15	35	3	3

表7-5　单渠道顾客满意度调查结果统计表

指标 ＼ 评价	非常满意	比较满意	一般	不太满意	很不满意
产品质量	23	25	7	4	1
产品价格	6	28	20	3	3
服务便利性	7	25	24	3	1
服务专业化	8	20	27	2	3
服务态度	5	25	18	9	3

评价 指标	非常 满意	比较 满意	一般	不太 满意	很不 满意
服务效率	5	24	24	4	3
对方信息沟通的能力	4	20	27	8	1
对产品或服务的特殊要求能够实现	6	17	29	5	3
成就感	5	16	32	6	1
尊重感	9	19	27	3	2

由以上的双渠道顾客满意度调查结果统计表可以得出 R_1、R_2、R_3 的矩阵。

$$R_1=\begin{bmatrix} 0.35 & 0.45 & 0.12 & 0.06 & 0.02 \\ 0.11 & 0.42 & 0.38 & 0.06 & 0.03 \end{bmatrix} \quad R_2=\begin{bmatrix} 0.18 & 0.49 & 0.25 & 0.06 & 0.02 \\ 0.18 & 0.46 & 0.25 & 0.09 & 0.02 \\ 0.11 & 0.48 & 0.26 & 0.15 & 0 \\ 0.2 & 0.37 & 0.38 & 0.05 & 0 \end{bmatrix}$$

$$R_3=\begin{bmatrix} 0.12 & 0.38 & 0.38 & 0.1 & 0.02 \\ 0.08 & 0.18 & 0.49 & 0.2 & 0.05 \\ 0.07 & 0.18 & 0.57 & 0.13 & 0.05 \\ 0.13 & 0.23 & 0.54 & 0.05 & 0.05 \end{bmatrix}$$

由以上的单渠道顾客满意度调查结果统计表可以得出 R'_1、R'_2、R'_3 的矩阵。

$$R'_1=\begin{bmatrix} 0.37 & 0.42 & 0.12 & 0.07 & 0.02 \\ 0.10 & 0.47 & 0.33 & 0.05 & 0.05 \end{bmatrix}$$

$$R'_2=\begin{bmatrix} 0.12 & 0.42 & 0.4 & 0.05 & 0.02 \\ 0.13 & 0.33 & 0.45 & 0.03 & 0.05 \\ 0.08 & 0.47 & 0.28 & 0.13 & 0.03 \\ 0.08 & 0.4 & 0.4 & 0.07 & 0.05 \end{bmatrix}$$

$$R'_3=\begin{bmatrix} 0.07 & 0.33 & 0.45 & 0.13 & 0.02 \\ 0.1 & 0.28 & 0.48 & 0.08 & 0.05 \\ 0.08 & 0.27 & 0.53 & 0.1 & 0.02 \\ 0.15 & 0.32 & 0.45 & 0.05 & 0.03 \end{bmatrix}$$

（七）综合评价

由第三步得到权重以及第五步得到的单因素模糊评价判断矩阵，进行如下的综合判断：

$$B_i=W_i^\circ R_i=(b_{i1},\ b_{i2},\ b_{i3},\ b_{i4},\ b_{i5}),\ (i=1,\ 2,\ 3)$$

$$R=\begin{bmatrix} B_1 \\ B_2 \\ B_3 \end{bmatrix}$$

$$B=W^\circ R=W^\circ \begin{bmatrix} B_1 \\ B_2 \\ B_3 \end{bmatrix} =(b_1,\ b_2,\ b_3,\ b_4,\ b_5)$$

1. 双渠道顾客渠道绩效综合评价

由 $W_1=$（0.5，0.5）可以得到"产品满意"的评价向量：

$B_1=W_1^\circ R_1=$（0.23，0.43，0.25，0.06，0.03）

由 $W_2=$（0.19，0.54，0.11，0.16）可以得到"服务满意"的评价向量：

$B_2=W_2^\circ R_2=$（0.17，0.45，0.3，0.09，0.01）

由 $W_3=$（0.17，0.11，0.31，0.41）可以得到"深层次需求"的评价向量：

$B_3=W_3^\circ R_3=$（0.1，0.23，0.51，0.1，0.06）

再由 $W=$（0.5，0.25，0.25），便可以得到"双渠道顾客视角的渠道绩效"的综合评价向量：

$B=W^\circ R=$（0.19，0.38，0.32，0.08，0.03）

根据最大隶属度原则，说明顾客视角的双渠道绩效比较满意。

2. 单渠道顾客渠道绩效综合评价

由 $W_1=$（0.5，0.5）可以得到"产品满意"的评价向量：

$B'_1=W_1^\circ R'_1=$（0.24，0.44，0.23，0.05，0.04）

由 $W_2=$（0.19，0.54，0.11，0.16）可以得到"服务满意"的评价向量：

$B'_2=W_2^\circ R'_2=$（0.11，0.37，0.41，0.06，0.05）

由 $W_3=$（0.17，0.11，0.31，0.41）可以得到"深层次需求"的评价向量：

$B'_3=W_3^\circ R'_3=$（0.1，0.3，0.45，0.08，0.07）

再由 $W=$（0.5，0.25，0.25），便可以得到"双渠道顾客视角的渠道绩效"的综合评价向量：

$B'=W^{\circ}R=$（0.16，0.39，0.33，0.07，0.05）

根据最大隶属度原则，说明顾客视角的双渠道绩效比较满意。

三、实证结果与讨论

通过以上研究可以得出双渠道顾客和单渠道顾客的渠道绩效评价都比较满意。原本笔者研究假定双渠道绩效要高于单渠道绩效，但研究结果证明顾客视角的双渠道绩效同单渠道绩效相差无几，形成这种局面的原因是多方面的，笔者总结出以下几点：

第一，被调查人群的人口统计特征不同，特别是年龄不同导致对渠道绩效衡量标准不同。由于双渠道顾客主要集中于20~40岁之间的购买人群，占到双渠道顾客调查总数的93.8%，他们熟悉网络，善于上网购物，能够游刃有余地穿梭双渠道进行消费行为，所以，他们对渠道的标准要求比较高，特别是深层次需求的满意要求比较高，而单渠道顾客的购买人群主要集中在40岁以上的人群，占到单渠道顾客调查总人数的65%，他们没有网络购物经验，所以，从顾客视角对渠道的评价主要是依据自身的购物经验对比。

表7-6 非常满意和比较满意两种评价占总调查人数的比例

指标＼非常满意和比较满意	双渠道	单渠道
产品质量	80%	80%
产品价格	52%	57%
服务便利性	68%	53%
服务专业化	65%	46%
服务态度	58%	50%
服务效率	57%	48%
对方信息沟通的能力	51%	40%
对产品或服务的特殊要求能够实现	26%	38%
成就感	26%	35%
尊重感	40%	47%

第二，从表7-6中可以看出随着我国市场经济的快速发展，企业越来越注重产品质量，无论是双渠道顾客，还是单渠道顾客对产品质量的满意度都

不错，但是对于服务方面差异较大。双渠道顾客的服务便利性、服务专业化和服务效率的满意度要远远高于单渠道顾客，这说明双渠道在服务方面的优越性。

第三，调查最有趣的地方就是深层次需求满意度方面。我们从表7-6中可以看出，对于服务人员的信息沟通能力，双渠道更能让顾客满意，也就是说，双渠道方式获取的信息数量和质量毕竟要大于单渠道方式，但对实现顾客的特殊要求、顾客感受到的成就感和尊重感，单渠道顾客要高于双渠道顾客。出现这种现象的原因可能是由于调查人群的人口特征不同，特别是年龄层次不同而导致的评判标准不一样，例如大于40岁的单渠道顾客，他们的评判标准是以前的购物经验，甚至还有计划经济时期的购物经验。相对而言，这些顾客在购物时明显感受比以前受到尊重，成就感更高，个性化需求也能够实现。因此，单渠道顾客的深层次需求满意度比双渠道要高一些。双渠道顾客人群多集中在20~40岁之间，受过良好教育，更懂得维护自身的权益，所以对深层次需求的标准要高一些，对成就感、尊重感和个性化需求满意度很低。

第四，双渠道购物是大势所趋。93.8%的双渠道顾客是20~40岁之间的人群。据权威数据，我国网民有4.42亿多人，大约四个人中就有一个是网购用户，所以，穿梭于网络渠道和传统的店铺渠道进行购物的双渠道顾客将会成为中国顾客市场的主力军。

四、本章小结

本章首先依据顾客满意理论和需求理论构建了顾客视角的渠道评价指标体系，模型的第一层指标是顾客视角的渠道绩效评价体系，第二层指标依据以上理论对渠道绩效的评价要满足三个方面，其中产品满意和服务满意是指标评价的基本要求，也是满足顾客的保健因素，第三个是深层次需求，是顾客对社交、尊重和自我实现的深层次要求，属于心理层面的精神需求，并逐一进行分析；然后确定评价因素集；以四名企业管理或者市场营销方面的博士组成研究小组，通过十一名具有丰富购买经验、年龄层次处于不同阶段的顾客作为研究专家，经过反复探讨、沟通在综合分析结合经验的利用AHP层次分析法确定指标权重；接着界定本章研究的产品为同一品牌、同一质量的高标准化搜索型产品作为调查的产品的种类，其中包括书刊、电脑及相关产品、音像器材及制品、照相器材对双渠道顾客和单渠道顾客进行问卷调查，然后利用模糊评价法进行评价，得出一样的比较满意结果，最后进行结果分析。

第八章　双渠道顾客渠道保留行为研究

互联网时代下，企业采用双渠道策略已是习以为常。传统实体企业需要开展双渠道策略，延伸线上销售，日益繁盛的网络商店也需要注重线下营销，向线下延伸，实现线上经营线下服务的有效衔接。随着双渠道购买环境的形成，顾客的购买行为变得复杂多变，企业为了更好地理解顾客的双渠道购买行为，更好开展双渠道战略，顾客跨渠道购买行为的相关研究显得越来越重要。目前，对于顾客跨渠道购买行为的研究主要集中在跨渠道购买行为影响因素、顾客跨渠道购买路径以及企业管理双渠道策略等方面。双渠道环境下，促使顾客实现跨渠道保留是影响企业获得双渠道经营效益的最为重要的因素之一。为此，本书将着眼于双渠道环境下的顾客跨渠道保留行为，希望能够在理论上丰富和完善顾客双渠道购买行为的理论研究，同时，为国内顾客跨渠道保留行为领域的研究进行补充。顾客跨渠道保留行为的研究亦将有利于加深对双渠道消费行为的理解，为企业更好地开展双渠道战略、实施多渠道管理提供指导意义。

随着互联网的快速发展，网络购物日益繁荣，越来越多的顾客穿梭于实体店铺和网络店铺之间进行消费行为，成为双渠道顾客。实施双渠道策略不仅是为了因应顾客行为变化的需要，也是提高企业效益的有效途径。研究显示，逾七成的顾客在购物的全过程中至少使用两种或以上不同的渠道，双渠道顾客成为互联网时代下的消费主流。

Lee等学者曾指出，企业能够通过双渠道整合提升渠道间的强化效应，从而使得整体经营绩效得到提升[①]。企业纷纷采用双渠道策略，正向强化企业效

---

① Lee H H, Kim J. Investigating dimensionality of multichannel retailer's cross-channel integration practices and effectiveness: shopping orientation and loyalty intention[J]. Journal of marketing Channels, 2016, 17（4）: 281-312.

益，并顺应顾客购买行为的变化，为顾客提供更为便捷和便利的购物选择，也能提供丰富的购物体验。同时，企业的双渠道策略能够丰富企业与顾客之间接触渠道的多样性，多样化的接触渠道将会产生累加效应，从而使单个渠道的效益得到提升①。

在现实中，不少传统实体企业在实行网络渠道延伸后未能收获预期的经济效益，但与拥有线上渠道的品牌企业相比，传统实体企业能够通过提供双渠道服务获得竞争优势和知名度。那么，为什么企业采用了双渠道，效益反而没有显著提高的？吴锦峰等学者认为，多渠道效应的实现必须建立于高质量的渠道整合基础之上②。首先，部分企业由于缺乏渠道整合能力或渠道保留得不科学，使得企业双渠道战略的优势不明显。另外，双渠道环境让顾客在渠道之间穿梭变得简单，因此，顾客的跨渠道搭便乘车行为也削弱了企业双渠道效应。双渠道顾客能够轻易地从企业提供的双渠道服务中获得综合利益③，从而提高顾客对双渠道企业的满意度，但同时，双渠道服务也提高了顾客流失的可能。双渠道环境下，顾客在某一品牌实体店（网上商店）搜集信息，然后转换到另一品牌的网上商店（实体店）实现购买行为的情况变得常见。Chatham（2014）在美国进行的一项调查结果显示，65%的顾客在实体店购买商品前曾在互联网上搜集相关信息④，但其中20.4%的消费者在线上到线下转换的过程中也发生了品牌的转变（Van Baal 2015）。如何避免顾客在渠道转换时流失实现跨渠道保留，是双渠道企业迫待解决的问题。

另外，许多学者认为公司吸引一个新顾客的成本往往比留住一个老顾客的成本高出四到六倍⑤。因此，顾客在某个渠道的保留行为决定了企业未来的

---

① Chan C M L, Pan S L. INTERTWINING OFFLINE AND ONLINE CHANNELS IN MULTI-CHANNEL PUBLIC SERVICE DELIVERY: A CASE STUDY[C]//Academy of Management Proceedings. Academy of Management，2005，2005（1）：C1–C6.

② 吴锦峰，常亚平，潘慧明. 多渠道整合质量对线上购买意愿的作用机理研究[J]. 管理科学，2014，27（1）：86–98.

③ Van Baal S, Dach C. Free riding and customer retention across retailers' channels[J]. Journal of Interactive Marketing，2015，19（2）：75–85.

④ Chatham B, Temkin, B. D., and Backer, E. Web Site Analytics Go Cross–Channel. Forester Reseaarch Inc., Cambridge，MA，2014.

⑤ Peppers, D.and Rogers，M.One-to-One Future[M]. New York：Doubleday Publications，2013.

长期盈利能力，是企业成功的关键。

吴兆龙（2014）认为，任何企业的成功都来源于顾客的重复购买和企业维持与顾客商业关系的能力。在维持商业关系这方面，存在两种基本方式：一方面，顾客可能对提供者感到满意，期望并且实际上维持了这种商业关系；另一方面，顾客对提供者感到不满意，但因为多方面的原因，实际上还是维持了这种商业关系。顾客保留是用来描述提供者和顾客之间的商业关系维系情况的，不管这种关系的维持是因为顾客出于对提供者的满意而导致的行为忠诚，还是因为转换屏障的存在[①]。企业通过某一渠道维持与顾客的互动关系，如果找出这种互动关系的关键因素，特别是网络渠道中影响的关键因素，那么，企业就可以有的放矢地坚强和巩固与顾客的互动关系，最终使顾客在该渠道中保留下来。本书是从顾客视角看待关系为顾客带来的价值，是顾客对自己的一种主观感知，本书就是基于关系价值理论和关系质量理论来研究顾客在网络渠道中的保留行为。

一、顾客渠道保留的动因与性质

张圣泉等（2016）探讨了顾客满意、顾客忠诚和顾客保留之间的关系；吴兆龙、丁晓（2014）以顾客忠诚和转换屏障为中介变量讨论了顾客满意、顾客内外部屏障对顾客保留的影响关系，但都没有进行实证研究。

顾客选择网络渠道购买同一企业生产的同一品牌的产品，购买过程中即使顾客不满意，也会因为价格、时间等因素再次选择网络渠道购物。所以，笔者认为顾客同企业在渠道交易后，形成了关系价值，这种关系价值会影响到顾客的渠道保留。正如张广玲（2017）以服务市场为研究对象，对关系价值、关系质量和顾客保留进行的实证研究，关系价值对顾客保留有显著的正向影响作用，但是关系质量的中介作用举足轻重。

二、顾客渠道保留内涵

人们经常会认为顾客长期的光顾和重复购买是忠诚度的标志，有时忠诚被等价于在某种产品或服务上的支出占总支出的比例。然而，这些指标本身

---

① 吴兆龙，丁晓. 顾客保留的竞争战略选择[J]. 管理现代化，2014（4）：37–41.

和它背后的东西都未体现出顾客忠诚的本质。事实上，这些指标用来测度顾客保留是合适的，却不能表示忠诚度[①]。顾客忠诚是一个极为复杂和动态的体系，这个体系必须考虑未来购买行为背后的那些积极的顾客行为。顾客保留并不等于顾客忠诚。首先，与顾客忠诚概念相比，顾客保留具有纯粹的行为特质，并不包含任何态度层面的内容；而顾客忠诚则包含行为和态度两个方面。如果因为高交易成本和转换成本或顾客在市场上没有其他选择，即便没有态度忠诚，顾客保留也会发生[②]。

笔者认为顾客可以对产品和品牌存在行为和态度共存的忠诚，但在本研究中，顾客渠道保留只是行为特质，可以用长期光顾、重复购买和维持关系意愿进行测量，不存在顾客对某个渠道的忠诚。

三、理论基础及模型构建

（一）关系价值理论

价值一直是所有营销活动的基础。经过交易，企业与客户的关系存在进一步合作的可能，而且稳定的关系可以降低交易中的成本。价值的衡量就是从关系营销观点中的顾客价值，即关系价值。

格朗鲁是最早提出关系价值理论的学者，他认为以长期关系为基础的顾客价值，产品就不是很重要，相反，顾客和企业之间形成的紧密关系和顾客体会到的附加服务就显得非常重要。从顾客价值的内涵研究关系价值就必须从关系营销出发，让企业认识到顾客和其他利益相关者的密切关系创造出来的价值远高于单纯的交易价值。因此，关系价值是顾客感知，并随着关系的发展而产生的权益和成本之间的衡量[③]。

衡量关系价值的视角一般有两种：顾客视角和企业视角。本书探讨的是顾客视角的双渠道购物决策过程研究，因此，重点剖析顾客视角的关系价值。

---

① 刘志刚，马云峰. 顾客忠诚度与顾客保留度分析[J]. 武汉科技大学学报（社会科学版），2013（6）.

② 张圣泉，王汉新，王晓燕. 顾客满意、顾客忠诚与顾客保留之间的关系研究——从关系营销的研究视角出发. 江苏商论，2016（3）：32–34.

③ 张广玲，武华丽，余娜. 关系价值构成维度研究述评. 科技进步与对策，2010（10）：192–196.

Wilson最先明确提出了关系价值的概念，指出关系价值表示由于关系的存在引起双方价值的增值，并提出关系价值包括经济价值、战略价值和行为价值。他强调的关系价值的双向性，指出关系可以给企业和顾客双方创造价值[①]。

1. 关系价值维度

张广玲等对国外学者关于关系价值的维度进行了文献梳理，根据本研究的相关度，整理如下：

表8-1　国外学者对顾客视角关系价值构成维度研究

学者	关系价值构成维度		实证基础	研究领域或视角
	收益维度	支出维度		
Anderson and Narus 1999; Anderson，2010，et al.	经济收益；技术收益；服务收益；社会收益	价格	没有	消费市场
Gronroos 1997	核心方案；附加服务	价格关系成本	没有	消费市场
Gwinner et al. 1998	信心收益；社会收益；特别待遇收益	没有	定性和定量研究，选取美国服务行业中的300个顾客做调查	消费市场

通过国外学者关于顾客视角关系维度的界定，可得出关系收益和关系成本是关系价值最基本的划分维度。

（1）关系收益

从顾客角度来看，关系收益是指顾客建立和维持与企业的关系给顾客所带来的特殊利益。研究结果表明，如果顾客能够得到重要的关系收益，即使一个顾客感到关键的服务属性没有达到最佳，他们仍会维持相应的关系。对于关系利益首先进行系统的实证研究的是Gwinner（1998）。他们的研究结果在该领域被称为GGB范式，其给出的关系利益定义被普遍引用与承认，是指"在与企业保持长期合作关系的过程中，除去和超越核心利益之外，带给顾客的其他利益"。Berry在1995年率先指出，顾客保持与企业的关系可以获得风险降低利益和社会利益，信任企业的顾客更愿意保持与企业的关系，因为这样

---

① Wilson, D.J, S.A. Jantrania. Understanding the Value of Relationship[J].Asia–Austrilia Marketing Journal，1994，2：55–66.

做能降低他们的不确定性；社会利益则与顾客的社会需求相关，顾客渴望发展与企业员工之间的友谊。

Anderson et al.（1993，1999，2010）从顾客的角度探索并分析了消费市场中四种类型的关系收益，分别为经济收益、技术收益、服务收益和社会收益；Gronroos（1997）也从消费市场中提出核心方案和附加服务作为关系收益的维度；Gwinner et al（1998）提出三种类型，信心收益、社会收益和特别待遇收益。

（2）关系成本

Klemperer（2010）在研究中提出转换成本，并将转换成本划分为三类，连续成本、学习成本和沉没成本。Han et a1（1999）对企业之间的关系进行研究，提出存在三种关系成本，投资成本、转换成本和精神成本。

基于Han等人的研究，提出在B2B关系中，存在三种关系成本：精神成本、投资成本和转换成本。精神成本是顾客花费很多精力去寻找商品、咨询企业、购买商品；另一个是投资和精神成本，该成本不仅与精神成本相关，还与学习成本有关，学习成本是在信息搜集、获取，交易过程方面付出的成本。时间成本与个人和时间的投资相关，主要包括搜索和评估。沉没成本是指前期投入的认知成本、组织成本，也就是前期付出但无法得到回报的成本。Gguiltinan（1999）在消费品市场背景下，对这三种关系成本进行了实证研究，通过实证分析最终归纳出两个成本维度：一个是转换成本，也就是将精神成本和投资成本合二为一；另外就是连续性成本，不仅需要从顾客的利益最大化出发，一直提供咨询、售后服务方面的投入，还需要对顾客提供认知、培训方面的成本，所以，企业对额外利益和服务坚持投入就是连续性成本。

2. 网络环境下的关系价值

本研究在互联网环境下检验了关系利益的种类，认为基于互联网技术的个人服务缺乏人际接触，网络商店雇员与顾客之间不会发展友谊，因此，在顾客与网络商店之间不存在社会利益。他们的研究把关系利益的范围局限于信心利益和特殊待遇利益。Colgate等也开发了互联网环境下关系利益的测量量表，研究结果表明，信心利益、社会利益和特殊待遇利益在互联网环境下依然存在，另外还有两个新的维度，即个人服务维度和历史维度。崔艳武等以中国B2C网络销售行业为背景开发了关系利益测量量表，除信心利益、社会利益、特殊待遇利益外，还产生一个新的维度，即荣誉利益[①]。

西方学者对于B2C环境中关系成本的研究较少，研究提出了与关系成本相似的概念，即关系障碍。Hennig等区分出四种关系障碍：顾客独立的渴望指顾客认为与公司的亲密关系是一种威胁；选择自由指选择方案减少使顾客避免与公司建立很强的关系；多样性搜寻的需求指顾客希望保持刺激的最佳水平；隐私的需求指提供个人特征或购买习惯的信息是讨厌和可疑的[②]。Noble和Phillips的定性研究结果表明有四类关系障碍会阻止顾客关系的形成，维护努力指顾客感到他们为维持与供应者的关系所必须完成的杂事或任务，这需要花费顾客大量的时间和精力。

本书界定的双渠道顾客是游刃有余穿梭于两种渠道之间能够熟练地进行网络购物的消费人群，所以为了集中研究渠道保留行为，本书就不考虑两种渠道之间的转换成本以及专属网络消费的隐私成本，只考虑双渠道顾客付出的时间、精力和金钱成本，统称为投资成本。

（二）关系质量理论

关系质量的概念在许多领域进行了研究（服务质量、交互方法、社会性交易理论与客户满意理论），最早对关系质量的研究出现在营销领域。关系营销概念的提出使得企业与客户之间的互动关系的质量日益受到人们的关注[③]。在关系营销领域，通常认为客户的忠诚度主要依赖长期发展起来的企业与客户间的关系质量，认为关系质量是一种无形的力量增加着产品与服务的价值，并导致期望的买卖双方的交易（levitt，1986）。由于产品服务的多样性与异质性，使得顾客在交易的选择上容易发生不安与不确定性，若能与顾客建立良好的关系质量，便能有效降低不确定性，提高未来持续互动的效果[④]

---

① 宋晓兵，董大海. 顾客与网络商店的关系价值研究. 管理科学，2008（2）：72–81.

② Thorsten Hennig–Thurau, Kevin P Gwinner, DwayneD Gremler.Why Customers Build Relationships with Companies–andWhy Not[C]//RelationshipMarketing: Gaining Competitive Advantage Through Customer Satisfaction and Customer Retention. Berlin: Springer，2000：369–391.

③ Amy Wong, Amrik Sohal, Customers' perspectives on service qualityand relationship quality in retail, Managing Service Quality 2002，12，6；ABI/INFORM Global，424–434.

④ Crosby, L. A An Interpersonal Evans, K. R., and Cowles, D, Relationship Quality in Services Selling: Influence Perspective. Journal of Marketing 1990，54 July，68–81.

（crosby e tal，1990）。并且，良好的关系质量可以降低顾客的不确定性，并会影响顾客对于未来与企业持续互动的预期。

企业与顾客关系好坏影响着关系质量。顾客感知好的关系质量是企业为顾客提供辅助性服务和技术性服务，能够让顾客增加产品与服务的附加利益，淡化购买产品和服务成本的价格敏感度。同时，企业在与顾客的互动过程中可以更加深入了解顾客的需求和欲望，并且通过与顾客接触，了解自己产品和服务的不足之处，可以提高产品的实用性、产品兼容性、产品持久性和产品可靠性。同时，跟顾客的良好的关系能够培养顾客的忠诚度，并且获得体验满足感。从另一个角度讲，企业也是客户的资产，在与企业的关系中，顾客获得满足、幸福的体验，这种心理上和社会性的利益能够加强企业与顾客之间的关系。

另外，赵滨（2018）经过实证研究提出，加强关系质量会增加关系价值，关系质量会降低企业部分成本，关系质量会降低企业风险[①]。

（三）关系质量定义

关系质量是关系主体根据一定的标准对关系满足各自需求程度的共同认知评价。其实质就是指能够增加企业提供物的价值，加强关系双方的信任与承诺，维持长久关系的一组无形利益[②]。

1. 关系质量定义

现有文献中，关于关系质量的定义，多数学者基本上均参考了Crosby、Evans和Cowles在1990年给出的关系质量定义。从人际关系角度出发，Crosby等人认为，（销售人员与顾客之间的）关系质量就是顾客在过去满意的基础上，对销售人员未来行为的诚实与信任的依赖程度[③]。Johnson（1999）将营销渠道成员之间的关系质量解释为成员关系的总体深度与气氛。而Holmlund（2011）则在前人研究的基础上，提出了更具适应性的B2B状态下的关系质量定义。他指出，"感知关系质量是指商业关系中合作双方的重要人士根据一定的标准对

---

① 赵滨. 关系质量契合渠道顾客关系价值的研究[D]. 西安理工大学图书馆，2008（8）：15–19.

② 刘人怀，姚作为. 关系质量研究述评. 外国经济与管理，2005（1）：27–33.

③ Crosby, Lawrence A, Evans, Kenneth R, and Cowles, Deborah. Relationship quality in services selling: an interpersonal influence perspective[J]. Journal of Marketing，199054 (jul/3)：68–81.

商业往来（效果）的综合评价和认知。"刘人怀（2015）综合众多西方学者的相关研究，给出了关系质量的定义：作为感知总质量的一部分，关系质量是关系主体根据一定的标准对关系满足各自需求程度的共同认知评价。其实质就是指能够增加企业提供物的价值，加强关系双方的信任与承诺，维持长久关系的一组无形利益①。

2. 关系质量维度

根据前期学者研究得出关系质量维度从单一的人际关系理论拓展到新古典经济学、人际关系理论和交易成本理论等跨学科领域，Cowles和Crosby运用了人际关系理论的研究方法在消费品市场下，提出关系质量的关键维度是满意和信任，关系质量结构中的内生维度是将信任与满意等互动，更提出顾客的信任是建立在顾客对推销人员的信任，而顾客的满意则是顾客对商品和服务人员的满意。关系质量的外生变量是将消费品市场和服务领域的个人特征与关系交易行为。

Mohr（1994）在实证研究的基础上，提出合作成功的企业合伙关系的基本特征是信任、合作、沟通质量和承诺以及参与、冲突可以共同解决。另一种研究思路是从关系赢利的角度考虑关系质量的维度。

更有学者从整体质量感知的角度将关系质量的维度确定为信任、承诺与总体质量感知等三个因素。值得关注的是，学者们研究问题的理论视野已经从早期的人际关系理论单一层面扩大到人际关系、交易成本和新古典经济学等多理论整合的界面②。刘人怀（2015）认为关系质量包含过程与结果这两个涉及关系价值创造活动的竞争领域，而关系质量的维度应该更多地从社会交往的角度，根据不同研究行业来具体选择。但他总结不论在什么行业背景下，信任、满意与承诺均是主要的关系质量维度。

四、双渠道顾客保留行为理论模型构建

顾客经过双渠道购物选择和渠道评价后，会选择其中一条渠道作为自己购物的主要方式，本书就是以关系价值理论和关系质量理论为依据，探讨企

① 刘人怀，姚作为. 关系质量研究述评. 外国经济与管理，2005（1）：27–33.
② 刘人怀，姚作为. 关系质量研究述评. 外国经济与管理，2005（1）：27–33.

业与顾客之间的关系对顾客保留在网络渠道购物的影响。选择网络购物作为顾客渠道保留研究的重点主要是因为：一是由于资源的有限性，企业在渠道建设和维护方面的投入是有重点的，中国企业基本都有店铺式的分销渠道，网络渠道是企业需不需要加大投入的一种新型渠道方式，所以，探讨顾客网络渠道保留才有意义；二是前人关于产业市场和消费品市场的关系价值研究已有颇多建树，但在渠道研究方面还是凤毛麟角。因此，本书无论从理论研究，还是实际意义方面都很有参考价值。

关于关系价值与关系质量，学者们对三种类型的关系收益（信心收益、社会收益、特别待遇收益）进行了定义和检验。研究表明，高的关系收益导致了积极的营销产出，如忠诚、口传等。

本书研究的是双渠道关系价值，所以，关系利益和关系成本的构成维度既需要涵盖店铺渠道特点，也需要涵盖网络渠道的特点。在前人研究的基础上，笔者提出了关系利益、信任利益和特别待遇利益作为双渠道关系利益的构成维度。

关于信任利益和特别待遇利益，前人都总结出无论是在店铺渠道，还是网络渠道都已验证是关系利益维度的组成部分。但是关系利益还是颇具争议。Yen认为，基于互联网技术的个人服务缺乏人际接触，网络商店雇员与顾客之间不会发展友谊，因此，在顾客与网络商店之间不存在社会利益。他们研究把关系利益的范围局限在信心利益和特殊待遇利益[①]。Yen认为，顾客和雇员之间的联系是通过电子邮件，但在中国的情境下，QQ和阿里旺旺等即时沟通工具的强大功能已使网店雇员和顾客之间建立起了亲密联系，这种亲密联系笔者认为远比店铺渠道的直接与企业雇员面对面的沟通要实用得多。通过这些即时沟通工具，你可以随时随地就产品的性能、价格、款式，甚至更为详尽的内容都可以跟企业或者卖家进行协商，购买的每一样产品都可以随时沟通，建立友谊，而店铺渠道的社会利益关系不可能这么全面和强大。毕竟中国的网络顾客基本都是QQ或者阿里旺旺等即时工具的使用者，他们已经习惯并喜欢这种与人交流的方式，甚至远胜于面对面的沟通。

---

① Hsiu Ju Rebecca Yen, Kevin P Gwinner. InternetTetail Customer Loyalty: The Mediating Role of Relational Benefits[J]. International Journal of Service IndustryManagement，2003，14（5）：483-500.

因此，本研究将继续保留这三种利益，作为关系收益的构成维度。社会利益是指涉及顾客与雇员关系的情感部分，顾客享受与雇员之间积极的关系。信心利益是指顾客为减少焦虑不安与相信服务提供者的一种感觉。特殊待遇利益包括得到了服务提供者的信任而提供一份特别的交易或者优惠价格。

Han et al.提出在B2B关系中，存在三种关系成本：精神成本、投资成本和转换成本①。基于Han等人的研究，有学者在专业服务背景下对这三种关系成本进行了实证检验，通过因子分析发现最终归纳出两个成本维度：一个是转换成本；另一个是投资和精神成本，该成本不仅与精神成本相关，还与财务、个人和时间的投资相关。本书结合前人的研究以及双渠道的特性，认为双渠道之间的转换肯定转换成本，另外就是简化关系成本的维度，将投资成本和精神成本合二为一，统称为投资成本，既包括精神投资，也包括物质投资，这既有前人的实证支持，也符合本书的研究要求。

因此，本书定义关系成本的维度有两个：一个是转换成本，顾客从一个渠道转到另外一个渠道进行购物的成本；另一个是投资成本，涵盖顾客对财务、时间和精力等方面的投资。

刘人怀将满意、信任和承诺作为关系质量的构成维度，张广玲已将关系质量的三个维度进行了实证研究。因此，本书仍然赞同满意、信任和承诺三个方面是关系质量的构成维度。

满意是顾客对所认知的绩效评估和预期的差异所产生的情感反应，是期望和实际感知绩效的函数。信任是依赖并且对关系成员有信心的意愿，可以从可靠性、善意和正直诚信等三个方面加以测度。关系承诺是交易的一方对其交换伙伴的可靠与诚信的信心②，是维持一种长久的关系意愿，可以从两个方面来测度：持续倾向和持续的付出③。

---

① Klemperer, Paul. Markets with Consumer SwitchingCosts[J]. Quarterly Journal of Economics，1987，Vol.102：375–394.

② Morgan, Robert M.& Hunt, Shelby D.The Commitment–Trust Theory of Relationship Marketing[J]. Journal of Marketing，1994，58(July)：20–38.

③ Gwinner, Kevin P., Dwayne D. Gremler and Mary JoBitner. Relational Benefits in Services Industries: The Customer's Perspective[J]. Journal of the Academy of Marketing Science，1998（26）：101–114.

经过对前人研究梳理及顾客渠道保留分析，依据关系价值理论和关系质量理论构建以关系质量为中介变量，关系价值对顾客渠道保留影响的理论模型（如图8-1）。

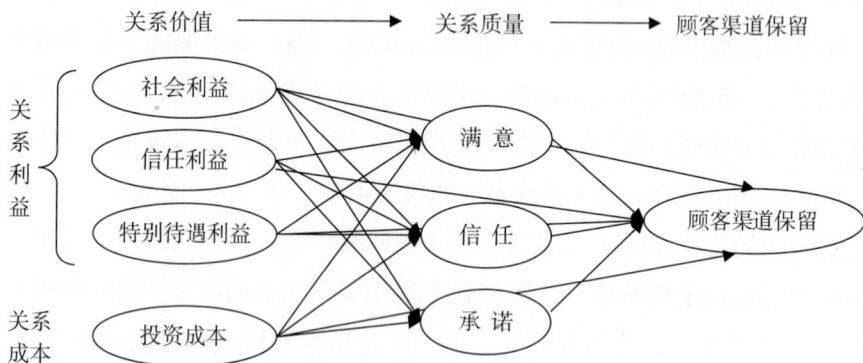

图8-1 基于关系价值的双渠道顾客渠道保留行为模型

（一）提出研究假设

本书主要研究双渠道顾客对网络渠道的趋向性，所以本书设定的情境为顾客对网络渠道，也就是网络平台的保留行为。网络平台主要包括C2C平台，淘宝网、亚马逊、赶集网等。本书主要研究三种影响关系，关系价值对关系质量的影响关系、关系质量对渠道保留的影响关系、关系价值对渠道保留的影响关系。根据上面提出的模型提出研究假设。

1. 关系收益对关系质量和渠道保留的影响

关于关系收益与关系质量、顾客保留关系的研究已有不少研究探讨，学者们对三种类型的关系收益（信心收益、社会收益、特别待遇收益）进行了定义和检验。研究表明，高的关系收益导致了积极的营销产出，如忠诚、口传等。同时，社会交换理论也显示，顾客获取的收益越多，越愿意与企业保持长期的关系（张广玲等，2017）。据此，提出如下假设：

H1：关系收益对关系质量具有显著正向影响

H1a：社会利益对关系质量选择具有显著正向影响

H1b：信任利益对关系质量具有显著正向影响

H1c：特别待遇利益对关系质量具有显著正向影响

H2：关系收益对渠道保留具有显著正向影响

H2a：社会利益对渠道保留选择具有显著正向影响

H2b：信任利益对渠道保留具有显著正向影响

H2c：特别待遇利益对渠道保留具有显著正向影响

2. 关系成本对关系质量、渠道保留的影响

本书根据前人的研究，结合双渠道的特性归纳出双渠道的关系成本包括渠道之间的转换成本和顾客对某种购物方式投入的金钱、时间、精力等投资成本。据此，提出如下假设：

H3：关系成本对关系质量具有显著正向影响

H3a：投入成本对关系质量具有显著正向影响

H4：关系成本对渠道保留具有显著正向影响

H4a：投入成本对渠道保留具有显著正向影响。

3. 关系质量对渠道保留的影响

学者们从顾客满意理论和顾客忠诚理论探究顾客保留的研究已经不少，例如吴兆龙等（2014）、张圣泉等（2016），但国内学者从关系价值和关系质量的角度研究与顾客保留的关系比较少，其中最具代表性的是张广玲（2017）进行的研究。她在总结西方学者的研究基础上提出了自己的实证研究结果：将关系质量作为关系价值和顾客保留的中介变量是合适的；特殊待遇收益对关系质量、顾客保留并没有产生显著影响；实际发生的关系成本对关系质量、顾客保留产生的影响不显著；信心收益的重要影响。

因此，我们提出如下假设：

H5：关系质量对渠道保留具有显著正向影响

H5a：信任对渠道保留选择具有显著正向影响

H5b：满意成本对渠道保留具有显著正向影响

H5c：承诺成本对渠道保留具有显著正向影响

（二）变量的操作定义及测量指标

上面已经提出以关系质量为中介变量的关系价值对顾客渠道保留影响的概念模型及相应的假设，为了对研究假设进行实证检验，就需要设计一套能反映模型中不同变量的测量指标。科学合理的测量指标应当充分借鉴前人的研究成果。本研究需要测量的变量共有九个，其中四个是自变量，三个中介变量，一个因变量。

自变量关系价值的维度包两方面：关系利益和关系价值。他们的子维度分别是社会利益、信任利益、特别待遇利益和投资成本。本书对观测变量的定义如下：

表8-2　自变量的子维度

变　量	定　义
社会利益	顾客与服务人员之间的个人纽带，包括熟悉、友善、交情和友谊的感觉。
特别待遇利益	包括价格折扣、更快的服务和特殊的额外服务。
信任利益	顾客在发展与企业的关系时经常会产生安全感或安慰感，这可以减轻他们的忧虑，增强他们对企业的信任和信心。
投资成本	个人的财务投入成本、时间成本、精神成本。

中介变量为关系质量，关系质量的维度为满意、信任和承诺。本书对观测变量的定义如下：

表8-3　中介变量的子维度

变　量	定　义
信　任	买卖双方会彼此考虑对方是最佳选择，在衡量上主要考虑能力、善意、可信性。
承　诺	合作伙伴有意愿尽最大努力来维系彼此间的关系。
满　意	对于经济、非经济酬劳所表现的积极的情感表达，并基于个人经验的认知与情感评估。

因变量为顾客渠道保留，本书通过长期购买、重复购买和一直关注三个指标进行测量。

第九章　双渠道顾客消费模式研究

消费模式正随着互联网冲击发生着翻天覆地的变化，消费结构更加合理，消费范围趋向无边界，消费互动性、分享性和自主性等新常态出现。互联网大大拓展全社会和市场沟通活动的空间，顾客的消费模式在互联网背景下完全不同于传统消费模式，无论对顾客本身的消费习惯和行为，还是对企业生产、市场流通和营销、促销都产生了巨大的影响力，那么，在互联网巨大冲击下，顾客的消费模式也在不断地演进和变化，产生了大量的双渠道顾客，所以双渠道顾客消费模式成为当下研究热点。

一、国内消费模式演进

国内学者开始关注消费模式是在1978年改革开放后，特别是《加强对消费经济的研究》（尹世杰，1979）是国内第一次比较系统地提出消费模式成果。我国学者有关消费模式研究主要分为三个阶段：

（一）消费模式定义阶段

关于消费模式定义的研究，学术界是围绕消费模式的内涵、特点和影响。消费模式主要有以下观点：第一种观点，消费模式是居民消费活动中形成的社会关系的总和（林白鹏，1987），消费模式就是阐明一定社会形态中，人们在消费领域里应该遵循的准则和规范；第二种观点是把消费模式视为消费体制的核心，提出广义的消费模式和狭义的消费模式，狭义的消费模式是指消费体制的基本属性和主要原则（杨圣明，1989）；第三种观点是把消费模式看成是人对产品消费和服务消费所形成的关系总和。这种观点是从消费的主要特征，比如消费结构、消费爱好消费趋势、消费水平等方面考虑的（周叔莲，1981）。我国对市场经济还处于摸索阶段，普遍认为，消费模式取决于一定生产力水平和特定的生产关系。

（二）中国特色消费模式理论发展阶段

在社会主义市场经济体制摸索阶段，研究者普遍认为消费模式取决于一定社会生产力水平和特定的生产关系，社会主义消费模式是存在利益差别的共同富裕型，具有多元化、复杂化、生产性、全面性的特征（汪海波，1982）。尹世杰（1992）认为在社会主义初级阶段，消费模式的基本特征包括市场化逐步提高，享受性消费比重逐步提高，选择性消费逐步加强。刘茂松（2011）认为社会主义市场经济体制发展阶段的消费模式特点是享受消费形式具有多元化、高质量、小数量，生存消费形式扩大，市场性消费代替了部分家庭内部劳务性消费。毛峰等（2012）随着市场经济的不断发展，消费模式更具有中国特色、符合国情的方向，"适度消费"的观点开始被提出，认为消费应该是满足于环境承载力相适应的需要消费，而不是铺张浪费。依据适度消费的研究方向，学者们提出"节约型消费模式""健康—集约型国家消费模式"等，这样的消费模式有利于节约资源、解决我国资源环境供给进紧的困境。国家和政府也倡导全民树立健康消费理念，实行健康消费标准，选择健康消费模式，并运用法律、经济等方式，反对并禁止一切损害精神健康和身体健康的不良消费方式和行为。

（三）消费模式发展特征研究

根据前人的研究，我们总结出消费模式研究可以促进经济可持续发展，建立可持续消费模式，同时，消费模式理论研究也归纳其特征：

（1）时代性。消费模式的发展具有节约型消费模式、可持续发展消费模式和生态消费模式的特点，所以，消费模式具有很强的时代性，随着互联网的日益发展，网络消费模式已经为研究热点。

（2）量化研究。在消费模式内涵研究阶段，消费模式研究主要采用理论论述的方法，随着计量模式的应用，实证分析成为消费模式研究的主要方法，通过调查问卷和数据分析，搜集到顾客第一手消费资料，通过数据分析软件，归纳出新的消费趋势。

（3）微观视角。从消费模式基本概念的界定到消费特征的归纳、消费模式的转换，这是一个从宏观视角到微观视角的研究过程。无论节约型消费模式、可持续型消费模式，都是从微观视角分析国内居民消费水平所处的阶段和发展趋势，从国内居民消费需求的角度，研究居民消费在不同时代背景下，基于消费数据分析促进消费模式转型的影响因素。

二、消费模式研究要素

消费模式研究主要包括消费内容，消费水平、消费结构、消费模式、消费趋势、消费爱好等内容，这里主要阐述消费水平、消费方式和消费方式。

（一）消费水平

消费水平从宏观角度是一定时期内整个社会用于生活消费和服务消费的水平和规模，而微观视角是单个顾客消费的产品和服务所达到的规模和水平。传统宏观方法是分析人均占有价值的消费量，例如人均国民收入、人均国民生产总值等，以及劳务消费量、实物消费量的变化。同时，查询影响消费水平的因素，如商品价格、家庭人口数量、居民收入、就业分析、消费心理趋势等。

（二）消费结构

消费结构是居民在消费过程中消费资料（产品和服务）在种类和数量上的比例关系。消费资料的研究也是分为不同视角，按照不同的需求层次，分成生存资料、发展资料和享受资料；按照实际消费支出分成吃、穿、住、用等。消费资料分类以及比例关系是研究消费结构类型的基础。尹世杰（1984）认为应该按照吃、穿、用、住等在消费总额中的比重，收入水平、生产资料、享受资料和发展资料在消费总额中的比重等标准划分消费结构为种类型、简朴型、粗放型、集约型和舒展型。而杨圣明等认为，消费结构可以从不同角度分为饥寒型、温饱型、富裕型和小康型。张泽厚（1983）将消费结构分为基本型、发展型和享受型。近期，对消费结构的研究主要利用聚类分析、因子分析等数理方法进行实证研究。

（三）消费方式

消费方式是在一定社会经济条件下，顾客与消费资料相结合的方式。消费方式是生活方式的重要部分，是研究消费模式框架的重要内容。消费方式除了受自然条件、文化水平、社会风气、风俗习惯等因素的影响外，主要受到生产力水平的制约，取决于消费水平，具有相对的稳定性。消费行为模式是消费方式的反映。

综上所述，消费水平、消费结构和消费方式是研究消费模式的关键要素，从不同方面反映了消费模式内容。基于不同的研究背景，还需要考虑其他的消费趋势和消费爱好，特别是与时俱进的消费模式，例如，绿色消费模式、网络消费模式等。因此，在不同经济社会环境下，基于不同学科背景的研究是影响消费模式的重要因素。

三、我国消费模式发展存在的问题

（一）区域、城乡之间消费模式发展失衡

虽然，城镇居民消费水平和农村居民消费水平都在不断上涨，但两者之间的差距还是日益增大。另外，不同省市间居民消费水平参差不齐，各地最高居民消费水平远超过最低的居民消费水平。"需求断层"是有消费欲望的低收入阶层无力购买生存必需的消费品，而生活需求是已经基本满足温饱后，达到高收入阶层高档消费的需求。城市消费模式从生存消费模式转向享受消费模式，也就是从"吃、穿、用"转为"住、行、游"的消费模式。而农村消费模式依然以基本生活消费为主，享受型消费较少，消费重点依然集中在"吃、穿、用"上。

（二）人类消费与生态环境之间平衡

传统的消费模式是以资源锐减和环境破坏为代价，注重眼前利益，忽视长远利益，从而对环境造成了巨大伤害。居民消费水平提高与碳排放增长高度相关，所以发展低碳经济成为近年来的研究关注点。研究视角从微观角度，例如家庭规模、家庭收入、个人消费偏好等转向宏观角度，例如政府采购与消费导向、能源制度等。

四、我国消费模式研究演变及发展趋势

（一）消费模式演变

1. 研究内容从宏观视角转向微观视角

在消费模式研究的初始阶段是从宏观视角出发，内容侧重于基本概念、框架构建、基本特征等，随着消费经济学的发展，研究内容发生转向，内容趋于细化和微观化，某些研究专题独立出来，如小康（或全面小康）社会消费模式、可持续消费模式等，也开始研究某些地区的消费模式问题，并从微观角度如从顾客行为出发进行解释和说明消费模式问题，把消费模式看成是

众多微观消费主体选择的结果。

2. 研究方法注重理论与实践相结合

研究方法主要是通过对消费现象的抽象表现，提示消费模式的本质和变化规律，虽然在研究中也突出实践与理论结合，但更多的是进行宏观理论叙述。近年来，实证研究日益得到重视，特别是对消费数据分析，经济模型与计量经济方法也普遍应用，更加有利于对问题分析与判断，为理论提供坚实的经验证据与基础。

3. 研究视角从单一学科向交叉学科转变

过去消费模式的研究主要是运用经济学的消费理论进行分析，这对于我国消费模式的框架建立具有深刻的意义。消费模式的研究不再囿于单一的政治经济学范畴，西方经济学的分析方法和理论开始大量涌入消费模式研究，而且人口学、社会学、哲学、环境科学、生态学从各自的角度出发，来探讨消费模式问题，尤其是在对可持续消费模式的研究上，交叉学科的相互渗透、相互交叉，极大地丰富了消费模式的研究。

（二）消费模式研究发展趋势

消费模式从无到有，从理论框架到系统研究，也随着经济的快速发展、全球化和科学技术的进步，呈现一定的发展趋势，研究方向中的一些问题需要进一步探讨。

1. 全球化下消费模式是否会出现趋同的问题

经济增长理论阐述，新古典增长模型含有一个观点：穷国的经济增长速度应当快于富国，不同经济体最终会趋同。新增长理论认为，由于某些条件不同，穷富国家的差距不可能消除，这引发了经济趋同问题研究，从而消费模式是否也有趋同的方向发展。在全球化条件下，经济和文化联系更加紧密，生活方式相互渗透，消费文化也相互交叉融合，富国消费模式的示范效应日益凸显，这是否会导致消费模式的趋同呢？

2. 高科技条件下消费模式的新变化

科技改变生活，改变了人类的生存、生活与工作环境，同时，也促使消费模式发生深刻的变化。新材料、新能源、网络技术、生物工程、信息技术的发展，尤其是互联网的发展，给人们提供了各种新型的消费模式，特别是物联网消费模式，使人们消费选择呈现出灵活性、多样性、智能化、国际化的特点，人们的衣、食、住、行及闲暇生活都在不断发生着变化，但高科技对消费领域的渗透，也带来了一些负面影响，例如食品安全、计算机犯罪等。因此，随着科技进步的发展，消费模式中所出现的新情况、新问题，应进行新的探索和研究，从而不断丰富消费模式的研究内容。

3. 消费模式的实证分析

尽管消费模式的研究方法已从单一的理论研究方向转到理论与实证相结合研究，但实证分析仍是我国研究界的薄弱环节。懂消费理论的不熟悉数学方法，熟悉数学方法的理论又很单薄，虽然前期的研究中，数量关系统计描述已大量出现，但统计描述主要是显示事物的表征，很难阐述事物的本质。实证分析不仅能验证现有的消费模式理论观点，还能为选择合适的消费模式提供经验依据。比如，消费模式的影响因素、经济发展与消费模式的关系等。

4. 网络数字产品消费模式研究

网络数字产品是依托于数字化技术，以数字为载体，以产业化发展为主。具体形式上，包括电脑动画、电脑游戏、网络学习、数字影音应用、网络服务、内容软件、行动应用服务等，网络数字内容产业的不同领域中融合网络数字技术和内容产业特点的成果。

数字内容散布在网络，利用搜寻引擎来查找并进行消费是常见模式，搜寻引擎的作用是对结果进行甄选和知识内容聚合，不同于常规的搜寻和展示。基于搜寻的消费过程包括：顾客通过搜寻引擎获取网络渠道的列表信息，通过价格比较等功能；搜寻引擎整合中间页，引导顾客直接在结果中选取合适的产品，并完成支付和获取产品全过程。网络消费模式主要包括：信息搜寻消费模式、电子商务消费模式、社交网络消费模式、数字内容的分发的消费模式、产权市场的消费模式、基于P2P平台的消费模式。

信息搜寻消费模式是把对搜寻的需求划分到各个行业，比如视频（通过暴风影音、爱奇艺）、旅游（由去哪儿网、途牛支持）、购物（淘宝、京东）等，网络支付平台（支付宝、百度钱包等），通过中间页来打造顾客，商户和支付宝、百度三方的消费闭环基于电子商务的消费模式。

电子商务中最普遍的是企业对企业（B2B）和企业对顾客（B2C）模式。数字产品市场需求巨大，顾客已经习惯于通过互联网获取数字内容产品如音乐、文学、电影等；另一方面，数字产品的特点，如虚拟化，实时性也符合网络渠道购物优势。

（三）社交网络的消费模式

该模式的核心在于通过关系网络营销数字内容产品，实现方式包括微信平台、微博平台、QQ社交平台等，主要是将数字内容产品通过平台销售出去，也是讲商品通过社交网络平台销售给熟悉或者有一定影响力的"圈子"，这样的消费模式更加具有针对性，并且比陌生推销方式更加有效、直接、低成本。

（四）数字内容分发的消费模式

通过建立信息内容发送平台整合数字内容产品资源并在设备上提供搜寻、播放、下载、评论等服务，形成闭环的生态系统。以百度APP为例，在各类智能终端中分发软件，数字商品信息、数字音乐、数字图书等，顾客利用平台完成搜寻、下载和支付。

（五）产权市场的消费模式

通过依托于传统文化产权市场，包括北交所、上海文交所、深圳文交所和天津文交所等进行产权交易或者投融资交易，内容有出版发行和版权贸易、动漫网络游戏研发制作。

五、低碳消费模式研究

（一）低碳消费模式内涵

低碳消费模式也称绿色消费模式，是当今最为重要的消费模式之一，是要将保护自然环境与满足顾客需求两者和谐结合，要让人们在消费的过程中具有环保意识，意识到环境质量是生活质量的重要组成部分，高品质的生活离不开好的环境，使人们消费行为以及消费结构更加科学化，在满足消费欲望的同时减少对环境的损害，低碳消费模式则是实现这一目的的重要方式。低碳消费模式本质是一种基于科学、文明、健康的消费方式，低碳消费模式是后工业社会生产力发展到高水平和生产关系下顾客消费理念达到一定高度后，能够有责任和义务以保护环境为目的对消费资料供给、利用的结合方式，也是当代顾客以对自然、社会和后代负责任的态度。在消费过程中积极实现低能耗、低污染和低排放。这是一种基于文明、科学、健康的生态化消费模式。这个说法较好地回答了低碳消费中的消费行为、消费意识和消费环境问题。

（二）我国低碳消费模式现状分析

低碳消费模式体现人们的价值观和社会观，代表着人与自然、社会经济与和谐共生。人们选择低碳消费模式不仅是一种生活消费模式，更是人们一种具有责任感与使命感价值观的体现，能够使人达到物质需求与精神需求双重满足。

在其他情况一定的条件下，任何消费都是以收入水平作为其基本支撑，顾客大多会根据自身的经济收入来决定消费方式。所以，收入水平实际上决定着顾客对低碳消费方式的关注程度。不少低碳产品因为技术含量较高，成本高居不下，售价也比一般产品要贵，如低耗能的节能灯。这时，消费收入就起到决定性作用，即使顾客有环保意识，但因收入所限，也不得不选择性价比高的产品。因此，只有当收入达到一定水平时，人们才会将环保意识纳入日常消费模式。另外，消费观念的转变也是决定低碳消费模式实现的重要因素。由于低碳消费知识普及程度不高，很多中国顾客的低碳消费意识不强，再加上对"绿色消费"的知识也知之甚少，不知如何选择低碳产品。

大多数顾客在购买商品时，主要还是关注价格对比，对于是否"环保、无污染"的产品虽然有意识，但并不知晓低碳产品到底比普通产品性能优越在哪里，加之部分顾客认为花几倍的价格购买低碳产品仅仅是因为"环保、绿色"的概念，太"不划算"。另外，大多数人认为，保护环境是政府的责任，个人花钱主要应该满足自我的消费需求，"保护环境从自身做起"的意识并不强烈，因为收入所限，成本过高的低碳产品成为被放弃购买的根本原因，心有余而力不足是大多数城镇顾客没有选择低碳消费方式的"心声"。

在广大农村，农村顾客低碳消费更加模糊，成本是消费时能够保证功能需求后考虑的唯一要素，所以人们的消费观念在很大程度上使得低碳消费模式的建立与深入受到阻碍。

（三）低碳消费模式应对措施

1. 政府作用

首先，政府应该承担起建立引导低碳消费模式的职责，通过各种途径培养全民环保意识，鼓励大众购买低碳产品意识。政府可通过多种渠道进行宣传，影响公众行为，潜移默化地接受低碳消费理念和生活方式。其次，政府出台相关法规政策保障低碳消费模式，一是对低碳产品的生产和消费提供福利、税收、补贴等多方面的优惠，鼓励企业研发、生产低碳产品，同时，鼓励顾客购买低碳产品，并通过各种方式减少顾客因使用低碳产品而增长的开支；二是对严重浪费资源破坏自然环境的高碳消费行为予以严禁和取缔；三是对各级地方政府增加低碳考核指标，加强各级政府对低碳经济的重视程度，从而刺激低碳消费模式的广泛应用。

2. 企业作用

企业是生产消费的主体，不仅是生产资料消费，即使日常办公运营过程也是消费过程，所以，企业有责任和义务推进低碳消费模式的建立与发展。首先，作为主要的消费产品供应者，企业应顺应低碳消费潮流趋势为社会提供更多的低碳产品，以满足社会发展和环境保护的需求，这是企业的社会责任。目前，企业也逐步意识到低碳消费产品是大势所趋，为了在未来获得更加长远的发展，企业在研发、生产过程中，不断重视环保要素，同时，自身的消费模式也要逐步低碳化，低碳消费意识已经成为企业文化深入骨髓。

3. 顾客作用

居民的日常生活能源消耗量是十分巨大的，根据国家统计局历年资料整理显示，居民生活能源消费总量约占整个能源消费的12%，居民如果不实行低碳消费对环境的影响十分巨大，并且影响深远。所以，鼓励居民的低碳消费行为十分必要。

首先，考虑我国居民的收入偏低，可采购低碳消费产品的成本增加主要由政府和企业消化的原则，还可以对低碳消费产品实行减免税负和地方政府补贴等多方面的优惠政策，鼓励居民购买与使用低碳产品。

其次，逐步提高居民低碳消费意识，督促居民采用低碳消费模式。在低碳消费宣传中，要注重保护环境的重要性，生动地展示居民的个人利益与社会整体利益相协调，这关系到子孙千秋万代。让居民认识到低碳消费方式不是高深的理论，也不是离自己非常遥远的社会行为，并且不会影响自己的生活质量，反而身体力行地从小事做起，就会起到保护环境的作用。如国家科技部编制的《全民节能减排手册》中制冷能耗计算：每台空调在国家提倡的26℃上调高1℃，全国按1.5亿台计算，每年将节电33亿度，减排温室气体317万t。

三是从根本上提高居民的收入水平，通过调整劳动报酬保证居民收入水平的提高，增强广大居民对低碳消费产品的购买能力。

四是建立科学的低碳消费环境。如在相关产品上标明在使用时所产生的二氧化碳的排放量，如节能空调注明节省的电量，这样，也能使顾客一眼就看出何种产品更为环保，同时，也降低使用成本。所以，顾客在购买时，即使低碳空调价格高于普通空调，也会从理性和长远角度出发，选择低碳产品。

六、旅游消费模式研究

旅游消费模式是一定时期旅游消费的综合体现，主要反映旅游消费行为的普遍规律和一般特征，不仅是个体的消费方式，更是归纳了群体的消费特征。旅游消费模式研究从宏观角度对"扩大内需、刺激消费"政策的落地和推广十分重要，微观角度对旅游企业以及相关产业市场营销策略的制定也是举足轻重的。因此，旅游者的需求与消费行为始终是旅游消费模式研究的重要组成部分。国外学者将旅游者划分为：纯观光型旅游者、追求经历的旅游者、开阔眼界的旅游者、完全沉浸的旅游者四个类型。

（一）旅游消费模式的类型

基于旅游消费模式理论的研究，单纯关注"购买决策过程"，无法系统解释旅游消费行为的特征和规律。旅游消费模式研究不仅仅是"购买决策过程"，更要注重"整个行为过程"，必须从整体视角把握旅游消费行为的规律。学者就是通过旅游消费行为的表征量和核心变量作为关键指标，构建旅游消费模式的理论模型。通过旅游动机、旅游涉入和目的地选择因素作为核心变量，旅游动机包括逃避动机、心灵寻求、审美动机、享受与成就动机。目的地选择因素包括环境因素、吸引物和参与机会。实证研究归纳三个旅游消费模式：被动型模式，旅游动机偏弱、涉入程度不高、对目的地选择因素重视程度不够；中间型消费模式，旅游动机适中，涉入程度不高不低；主动型消费模式，旅游动机强烈，旅游涉入程度高，对目的地选择因素重视程度高。

（二）人口统计特征影响

研究发现，不同类型的旅游消费模式在基本消费行为和人口统计特征等方面均存在显著差异。三种旅游消费模式在年龄、受教育程度、职业、月收入、健康和婚姻等方面存在显著分异。

性别方面，被动型的男性居民比例高于其余两种类型，而女性居民的比例则低于中间型和主动型游客。造成差异的原因主要是男性在家庭和社会中承担更多的社会和家庭责任，不得不将更多的闲暇时间用在工作上，从而致使他们的出游动机不强烈，放假时更希望待在家里享受休闲时光；相比之下，女性的工作压力略小，更加注重休闲旅游，因而其旅游动机、旅游态度和出游频率较高。

年龄方面，25岁以下和45~55岁之间的游客在主动型旅游者中的占比最高。25岁以下群体大多数为学生，精力充沛，闲暇充裕，喜欢游山玩水，故多为主动型旅游者。45~55岁年龄段的群体，事业有成，有一定的财务积累，并且孩子已经长大成人，闲暇时间也多。55岁以上的群体在被动型旅游者中的占比最高，他们年龄偏大，体力和精力有所下降，另外，由于退休导致收入下降，削弱了其出游的动机和态度。中间型游客在25~45岁的年龄段居多，其收入水平虽然较高，但闲暇时间少、工作压力大也导致他们的出游动机和态度有所下降。

职业分布方面，公务员和事业单位人群，特别是教育和科研单位人员的工作稳定，旅游动机和愿望强烈，同时，公费旅游的机会比较多，所以，这类人群在主动型游客的占比较高。

收入水平方面，收入高的明显属于主动型旅游者，收入低的人群则属于被动型。健康方面也是如此，身体状况好的人群更爱旅游，身体状况差的人群，无论在体力还是精力上都是力不从心的。

七、住房消费模式研究

（一）我国住房消费现状分析

房地产问题已经是影响我国经济发展和人们安居乐业的最重要的问题，不仅影响我国的安定繁荣，也影响着千家万户的生活质量。宏观上影响住房消费模式的主要因素有：首先，我国经济总体上仍处在初级发展阶段，人均收入较低，但房价居高不下。其次，土地资源紧张，人均耕地两亩，仅为世界平均水平的四分之一。土地资源紧张成为住房建设的重要限制因素。三是城市人口逐年增多，给城市住房，特别是北京、上海一线城市的住房带来更大的压力。最后是生态环境破坏严重，承载能力弱。高人口密度的增长给城市带来巨大的环境压力，环境污染和生态破坏问题日趋严重，所以，我们要提倡适度消费。适度消费是相对于离高消费，应用到住房消费问题包括：住房消费方式要与国家能够提供的资源条件相适应；倡导节约资源型的住房消费观念。所以，建立与我国国情相适应的住房消费模式改革势在必行。

（二）住房消费模式内涵、特点

住房消费模式是由住房消费观念、消费方式、消费水平和消费结构等诸多因素组成。我国要建立在符合国情的节约型住房消费模式，积极倡导节约型住房消费观念，不要盲目攀比，树立与自身消费收入相符合的消费理念，形成科学合理、符合实际的住房消费结构。

首先，房产企业要建设符合国情的住房建筑。根据我国国情和有限资源，我国城镇居民住房消费以中小户型为主。现阶段，我国普通商品房面积和户型，应以基本满足核心的三口家庭或者四口家庭的居住为目标，户型面积宜控制在90~120平方米较为合适。不能鼓励大户型，特别是别墅的消费。其次，要设立科学的层次消费结构，引导居民逐步改善，无须一步到位，以宜居适住、房尽其用为原则。最后，是追求理性的消费方式，形成合理的"租+购"方式。

（三）构建符合国情的住房消费模式

住房建设是关系到国计民生的大事，是住房消费的物质基础。学者们需要构建具有中国特色的住房消费模式，也就是建立在可持续发展基础上的科学合理的住房消费。

1. 推行多层次消费模式

国家应该推行多层次消费模式。住房模式改革需要满足住房消费的要求，也还需要因人而异，因家庭而异，因阶段而异，设置一些量化指标。如刚参加工作的年轻人，收入低、积累少，可以先租房，待工作到了一定年限后，再购房。购房也是满足基本的住房性能，保障基本的生活质量，可购买面积小的二手房或者购买小户型的新商品房；进入中年，随着收入的提高，储蓄增多，可购买面积较大、舒适度高的住房。

2. 梳理科学合理的住房消费观念

科学合理的住房消费观念指住房消费水平要同所处阶段的收入和消费相符合，反对盲目消费，提倡理性的住房消费观念。人类欲望是无止境的，住房消费需求也是无限的。所以，从现阶段的实际需要出发，树立科学健康的住房观念。

3. 政府出台政策积极引导

参考国外经验，政府可引导居民的住房消费，秉持适度消费的原则。同时，制定相关奖励、税收政策，实施多层次住房消费和层级住房政策，另外，在贷款政策方面引导理性的住房消费和建设。通过开征物业税，增加住房成本，用经济手段调节盲目囤积大户型住房的行为，引导理性消费。通过调整税收和政策限制房地产商建设，多开发中小户型、中低价位的住房，促进资源低消耗。另外，加强对合理消费模式和消费观念的舆论引导。对于买不起房的低收入者者，可以租赁含有政府补贴的社会保障性廉租住房。人人买房是不现实的，即使在当今欧美发达国家，房屋的自有率也只达到七成左右，还有三成居民选择租房。我国处于经济发展阶段，不但现阶段做不到人人拥有产权房，未来也难以做到，应当大力发展租赁市场。

第十章 双渠道顾客消费风险研究

风险认知是人们对风险的一种主观判断，特别是引入消费学研究领域之后，学者们对消费风险进行全方位研究，使得其理论体系日渐成熟。在传统购物渠道中，个体动机、人格特质均对风险认知具有影响，网络渠道支付风险、产品质量风险更大，不仅给顾客带来重大经济损失，也给顾客本身带来风险，所以，分析消费风险，特别是在网络消费情景下，对购物过程中的风险的认知和规避显得十分重要的。

一、主要消费风险类型及问题

（一）主要消费风险类型

选购商品，无论是线上渠道，还是线下渠道都是顾客生活中必不可少的活动。但由于市场的复杂性，顾客因自身经验不足和信息不对称，对商品的认识和鉴别能力有限。主客观因素交织在一起，决定了顾客购物时要承担多方面的压力和风险，主要包括商品质量风险、商品价格风险、商品宣传风险、顾客错觉风险、消费偏好风险。

1. 质量风险

商品质量的好坏是顾客购物的第一原则。商品质量包括内在质量和外在质量。内在质量指商品的使用性能、运性稳定性、使用安全性和功能便利性，是顾客在做出选择时所要考虑的。如果顾客购买商品时，认为该商品具有某种使用功能，却在使用中没有达到使用效果，就说明该商品具有很大的风险性。比如汽车的安全性，顾客在购车时首先考虑的就是安全性，但在运行中刹车系统有问题就存在安全隐患。

外在质量指商品外形、造型工艺、包装等方面的质量，也就是顾客的外在直观印象。有时，外在形象很好的商品具有欺骗性，比如高档包装的保健品，很有可能包装比产品本身成本更高，所以，商品质量的外在风险也是无处不在的。当今社会，假冒伪劣产品处处存在，以假乱真，加上产品在生产过程中存在不可掌握的问题，导致产品质量参差不齐。商品质量存在问题是顾客购买商品时不可避免的风险，也是消费风险中最被顾客、企业和学者关注的。

2. 效能风险

顾客购物的最终目的是使用商品，方便生活，提升生活质量，因此，更重视商品的使用效力和功能。由于当今社会的浮躁之风，企业重利轻誉，新产品开发不完善就急于上市，为在价格竞争中占优，以次充好；有些商品在生产过程中技术性能不稳定，生命周期缩短或功能减少，从而导致顾客购物的风险。

3. 价格风险

商品价格是顾客衡量商品价值和商品品质的重要标准，也是直接关系到顾客切身利益最敏感的因素。在顾客看来，"一分钱一分货。"这意味着顾客希望所支付的货币与所选购商品的价值相吻合，甚至低于商品价值。由于商品价格也直接影响经营者的切身利益，为获得更多收益，经营者往往希望价格高于商品价值。有些经营者甚至把丢失商品的损失也加到商品价格里面。正因为买卖双方存在着利益冲突，卖方在冲突中又占据主动，拥有商品的定价权，作为买方的顾客自然面临商品价格的风险。

4. 宣传风险

广告宣传是顾客获取商品信息的重要途径。商品宣传是使顾客了解、熟悉商品的重要推销手段。当今社会，技术层面上的差异性已不是很明显，企业和商品的差异性主要体现在企业定位和品牌定位上，这些定位主要是通过宣传推广方式让广大顾客熟知。因此，有关商品的广告宣传铺天盖地。不少生产厂家为确立自己的市场地位和品牌效应，不惜重金宣传推广，更有甚者将企业利润的三分之一用于宣传推广，导致资金链断裂，最后破产。对于顾客的购买意向和市场份额来讲，广告宣传的作用是显而易见的。但也有不少广告宣传弄虚作假。比如某些化妆品广告言过其实，但顾客使用后完全无效，甚至出现过敏反应；再比如推销某药品或保健品的广告，常利用名人效应宣传该产品的药效，而事实上，代言人根本就不会服用该类产品。

（二）主要消费问题

目前，顾客消费问题主要体现在定金纠纷、预付款消费和非现场购物三方面。原因就在于顾客消费过程中很难维权。预付款消费的优势是方便快捷，但也存在很大风险。据调查显示，顾客对预付款消费投诉多在餐饮、洗车、美容美发、洗浴和健身等服务行业，投诉内容多为商家在收取预付款后提供的服务缩水或经营不善倒闭。一旦发生这两种情形中的任意一个，顾客都很难举证，更不要说维权。定金引发的消费纠纷也很多。在受理的投诉中，定金数额少则数百元，多则数万元，商家不予退还，顾客损失巨大。非现场购物是对电视购物、电话购物、网络购物和邮购等在购买前无法看到实物的购物方式的统称。这种非现场购物，特别是网络购物的相关法律法规还不健全，部分商家缺乏诚信，顾客受骗案例屡屡发生。

二、风险认知

风险是某个特定危险产生的概率和产生后果的总和，也可以阐述为一个特定潜在伤害事件发生的频率和发生的结果。前期，学者也定义风险为某种危险事件或某种对个人而言的损失发生的可能性及其所造成后果的函数。用数学公式表示为：$R=f(P, C)$，其中，R表示风险、P表示发生危险事件的可能、C表示危险事件造成的后果。

学术界研究更多的是对风险认知的定义，一般认为风险认知是个体对于外界客观存在的风险的认识和个人感受，主要强调个人直观判断和主观感受，是个人购物所获得的经验对风险认知的影响。

"风险认知"由Bauer在1960年引入到顾客消费研究领域。从此，该内容成为顾客行为学领域中一个不可或缺的组成部分。一般来讲，对顾客风险认知主要定义为顾客在购物过程中产生主观的风险体验（刘钧，2015）。顾客在整个购物决策过程中，不仅是消费过程的获益者，更应该定义为损失的避免者，所以，学术界认为顾客的消费行为过程就是风险过程，影响顾客最终决定的因素主要是风险认知。风险认知因其在顾客行为学中的重要性，迅速成为顾客行为学研究的重点，随着顾客风险认知研究的深入，主要有以下三种理论。

（一）双因素理论

双因素理论最核心的要素就是所谓的顾客对整个购买过程中的风险判定

主要来源主观感受，而非客观事实。所以，双因素理论更加关注个体主观感受研究，这也是心理学的关注"风险认知"的重点。区别于其他学科对风险的研究，双因素理论以个体的主观体验为研究核心，最终形成风险认知。

（二）多维度理论

双因素理论单纯从主观角度出发，研究风险认知还是有些偏颇，所以，学者们开始从其他角度进行研究，特别是从顾客风险认知维度的角度，取得了丰富的成果，被称为风险认知多维度理论。

前期，学者们归纳出顾客风险认知维度的划分可分为四种：自我认知损失、财务损失、机会损失和事件损失。后来的学者以此为基础，将顾客风险认知分成身体风险、心理风险、绩效风险、财务风险和社会风险五个维度。当今的学者更是深入研究，将顾客风险认知归纳为身体风险、心理风险、社会风险、绩效风险、财务风险、时间风险六个维度。

（三）风险认知影响因素理论

以上两种理论均从风险主体本身的性质为出发点。后期的学者认为在消费情境中影响顾客风险认知的因素也是至关重要的。所以，学者们又归纳出顾客风险认知的影响因素理论。有学者提出，在购物过程中，不同顾客因期望值不同而产生的损失感和收益感不同，因为不同的衡量标准会产生不同的效果。因此，学者将这些可能产生影响的因素都提出来，综合考虑了时间、心理、个人承受能力、货物本身属性等多方面原因。

1. 期望水平

在消费过程中，顾客满意度取决于顾客的期望值。期望值的差异往往导致顾客对消费风险主观的认定。某一事件存在的各种可能的损失的总和就是风险，但也存在"机会"。对于顾客来讲，在消费领域，这种机会应该包括避免损失和获得收益。这两种状态并不没有明确的判断标准，顾客的判断标准往往由个体主观的期望值决定。由于判断标准不同，进而造成顾客对事件反应也不同。当事件结果没有达到个体期望时，结果就是损失的；当事件的结果超过个体的期望时，结果就是满意。因此，期望水平是风险认知影响因素中重要的主观衡量标准。

2. 个体因素

不同个体特质造成顾客对风险认知程度的不同，同样的风险事件，不同的人可能有天差地别的体验感受。个体的成长环境、个性特质、知识经验等都有可能造成损益比的感知差异性。有的人天生乐观，注重获取事件成功带来的利益；而有的人天生悲观，谨小慎微，可能更加关注事件失败后带来的损失。这两种个性特征造成顾客对风险认知的迥异，从而造成采取不一样的风险决策。另外，顾客由于以往风险事件结果的经验，对消费风险的认知也存在差异。研究者已经证实，这种经验上的差异在某种程度上影响个体对风险主观感知的差异。

3. 可控性

顾客对待风险的控制程度很大意义上能够预测对待风险程度的主观感知。学术界认为，当个体面对的风险事件是他们能够掌控的程度时，顾客倾向于获取收益。而当对风险事件无能为力，失去控制的时候，顾客会更加倾向于避免损失。

4. 风险的性质

调查研究显示，人们普遍认为概率小而死亡率大的事件在主观上能够引起更高的风险认知。例如，在人们对交通工具的普遍认识中，飞机更容易出事故，其实，火车发生事故的概率高于飞机。为什么人们会有这样的认知？因为飞机事故事件经常在新闻报道中出现，而且出现的损失都比较大，所以，在人们的潜意识中认为乘坐飞机不如坐火车安全。

5. 成就动机

个体的成就动机区分为两个维度，即"取得成功"和"避免失败"。在消费过程中，如果顾客认为这是风险事件，为了完成事件中的任务要求，同样会表现出"避免失败"和"取得成功"两种动机，从而影响顾客的风险认知。这一点已通过途径所证实。当面对一项消费风险事件时，如果顾客个体更加趋向于在整个事件中能够全身而退，而不是贸然前进，那么，顾客个体很有可能在这种"避免失败"动机的影响下表现出选择更为保守的行为方式，而此时，顾客个体对于该事件所具有的风险水平的评估也越高。

6. 知识结构

顾客的知识结构对风险认知的判断至关重要。有研究显示，在面对某风险事件时，顾客个体的知识结构全面合理，那么，对风险的了解和把握更加准确。正如顾客受到诈骗电信，知识经验丰富的顾客一眼就能判断是陷阱。

同理，顾客越能准确而全面地了解某一风险事件，就能够正确评估其严重性，就能够成功避免遭受更大的损失。

三、网络购物消费风险研究

我国的网络消费市场发展蒸蒸日上，已改变了中国的零售业市场，以及经济发展格局。无论是我国的经济发展趋势，还是居民的购物模式发展，网络渠道都占据着不可替代的重要地位，而且越来越重要。所以，网购消费风险研究成为消费行为学研究领域的热点和重点。网络购物消费风险是影响顾客网购意愿及行为产生的根本原因。通过研究发现，只要在网购影响内外作用下，顾客感知的网购风险超出可接受范围，网购消费就不会发生。因此，立足网络消费渠道，研究网购感知风险影响因素对改善和促进网购市场发展十分重要。

（一）网络购物感知风险维度

Bauer（1960）首次将心理学中感知风险概念引入顾客行为学领域。他认为顾客购买行为都是具有风险的，因为顾客在考虑购买时并不能确定产品的效果，也无法确定购买结果与购买期望到底差距多少，这就是购物消费风险的缘由[①]。网络购物风险研究的重点也就是网络购物感知风险维度，许多学者也从多维度视角研究过感知风险因素。其中，最具代表性的是六维度模型：财务风险、时间风险、心理风险、身体风险、社会风险和功能风险。

随着网络购物渠道的快速发展，Jarven（1996）开始对网购顾客感知风险进行研究[②]。研究的重点是网络购物感知的主观预期，认为网络购物感知的风险是对损失发生的主观预期。从主观预期角度考虑，把网络购物消费风险定义为"对于网购财务损失的主观预期"。Sandra（2013）认为网购感知风险定义是"顾客考虑每次网购时对损失发生的主观预期"。还有一些研究学者将网购感知风险定义为顾客在考虑通过网络购物渠道购物时出现不利后果严重性和可能性。无论学者们如何定义网络购物风险的内涵，核心内容都是网络购

---

① Agarwa1S, TeasRK. PerceivedValue: MediatingRoleofPereeivedRisk[J]. JournalofMarketingTheoryandPraetice，2001，4（9）：1-14.

② Jarven Paa S. L. P. A. Todd. Consumer reactionstoeleetronicshoPPingon the World wide Web[J]. Internet Journal of Eleetronie Commerce，1997，1(2)：59-88.

物过程中感知到的发生损失的概率与发生损失的结果，具体见下表：

研究学者	维度	内　容
Hofacker（1998）	5	时间风险、店家风险、品牌风险、安全风险、隐私风险
GVU（1998）	5	时间风险、财务风险、心理风险产品风险、便利风险
Sandra & Boshi（2013）	5	时间风险、财务风险、绩效风险、便利风险、隐私风险
Featherman Pavlou（2013）	6	时间风险、功能风险、心理风险、社会风险、经济风险、隐私风险
Margy 等（2014）	7	时间风险、财务风险、心理风险、社会风险、实体风险、绩效风险、相关决策风险
董大海、李广辉、杨毅（2015）	4	网络零售商核心服务风险、网购伴随风险、假货风险、个人隐私风险
井森等（2015）	8	时间风险、功能风险、心理风险、社会风险、身体风险、隐私风险、经济风险、服务风险
邵家兵等（2016）	7	时间风险、社会风险、心理风险、经济风险、绩效风险、隐私风险、物力风险
王震勤、董荔、胡志颖（2009）	4	时间风险、功能风险、心理风险、财务风险
于丹、董大海等（2007）	10	时间风险、功能风险、心理风险、社会风险、身体风险、财务风险、服务风险、交付风险、信息风险、隐私风险

本书根据国内前人总结的文献，把影响网上购物的感知风险类型分为财务风险、时间风险、性能风险、隐私风险、身体风险、服务风险、信用安全风险七个纬度。

1. 财务风险。是指商品或服务没有达到预期的期望值引起的财务上的损失。网上购物时，交易途径是虚拟网络，顾客必然会冒很大的风险担心对方不守信用或故意欺瞒造成财务上的损失。

网上支付是取代银行汇款、邮政汇款、货到付款等传统支付手段的现代化支付方式。上网购物给我们带来了便捷，同时也让我们对网络支付的安全性有所质疑，最终还有部分买家因此望而兴叹[①]。目前，企业对网络营销最担心的问题之一是支付的安全问题。目前，缺乏满足网络营销所要求的交易费用支付和结算手段，银行的电子化水平不高，安全性差，银行之间相对封闭。

---

① 李广海. 基于有限理性的投资决策行为研究[D]. 天津大学博士学位论文，2017.

虽然，银行方面也做出了很大努力，但远不能满足全面网络营销的要求，顾客面临网上欺诈的危险，害怕自己的信用卡号码被盗用，担心个人隐私被泄露。而企业与企业之间安全、快捷的资金结算更有很长的一段路要走。因此，建立一个安全的交易环境是至关重要的。

2．性能风险。网络上呈现的商品只能看不能触摸，顾客无法像在线下渠道那样，能够看到真实商品，反复比较、挑选。因此，网上的商品是否货真价实、运输过程中商品是否能完好无损等，这些都是网络渠道顾客不得不承担的风险。当然，随着市场的完善，品牌产品在线下都有实体店，企业越来越重视"线上+线下"的融汇互通，所以，顾客可以在线下实体店尝试商品，再通过线上途径购买。这样，风险性就降低不少。

3．时间风险。网络渠道购物时，大量查找排除信息、商品购买支付、商品更换或退货等环节都会造成时间浪费，均由顾客承担风险。

4．隐私风险。网上购物，特别是使用支付功能时，必须采用会员注册制。这就涉及顾客的真实信息被泄露的风险，例如真实姓名、身份证号码、信用卡卡号等信息。但由于网络渠道的便利性、商品齐全性等特点，顾客又不得不选择网络渠道，未知的病毒、木马等恶意程序的泛滥，使隐私风险成为网络渠道中最大的风险之一。

5．身体风险。通过网络渠道购物，顾客需要使用电脑或者手机等电子产品，由于辐射或者长期上网造成的健康损害，包括对健康或外表的威胁及购物时精力、体力的投入等，都需要顾客自己买单

6．信息风险。信息风险也是重要的网络购物风险之一。由于网络虚拟世界造成大量信息鱼龙混杂，有些网站和网店都具有欺骗性，有些网络公司根本不存在，网上销售人员也是通过电话或者网上交流软件与顾客进行沟通，信息的真实性无从把握。

7．信用安全风险。信用风险是网络营销发展中的主要障碍，这是因为网络营销是建立在交易双方相互信任、信守诺言的基础上。我国的信用体系还不健全，假冒伪劣商品屡禁不止，坑蒙、欺诈时有发生，市场行为缺乏必要的自律和严厉的社会监督。顾客担心将款汇出后得不到应有的商品，企业则担心拿到的信用卡号码是盗用的，在收款时出现问题。

网络技术异化也是目前比较严峻的问题。一定数量的网站成为经济欺诈

的"帮凶",一些网站甚至成为骗钱的工具。许多电子商务是"穿新鞋,走老路",即"网上订货,场外交易"。网上银行是金融服务中最先进的交易手段,但作为网上交易的主体,即商业银行、商人、企业经营者对此却大都持观望态度,真正敢于"吃螃蟹"的人寥若晨星,屈指可数。银行不愿通过网络划拨款项,人们也不愿通过网络存款。与网络经济相适应的应该是一个组织性极强的社会,而信用危机与信用瑕疵便是威胁这个社会组织的天敌。中国虽已进入市场经济阶段,但由于市场经济管理和法制建设的相对滞后,一直未能建立起与市场经济相适应的信用保障体系。与网络经济相比,中国的信用保障体系则处于待建阶段。

（二）网络购物风险影响因素

一些学者对影响消费购物的因素做了归纳,包括消费地点、购物方式、个体参与程度等;还有一些学者认为,个人特征,如种族、性别、年龄、偏好、情绪等也会对感知风险产生较大影响。整理学者们对网络购物感知风险的研究,可以总结如下:

Kehoe等（1998）提出的电脑和网络使用经验等因素[1];Hairong等（1999）提出的娱乐、体验、便利和经济等因素,便利导向强,体验导向弱;孙源（2009）提出可供选择的范围大小、商品的差异性、信息的不对称性和顾客个人特质（网龄、文化程度、年龄、收入等）等因素;于丹、董大海等（2007）提出无论网购经历如何,网购顾客在服务和支付方面都会产生较高的感知风险;李宝玲等（2007）提出与网上交易有关的风险、与零售商网站有关的风险、与互联网及互联网技术有关的风险、与配送服务有关的风险、与产品有关的风险[2];尚烁徽（2009）提出个人（性别、购物经验、介入度等）、环境（文化、经济、技术、法规、道德等）、产品（产品类型、购物渠道、品牌、付款方式）。

（三）网络渠道消费行为

在网络购物环境下,顾客消费行为相对于传统渠道的商务模式,表现有

① 李宝玲,李琪. 网上顾客的感知风险及其来源分析[J]. 经济管理,2007（2）:78–83.

② Kumar, V., Venkatesan, R. Who are the multichannel shoppers and how do they perform?: Correlates of multichannel shopping behavior. Journal of Interactive Marketing, 2005, 19（2）: 44–62.

所不同。首先是消费市场进一步细分化实施"个性化"定制①。过去，在传统购物渠道，企业是依据类别对顾客群进行市场细分和市场定位②，因此，市场细分和市场定位都是依据市场营销人员的经验和科学方法，针对不同顾客群的需求提供特定的产品和服务。随着科技发展的突飞猛进，网络购物环境下的目标顾客群可细分到个体顾客，这就充分满足了顾客的个性化需求。

其次是服务品质的飞速提升。顾客选择网上购物不仅渴求产品的功能，更重要的是获得高品质的服务。因此，商家不仅要向顾客提供产品的使用功能，还要研究顾客为满足需要而支付的成本，从渠道角度为顾客提供便利，促销和售后服务都是满足顾客需要的重点要素。网络购物渠道的快速反应、定制化服务的便捷性等优势都是线下渠道难以比拟的。实体购物环境下，不仅商品的选择有限，服务方面也是有局限性的。另外，顾客选择的产品和服务是企业已经设计制造出来的，最后通过各种销售渠道到达顾客手中。在这种模式下，商业流通循环是由生产者、零售商和顾客共同完成的，零售商充当连接生产者和顾客的纽带。而在电子商务环境下，网络渠道信息处理技术使得顾客的信息可迅速得以反馈，企业能够为顾客提供丰富的商品和定制化的服务。

（四）网络消费风险控制

1. 完善国家宏观管理体制

保证市场秩序、维护经济运行是政府责无旁贷的任务。在极具发展潜力的网络市场，政府首先应致力于制度建设和法制建设，使企业的经营活动有序开展，保证建立健全的社会信用体系；其次，政府应以防范制度风险为基础。针对所有的网络消费风险，或制定恰当的政策，或进行积极的引导，使企业对风险防范和控制有充分的准备；再次，政府还应加强对风险防范的监督和协调，为企业提供诸如市场信息、产业动态等多方面的帮助，尽可能使企业减少面临网络消费风险的可能性。

2. 加强企业制度建设

为有效规范网络消费风险，企业应在制度建设上采取有效手段降低各类

---

① 孙源. 网络购物模式下感知风险维度及影响因素研究[J]. 法制与社会，2009（9）：225–232.

② 孙思. B2C电子商务模式下的顾客行为分析[D]. 华中科技大学硕士学位论文，2007.

风险。首先是建立风险控制制度，企业在风险决策、危机处理和财务管理方面提供应对机制和处理流程。其次，建立合理的管理制度，严格制定各级人员的行为权限，规范内部成员的行为准则和行为权限，通过管人的行为来控制企业风险。最后是建立监督机制。通过严格和完善的监督机制，保障各种企业各项规章制度能够顺利实施，并发挥作用[①]。

3. 建立有效的预防机制

预防机制的建立，虽然需要企业先期投入一定的资本，但完善的预防体系能够有效地帮助企业规避风险，避免网络消费风险带来的现实损失。因此，风险防范应以预防为主[②]。

4. 加强信息安全技术研究

网络营销要适应市场全球化的新形势，信息安全至关重要。加强信息安全是我国发展网络营销亟待解决的关键问题。信息安全体系的突出特点之一，是必须有先进的技术系统作为支持。在安全技术方面，涉及技术标准、关键技术、关键设备和安全技术管理等环节，其核心问题有两个[③]：有关的安全技术及产品必须是我国自主开发的和国产化的；信息安全技术的开发与采用和国产信息安全产品的采购与装备，也应纳入法制范围。

（五）网络消费风险的顾客权益保护

在网络消费风险的规避中，顾客权益保护问题得到了社会的广泛关注。网络营销中，顾客权益保护涉及两个方面：顾客在网络交易过程中的权益保护和顾客个人资料的保密性。

虽然在网络营销中可以运用已有的《顾客权益保护法》对顾客权益进行保护，但由于网络交易的特殊性，如缺乏面对面的交易、对商品无感官认识等，顾客在交易过程中无疑会承担比传统交易中更大的风险。因此，必须有针对网络营销特殊性的法律法规来保护网络交易过程中的顾客权益。

网上客户资料对网站来说是一笔财富，网上的一对一营销、关系营销、

---

① 王希希. 顾客网络购物行为的因素研究[D]. 浙江大学硕士学位论文，2011：78-83.

② 王其藩，余丽娟. 论组织的设计和重构——兼论新的一场组织与管理模式的革命[J]. 系统工程理论方法应用，2005（4）：1-10.

③ 王震勤，董荔，胡志颖. 网络购物环境下感知风险类型及风险水平分析[J]. 商场现代化，2009（2）：153-154.

资料库营销等都是以顾客的个人资料为基础的。根据拥有的客户资料，网站可以正确分析顾客的需求和消费行为，及时提供适当的服务，并以此来增进企业与客户之间的关系。但是，使用不当或将顾客个人隐私随意传播、揭发以及由此而引起的网络纠纷使人们不愿在网上提供个人信息。企业在网络营销过程中，应该严格约束自己的行为，以签约等方式征得客户同意，合理地使用客户的个人资料，并采取一定的技术手段保护顾客的个人隐私。

下　篇

第十一章　零售商双渠道管理战略研究

随着市场竞争的复杂性，生产企业与渠道成员的关系变得更加密切。事实上，越来越多的企业正在同渠道成员，如经销商、零售商等结成更加紧密的伙伴关系。另外，网络渠道的横空出世，使企业可以直接通过物流将商品送达顾客手中，所以，顾客对产品的质量和服务要求越来越高。同时，顾客对得到商品的时间和性价比也日益苛刻，因此，渠道在企业总体战略中占有举足轻重的地位。

越来越多的企业采用双渠道模式，原来渠道管理中遇到的常见问题，如渠道冲突、配送问题、渠道选择等，在当下的渠道管理中已不能得到完全的解决。因此，改革传统的渠道构建和渠道管理方法，建立适应双渠道环境的渠道模式和渠道管理方法势在必行。因此，要提出新的双渠道战略管理，把渠道管理建设提到企业全局战略的高度，成为企业的核心竞争力。

学术界认为渠道战略关系到企业的兴衰成败，如果企业的分销渠道战略定位模糊、管理混乱、效率不高、服务跟不上，客户即使因促销或者广告对产品感偏好，进行初次购买，也不会成为忠实拥趸。企业为求得长期的生存和发展，必须善于不断发现良机和及时调整分销战略，随机应变，使企业的分销管理与不断变化的经营环境相适应。

渠道建设是企业战略应该考虑的主要方面，分销渠道在目标市场占据举足轻重的地位，是企业向客户提供产品或服务的载体之一，因为其可直达终端，面对顾客，代表着企业的形象，直接影响着客户对企业的认知和判断。

越来越多的企业采用双渠道战略，所以，渠道对企业的发展具有更大的潜力。在目前的市场竞争中，价格、产品和促销越来越缺乏后劲和张力。产品方面，表现为同质性高；价格方面，根本没有秘密而言，甚至互相厮杀；促销方面，表现为千篇一律，即便稍有创新，也极其容易被竞争者模仿和复制；而在渠道方面，环节众多，极具隐蔽性，日积月累建成一个完整的渠道系统时，即便竞争对手觉察，也很难轻易模仿或复制。京东的物流系统和格力的渠道建设都是企业最核心的竞争力，所以，企业战略最核心的竞争力就是"渠道为王"。

一、文献综述

Huang（2009）等在假设市场需求是价格、市场潜力和渠道转移的线下关系的基础上，构建零售商双渠道模型，研究了双渠道零售商的最优定价。分析了在双寡头垄断下，双渠道零售和纯电子商务零售商的竞争策略[①]。Ernst（2011）等的调查发现，在美国，27%的双渠道采用零售商双渠道模型[②]。

零售商在传统渠道的基础上，开通网络渠道面临着一些问题：线下渠道和线上渠道的价格竞争问题，即二者具有不同的进货渠道，不同的价格定位；需求转移问题，线上渠道依靠网络，所以具有网络的特性（覆盖面广）因此，会发掘潜在的需求。到目前为止，中国的线上渠道价格确实低于线下渠道，即使需求增加了，线下渠道的需求也会发生转移。

Kumar（2016）等研究了开通网络直销渠道后，影响了生产商决策的因数[③]。Park（2013）运用博弈论研究了三种模式下的定价策略和利润分配，发现直销渠道的引入会降低市场价格并扩大市场销量[④]。学者们研究了制造商开设网络直销渠道之后的市场变化，得出制造商开设网络直销渠道后，零售商和制造商在市场上能够达到均衡，同时得出结论，制造商开设直销渠道后供应链的利润会增加[⑤]。Cai（2011）利用帕累托区概念研究了渠道结构和渠道协

---

① Huang W, Swaminathan J M. Introduce of a second channel: Implications for pricing and profits[J]. European Journal of Operational Research，2009，194（1）：258-297.

② Ernst, Young L. Global online retailing: An Ernst and youn special report[J]. 2011：1-142.

③ Kumar N, Ruan R. On manufacturers complementing the traditional retail channel with a direct online channel. Quantitative Marketing and Economics，2006，4（3）：289-323.

④ Park S Y, Keh H T. Modeling hybrid distribution channels: A game-theoretic analysis[J]. Journal of Retailing and Consumer Services，2003，10（3）：155-167.

⑤ Dumrongsiri A, Fan M, Jain A, et al. A supply chain model with direct and retail channels. European Journal of Operational Research，2008，187（3）：691-718.

调对供应商、零售商和整条供应链的影响，得出引进直销渠道能增加零售商和制造商的利润[①]。

Fruchter（2015）等研究表明，零售商利润和购买的可能性受顾客异质性影响，并且引入网络渠道双赢策略[②]。浦徐进（2017）等研究了在双渠道供应链模式和零售商强势情形下，生产商的直销如何影响传统零售渠道、满足何种条件、制造商可以通过直销模式提高自身的利润[③]。李培勤（2016）运用博弈论研究了"一对二"供应链上的强势零售商、弱势零售商和制造商的竞争特性，并得出制造商开辟网络直销渠道的条件[④]。

二、我国零售业发展现状[⑤]

我国零售企业从2011年开始就一直面临着高成本、高竞争、低回报、难扩张等难题，利润低下，业绩下滑，成本却越来越高，在经济增长放缓和网购冲击的背景下，实体零售业更是面临低增速和企业负利润的严峻挑战。

随着互联网和信息技术的发展，网络店铺和电子商务进入休眠期。2015年上半年，主要的零售企业关闭了120家。虽然其他国家的零售业还是呈现普遍增长的趋势，但线下店铺和线上店铺似乎无法融洽，一直在互相争夺利益。

虽然很多专家预测未来电子商务，也就是网络店铺会取代实体店铺，但实体店铺依然屹立不倒，顽强地占据着大量的市场份额。另外，线下实体店铺越来越会选择双渠道营销，这样，线下渠道和线上渠道就会加速发展，越来越多的企业会成为双渠道营销企业。

---

① Cai G G. Channel selection and coordination in dual-channel supply Chains. Journal of Retailing，2011，86（1）：22-36.

② Fruchter G E, Tapiero C S. Dynamic online and offline channel pricing for heterogeneous customers in virtual acceptance. International Game Theory Review，2005，7（2）：137-150.

③ 浦徐进，石琴，凌六一. 直销模式对存在强势零售商零售渠道的影响. 管理科学学报，2007，10（6）：49-56.

④ 李培勤. 电子商务背景下"一对二"供应链的渠道竞争[J]. 工业工程与管理，2016（3）：13-18.

⑤ http：//www.chyxx.com/industry/201603/398159.html

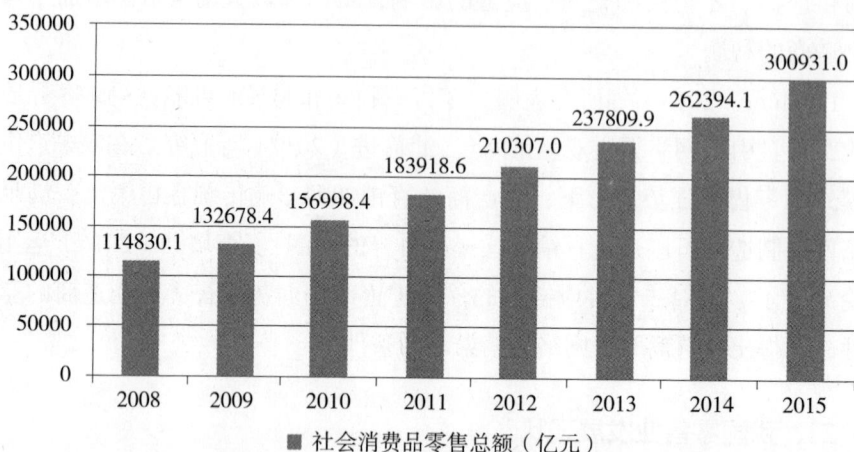

图11-1　2008~2015年中国社会消费品零售总额（单位：亿元）

2010年以来，我国社会消费品零售总额增速呈放缓态势，说明终端消费不景气。2015年，社会消费品零售总额300931亿元，扣除价格因素，实际增长10.70%。

从2009年开始，中国网络零售市场飞速发展，近年来的增速均高于40%。2014年，中国网络零售市场交易规模达到262394.1亿元，同比增长47.80%。根据2015上半年中国网络零售市场交易规模的增速，2015年网络零售市场交易规模为300931亿元，同比增长48.70%。

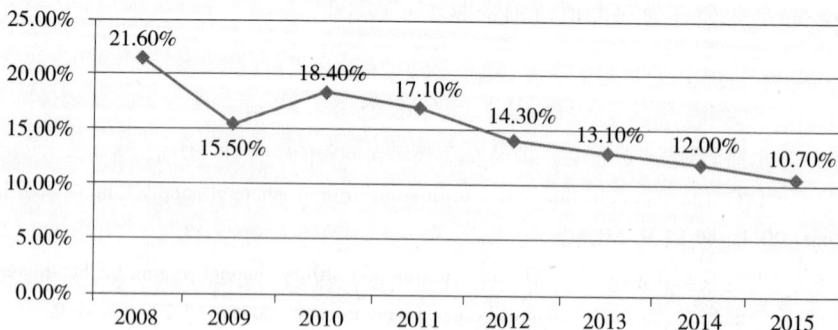

图11-2　2008~2015年我国社会消费品零售总额增速变化趋势（单位：%）

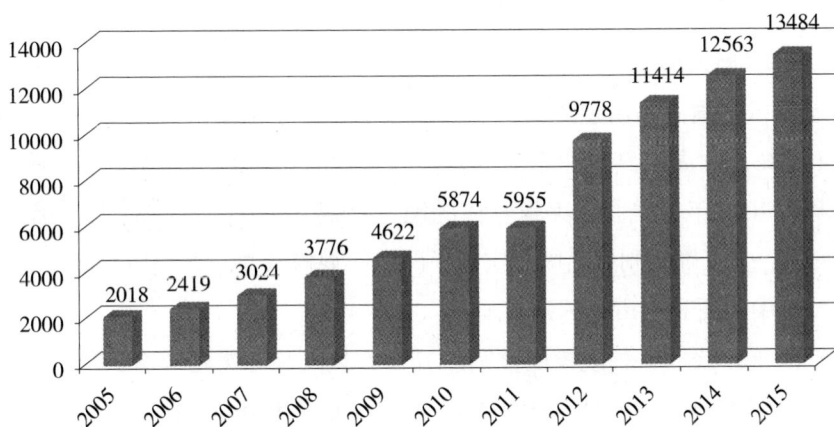

图11-3　2005~2015年限额以上服装鞋帽、针纺织品零售额（单位：亿元）

从我国居民服装消费价格指数来看，2011~2015年均在100%以上，说明居民服装消费呈上升趋势。

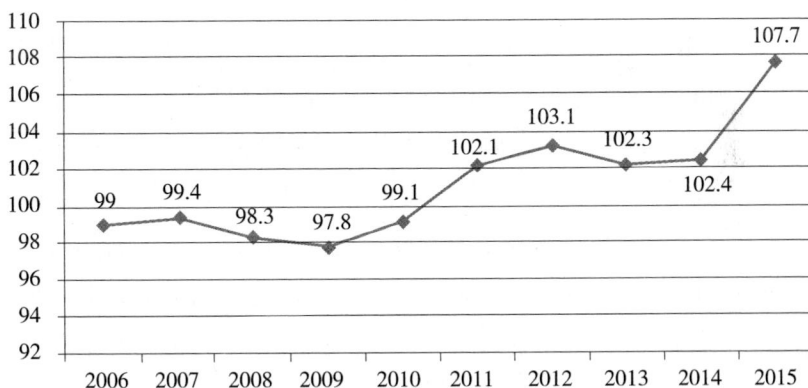

图11-4　2006~2015年中国居民服装消费价格指数（单位：%）

中国产业信息网（http：//www.chyxx.com）发布的《2015~2020年中国零售市场运行态势与投资前景评估报告》中显示：2015年，社会消费品零售总额262394亿元，比上年增长12.0%，扣除价格因素，实际增长10.9%。按经营地统计，城镇消费品零售额226368亿元，增长11.8%；乡村消费品零售额36027亿元，增长12.9%。按消费类型统计，商品零售额234534亿元，增长12.2%；餐饮收入额27860亿元，增长9.7%。

三、零售行业双渠道管理战略

（一）增设便利店

近年，中国便利店逆势增长。数据显示，15家主要代表性企业销售额增速为18.2%，远高出其他业态。同时，新进业者以二三线城市为中心开始加速布局。2017年，便利店渠道整体的网点规模和门店单产都得以大幅提升。7-Eleven、全家等便利店品牌既实现了网点的规模效益，在单店产出上又遥遥领先，是中国便利店市场的领头羊。

近两年开始，各种规模的便利店开始大量实验双渠道整合策略。双渠道的零售市场需要全方位的沟通方式，这就要求便利店运用所有可能的渠道，无论是微信、支付宝，还是线下门店，与购物者建立全方位的沟通与交互。

（二）社区品牌化战略

从现状来看，多数城市的社区商户需要品牌化升级。目前，各城市街区家庭式、夫妻店及个体创业单店居多，即使一些加盟品牌，自身在经营上的积累并不厚实。日本会有一些生存了几十年的老餐饮、老食品及老专卖店永续经营，除国情原因外，更重要的可能是经营的内涵和品质已经足够深厚。我们相信中国的社区商业在未来也将迎来新一轮的品牌升级，从初期、原始、简单、粗放式经营向品牌、品质、健康及科学化经营深入，从而更加贴近顾客。在当下经济新常态、消费升级、电商冲击和移动互联时代，实体商业的传统形态都在寻求转型，寻找新的发展契机，社区商业成了新的肥沃战场。城市零售边缘崛起，出现了"集聚—扩散"的趋势，众多的企业开始"微"化，落位在社区商业化。2017年，社区，这块沃土会引无数企业竞折腰。

（三）融合战略

吸引眼球的线上线下融合事件莫过于京东入股永辉、阿里联姻苏宁。京东入股永辉，使未来有许多想象的空间。永辉庞大的线下资源，是京东从线上到线下最好的落脚点。除了门店数量众多，永辉强大的生鲜采购力量也一直让业内人士羡慕不已。生鲜成为永辉最明显的标志。而生鲜是电商最后一公里最难攻克的堡垒。通过此次合作，京东可轻而易举地获取最直接的经营核心，应是解决了困扰自己许久的问题。

（四）国际化战略

2016年，中国跨境电商进出口额增长至6.5万亿元，年增速超30%。阿里、京东、唯品会等各大电商巨头纷纷重金投入国际化战略。传统企业积极地实施跨境战略。预计未来三年，我国跨境电商交易规模仍将保持20%~30%以上的增速。在政府政策的支持下，各电商和传统零售业龙头纷纷布局跨境业务。在竞争越演越烈的情况下，跨境电商企业不可能什么都做，而会越来越专业化、垂直化。每一家的能力和资源有限，企业必须找到适合自己的生存空间。

（五）资本融合战略

现阶段，资本市场的并购将主要体现为线上大鳄为代表的新型资本对线下有价实体资本的整合并购，线上企业更具时代自信。在未来，资本的拼装、融合、大吃小等现象会更加频繁，资本运作的设计和组织能力将是许多零售集团的基本配备，也会体现企业发展的差别。从资本走向而言，接下来的时代可能是线上线下资本融合的时代，这种合并会强化企业品牌，虽然经营内容可能未有质变，但规模效益会有一定显现。

第十二章　零售业企业双渠道供应链管理研究

供应链管理就是协调企业内外资源来共同满足顾客需求，当我们把供应链上各环节的企业看作一个虚拟企业同盟，而把任何一个企业看作这个虚拟企业同盟中的一个部门时，同盟的内部管理就是供应链管理。只不过，同盟的组成是动态的，根据市场需要随时在发生变化。

供应链是由供应商、制造商、仓库、配送中心和渠道商等构成的物流网络。同一企业可能构成这个网络的不同组成节点，但更多的情况下是由不同的企业构成这个网络中的不同节点。比如，在某个供应链中，同一企业可能既在制造商、仓库节点，又在配送中心节点等占有位置。在分工愈细、专业要求愈高的供应链中，不同节点基本上由不同的企业组成。

一、供应链内涵

供应链根据不同的因素有很多种分类。根据稳定性可以分为稳定供应链和动态供应链，也可以根据供应链中核心企业的不同类型划分、根据供应链管理的不同功能划分、根据范围程度划分。

发展企业供应链的主要目的是：提高顾客满意度、忠诚度，降低公司成本，使企业流程最优化。从整个供应链的角度看，是指供应链上的企业改善上、下游供应链关系，协调内外部的资源，以获得企乃至整个供应链的竞争优势，获得供应链上下游企业的双赢。供应链管理是企业的有效性管理，表现了企业在战略和战术上对企业整个作业流程的优化。供应链管理整合了供应链上各个企业的优势，提高了供应链企业的业务效率，让正确的货物在正确的时间到达正确的地点，送到最正确的顾客手上的同时，降低企业成本，提高顾客满意度。

二、双渠道供应链内涵及模式

双渠道供应链是指线下实体渠道和线上网络渠道同时进行销售，线下渠道是指通过实体店进行产品销售的贸易渠道，线上渠道是指通过网络进行的电子商务贸易活动，所以，由两种渠所构成的供应链系统称之为"双渠道供应链"。一般情况下，双渠道供应链有四种运作模式，生产商负责生产、实体销售和网络销售；零售商负责零售，生产商负责网络直销；零售商负责零售，第三方负责网售（如淘宝网）；零售商负责网售和传统零售。

双渠道供应链是电子商务发展到一定阶段的必然产物。一般认为，双渠道供应链的发展可以分为三个阶段：网络渠道的尝试阶段，一批新兴企业试图将产品和业务流程移植到互联网上，网络销售的优势也逐渐被大家意识到。另外，由于通过网络渠道去中介化，网络销售优势明显，生产商可以消除大量的中间环节，最大限度地获取边际利润。在双渠道融合与共存阶段，对传统销售渠道和网络销售渠道各自的优势和劣势有较客观的认识，主张发挥各自的优势，以弥补另一渠道的缺陷。于是，对于由"供—产—销"企业所构成的供应链来说，除了传统的销售渠道外，网络销售也开展得如火如荼，从而在渠道上呈现出传统渠道和电子渠道共存的双渠道特征。

一般来说，为保障货物提供的速度，电子市场上所提供的产品均为现货，因此，电子市场也被称为现货市场。通过电子市场，企业能够在较短时间内获取到需要的产品或服务，但其价格往往随着市场的行情浮动，很难保证低廉。尽管如此，电子市场的存在还是相当必要，在相对稳定的供应链成员关系之外，电子市场扮演着相当重要的补充角色，尤其对于有生产准备期和销售提前期的行业，电子市场的存在使供应链成员在决策时具有更大的灵活性，也能更好地满足下游的需求，使供应链呈现出传统渠道为主、电子现货市场为辅的双渠道特征。由于电子市场依托于互联网，使双渠道供应链摆脱了时空的限制，可以与全球范围内的企业进行业务交流，双渠道供应链的界限也因此逐渐模糊起来。双渠道供应链有三种运作模式：

（1）零售商负责零售，生产商负责网络直销。

（2）零售商负责零售，第三方负责网售（如京东商城）。

（3）零售商负责网售和传统零售。

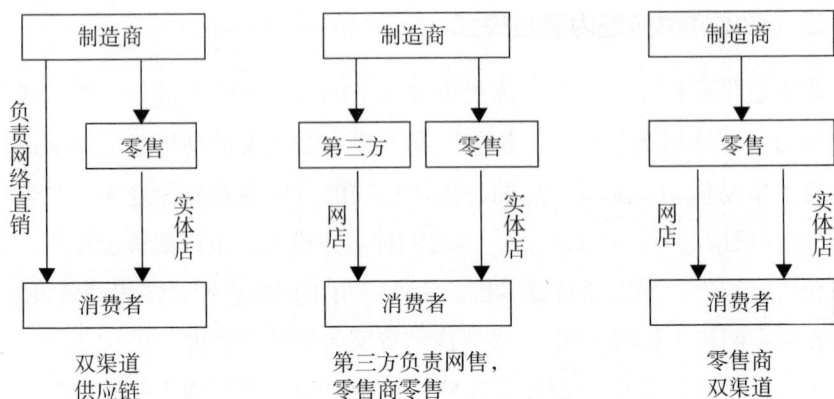

图12-1 双渠道供应链运作模式

（图中文字：制造商、零售、第三方、消费者；负责网络直销、实体店、网店；双渠道供应链；第三方负责网售，零售商零售；零售商双渠道）

三、双渠道供应链顾客偏好

Chiang（2013）等考虑了顾客对网络直销渠道的接收程度，构建了双渠道供应链模型，得出对于生产商而言，即使生产商的直销渠道效率不高，生产商的利润都会增加，提高生产商的决策权。同时，提高直销渠道的效率也能提高生产商和零售商的利润[①]。

Wu（2014）等基于顾客效用理论，研究了信息水平与信息成本呈相关的条件下不同零售商提供不同信息水平时顾客的决策，以及信息搭便车对社会福利和零售商利润的影响，得出信息服务市场竞争的加剧使得零售商提供信息服务的积极性下降[②]。Yao和Liu（2015）基于价格—服务敏感需求的条件研究了双渠道制造商与双渠道零售商的Bertrand竞争和制造商占主导地位的Stackelberg竞争[③]。晏妮娜（2017）等在服务—价格敏感需求条件下，构建了一个Stackelberg主从对策的双渠道协调模型，分别研究了传统单一渠道和拥有电

① Chiang W K, Chhajed D, Hess J D. Direct marketing, indirect profits: A strategic analysis of dual-channel supply chain design.Management Science，2003，49（1）：1-20.

② Wu D，Ray G，Geng X，A whinston. implications ofreduced search cost and free r iding in ecommerce[J] . Mar ket ing Science，2004，2（23）：255- 262.

③ Yao D Q, Liu J J. Competitive pricing of mixed retail and e-tail distribution channels [J]. Omega，2005，33（3）：235-247.

子市场双渠道的集中决策和主从对策这两种情况下的最优的定价决策[①]。罗美玲、李刚和孙林岩（2011）基于顾客效用理论，研究了引入直销增值服务渠道对供应链各方的定价、市场份额和利润的影响。

四、双渠道供应链定价问题

多渠道供应链中的定价机制研究是多渠道供应链研究的主要部分，并且研究得比较多，也比较充分。Weitz（1995）认为，在分销中，企业在各种不同渠道实行同价格策略。Hua G（2016）等假设对电子直销渠道和零售渠道采取等价策略，分析了引入电子直销渠道之后的三种情景模式，并与未引入电子渠道之前各项参数进行对比。王虹（2016）等研究了零售商的风险规避问题。研究表明，制造商的最优批发价格和零售商的最优零售渠道价格随制造商掌握的风险规避度均值的变化而变化[②]。许传永（2016）等分析了制造商进行网络直销，零售商传统零售的两层双渠道供应链的定价问题；在批发价格外生的情况下，得出了直售和零售的价格均衡，同时分析了制造商的定价策略[③]。肖剑（2016）等发现渠道价格和需求受边际服务成本的影响，零售渠道的定价与制造商在电子渠道的服务成本成正相关[④]。王虹（2011）等假设了批发价格和传统零售价格确定的情况下，以及市场需求受价格影响时，制造商在直销渠道上的最优定价和零售商的最优库存量的决策[⑤]。黄松（2011）等研究了广告决策对定价的影响，分析了集中式双渠道供应链的定价与合作广告决策，以及基于Stack-elberg博弈时分散式双渠道供应链的定价与合作广告决

---

① 晏妮娜，黄小原，刘兵. 电子市场环境中供应链双源渠道主从对策模型[J]. 中国管理科学，2007，15（3）：98-102.

② WEBB K L, LAMBE C J.Internal multi-channel conflict: An exploratory investigation and conceptual framework[J]. Industrial Marketing Management，2007，36（1）：29-43.

③ 许传永，苟清龙，周垂日，等. 两层双渠道供应链的定价问题[J]. 系统工程理论与实践，2016，30（10）：1741-1752.

④ 肖剑，但斌，张旭梅. 双渠道供应链中制造商与零售商的服务合作定价策略[J]. 系统工程理论与实践，2016，30（12）：2201-2209.

⑤ 王虹，周晶，孙玉玲. 双渠道供应链的库存与定价策略研究[J]. 工业程，2011（4）：58-62.

策[①]。李海和崔南方（2013）通过博弈建模分析了三种零售价定价模式下供应链成员的价格决策和物流服务水平决策。研究表明，在制造商谈判能力较弱的情况下，制造商统一定价模式是最优模式。在制造商的谈判能力较强的情况下，以直销价格为协商基础的分别定价模式是最优模式[②]。曾敏刚和王旭亮（2013）考虑了直销和传统两个渠道的需求不确定性，同时，建立了制造商主导型双渠道供应链的决策模型。

Mukhopadhyay（2014）研究了电子商务下的退货问题，运用一定的市场反应参数建立了一个利润最大化模型，以获得最佳的价格和退换货政策。通过研究获得了一些管理指引：通过市场和经营策略变量影响市场反应参数，可以从市场中获取最大的利益[③]。

Chen K Y（2008）等研究了渠道之间存在服务竞争的双渠道供应链问题，其中电子渠道的服务水平用前置期来衡量，传统渠道的服务水平用产品的可获取性来衡量[④]。

张菊亮和陈剑利用报童模型（2014）在重新研究报童模型的基础上，研究了使供应链达到协调的内在机制，且提出一个设计供应链合约的一般模型[⑤]。

钟宝嵩（2014）等使用博弈论的方法对最优的合作促销费用投入和定价进行了研究[⑥]。黄祖庆和达庆利（2015）利用博弈论和信息经济学理论和方法，研究了在产品价格固定，需求是随机的情况下，两级供应链激励机制的设立，以及该激励机制的影响，得出该激励机制是有效的。

---

① 黄松，杨超，张曦. 双渠道供应链中定价与合作广告决策模型[J]. 计算机集成制造系统，2011（12）：2683–2692.

② 李海，崔南方. 基于讨价还价能力的双渠道供应链定价模式选择[J]. 计算机应用究，2013，30（8）：2323–2326.

③ Mukhopadhyay S K, Setoputro R. Reverse logistics in e-business: Optimal price and return policy. International Journal of Physical Distribution & Logistics Management，2014，34（1）：70–89.

④ Chen K Y, Kaya M, Ozer O. Dual sales channel management with service competition[J]. Manufacturing &Service Operations Management，2008，10（4）：654–675.

⑤ 张菊亮，陈剑. 销售商的努力影响需求变化的供应链的合约[J]. 中国管理科学，2014，12（4）：50–56.

⑥ 钟宝嵩，李恒，李宏余. 基于供应链的合作促销与定价问题. 中国管理科学，2014，12（3）：69–74.

曲道刚和郭亚军（2008）研究当需求受到销售努力影响时，传统单渠道供应链和混合双渠道供应链的定价和协调问题，并改进了收益共享契约，改进后的收益共享契约能够协调供应链[①]。

陈剑和徐鸿雁（2009）研究制造商如何通过制定产品的价格并设计合适的激励措施来激励销售商努力工作并获取真实的市场信息，进而利用这些信息进行产品的生产决策。

李立和张汉江（2016）采用道格拉斯生产函数形式的需求函数来描述本地广告促销对本地市场需求的影响，运用Stackelberg博弈来描述两者之间的行为机制[②]。

陈树桢（2009）等研究补偿激励下供应链的协调问题，研究表明单独的定价合同不能协调供应链，定价合同的组合能够协调供应链[③]。禹爱民和刘丽红（2012）通过构建随机需求模型研究了生产商和零售商的价格竞争，同时考虑联合促销解决供应链的协调问题。研究表明，价格存在纳什均衡解，网上渠道的最优价格随着零售商促销努力程度的增大而降低[④]。

五、双渠道供应链管理策略

（一）消除供需双方对抗策略

网络技术再先进，也不能代替线下的体验，不能代替服务。目前，传统经销商还是最主要的营销渠道。大多数的顾客还是通过传统市场来购买产品。相对于网络渠道，传统渠道可以提供给顾客面对面与售货员交流的机会，咨询问题能够让顾客亲眼看到和亲手触摸到商品。比之网页上的图片，顾客更乐于购买实实在在体验到的商品。另外，传统渠道有一个优势——即时性。

---

① 曲道刚，郭亚军. 分销商需求与其努力相关时混合渠道供应链协调研究[J]. 中国管理科学，2018，16（3）：89-94.

② 李立，张汉江. 考虑库存的供应链本地促销广告费用分摊模型[J]. 系统工程，2016，28（6）：64-69.

③ 陈树桢，熊中楷，梁喜. 补偿激励下双渠道供应链协调的合同设计[J]. 中国管理科学，2009（1）：64-75.

④ 禹爱民，刘丽文. 随机需求和联合促销下双渠道供应链的竞争与协调[J]. 管理工程学报，2012（1）：151-155.

当某些顾客有紧迫性的需求时，他们希望当天就能收到货物，但目前单一网络渠道还不能够达到此要求。因此，制造商如果盲目地去除中间商，而单纯采用网络渠道进行销售，看似降低了成本，但也有可能失去利润，失去对营销渠道地控制。因此，双渠道可以相互合作，发挥各自的优势，如制造商通过企业的网站宣传企业文化、产品促销动态、新产品发布动态，给传统经销商带来更多的销量。传统经销商充分利用实体门店，让其发挥体验、配送、自提和售后服务功能。制造商将双渠道相互融合，为顾客提供便利、快捷、安全的购物体验。

（二）实施差异化策略

差异化策略就是尽可能将双渠道销售的产品在品种、品质、目标客户定位等方面尽可能差异化。在销售的商品上实现差异化，例如在传统经销店以正价新品为主，网店可以销售限量商品或者带折扣的库存商品。从目标顾客定位上看，网络渠道的目标顾客群可以选择年轻、高学历、经济比较发达地区的顾客，而传统渠道可以选择非城镇居民、西部居民等顾客。另外，传统经销商应该提高服务质量，提供含附加价值高的服务，实施差异化策略是解决冲突最重要的方法。

（三）构建利益分享体系

供应链作为一种共同的组织，其提倡的是供需之间的双赢。供应链上的成员在做决策时应从整个供应链角度来考虑，考虑做出决策将会给其他成员带来影响，应不断进行信息交换与共享，达到供应链成员企业同步化，在保证各方合理利润的基础上，达到各企业竞争力和盈利能力提高的目标，实现双赢。另外，企业在上下游渠道管理时，应构建有效的利益分配体系。根据每个渠道成员在供应链中贡献度权衡利润的分配与让渡。例如，制造商在进行网络渠道销售时，可以采用价格折扣的方式或者销售补偿的形式将利益的一部分让渡给传统经销商，使其有动力完成相应的服务，为供应链的整体利益而努力。这样，才有可能防止渠道中突发生，最终提高整个供应链的竞争优势。

（四）促使经销商职能转变

分销的要义在于货畅其流。这里的"流"主要包含商流、物流、信息流和资金流。网络渠道虽然可以实现商流、资金流的瞬时完成，但商品的售前推广、销售配送及售后服务等方面，仍然需要依赖基于传统经销商的传统渠道。传统经销商不仅掌握着遍布各地的配送中心和销售网点，而且具有与客户交往的丰富经验，这些正是制造商不可或缺的宝贵资源。在网络的发展下，传统的经销商可以转变其职能，例如可以为买卖双方提供交易信息服务，也可从事专业物流服务。

（五）建立供应链战略联盟

供应链上下游企业可以建立供应链联盟来建立渠道忠诚度。通过联盟建立，可以使得分销渠道的多方形成利益共同体，有着共同的发展目标，承担共同的风险。这样不仅有利于加强渠道合作，使得企业优势互补，有限占领新市场，而且有利于提高各渠道成员的忠诚度，当发生利益冲突时，矛盾更容易得到解决。同时，生产商以协作、双赢和沟通为基点来加强对各分销渠道的控制，同时为经销商、顾客提供更具价值的全方位服务，最终确保整体营销战略目标的实现。

第十三章　企业双渠道冲突管理研究

随着互联网快速发展，越来越多的企业不仅通过线下零售渠道分销产品，也通过网络渠道直接向顾客销售产品。企业实施双渠道策略能更好地适应顾客的需求，更加细分市场，甚至个性化定制。另外，企业可以降低成本和增加市场份额，提高市场竞争力，却也面临渠道冲突的问题。渠道商之间的相互竞争有利于生产企业更好地控制渠道，有利于提高渠道经营的控制权。但实际上，渠道冲突很容易破坏传统零售渠道与生产商之间的关系，从而最终使企业遭受损失。因此，企业如何进行渠道管理，化解线下渠道和线上渠道冲突，企业既实施线上渠道，又保持传统零售渠道成员积极性，实现渠道经营管理的共赢是目前企业界和学术界研究的热点。

一、冲突和冲突管理

冲突是指人们由于某种抵触或对立状况而感知到的不一致的差异。Stephen和Frances将冲突定义为：存在于两个或者多个社会实体之间的紧张状态，可以是个人之间或者组织之间的紧张状态，这种状态是因为期望和状态反应不一致而造成的[①]。冲突管理即指在一定的组织中对各种冲突的管理[②]。冲突对于组织并不是负面的，管理者不仅要解决负面的冲突，更要导向正面冲突，促进组织协调发展，达到最终组织目的。我们对管理冲突性质认定是对其认识和采取策略的前提。那么，区分管理冲突的性质是属于积极正面的，还是消极负面的是企业面对冲突管理的关键。只有准确判断管理冲突性质，

---

① Stephen J.Pettit，Dr.Frances Brassington. Principles of Marketing[J]. London：Financial Times/ Prentice Hall，2006：572.

② 百度百科http：//www.baike.com/wiki/%E5%86%B2%E7%AA%81%E7%AE%A1%E7%90%86

真正把握好度，以及科学合理地采取的措施，才能从对积极性质的冲突给以充分肯定和有效利用，而给消极性质的冲突以有效的抑制、减弱和消除，从而达到正确引导冲突，达到企业管理目的。

二、渠道冲突[①]

渠道冲突是渠道管理研究的重点，也是焦点。Selnes（2013）认为营销渠道系统管理中通常包括解决一些冲突的问题，这些冲突是由一个成员认为其他成员阻碍了其实现目标而引起的。Philip Kotler认为渠道冲突是指营销渠道目标因某一个渠道成员的行为而无法达成目的[②]。实际上，渠道冲突是存在于构成渠道成员之间的一种对峙或者不和谐的状态。当其中的一位渠道成员的利益或者立场受到其他渠道成员的威胁时，渠道冲突就产生了。当渠道成员将其上游或者下游的渠道合作者当作对手时，就产生了渠道冲突。

在渠道冲突的类型方面，学者们也进行了研究。Stephen按冲突消解强度不同，将渠道冲突分为公开冲突和非公开冲突。Russell从争论的频率、重要性和强度三个维度将渠道冲突分为：低冲突区、中冲突区和高冲突区。渠道冲突的类型分类是研究者关注的重点，并且提供了不同的视角和思路。关于渠道冲突的各种分类中，本书采用Kotler区分方法，将渠道冲突分为水平渠道冲突、垂直渠道冲突和多渠道冲突。

（一）水平渠道冲突

水平渠道冲突是指营销渠道中同一层级的渠道成员之间产生的冲突。其产生的原因主要是制造商没有合理管理好目标市场的中间商的数量，以及他们的权限，从而使中间商之间产生了利益方矛盾，为追求自身利益最大化，渠道商之间必然会发生冲突，这也是水平渠道冲突的根本原因，所以，作为源头的制造商一定要制定科学合理的渠道管理办法，规范中间商的行为，避免不必要的冲突和矛盾。

[①] 徐敏. 电子商务环境下传统企业营销渠道冲突管理研究.浙江师范大学图书馆，2012.5.

[②] 安妮·T·科兰，埃林·安德森，路易斯·W·斯特恩，等著。营销渠道[M]。北京：中国人民大学出版社，2008.

（二）垂直渠道冲突

垂直渠道冲突是指不同层级的渠道成员在同一个渠道中产生了冲突，相比前一种渠道冲突，这种渠道冲突的存在更为普遍。制造商为了追求自身的利润最大化，为了获得更多的市场份额，会采取自营和分销相结合的方式去进行产品的销售，或者一边通过网络渠道进行直销，一边又通过实体方式进行分销，这从很大程度上会对分销商的经济利益造成伤害。另外一种是由于分销商或者零售商的实力逐渐增强，在渠道权力博弈中，可以拥有更多的话语权，它们会对上游制造商提出更多的要求，从而产生冲突，例如国美和三联电器销售商，在电器市场拥有很大的自主权。

（三）多渠道冲突

随着很多不同类型的营销渠道的出现以及市场个性化定制程度的提高，更多的制造商开始采用多种营销渠道系统。多渠道冲突是指当制造商采用多营销渠道的时候，不同的营销渠道成员为了同一个目标市场所发生的冲突。制造商可以通过鼓励不同渠道员之间的良性竞争，协调它们之间的关系，来避免过度竞争。

三、渠道冲突成因

国外学者对营销渠道冲突的研究认为，渠道成员之间的目标差异是导致渠道冲突的最主要原因，但不同的学者在研究方向有着不同的侧重点。Russell（2008）认为渠道冲突的四个来源是区域的纠纷、目标差异、认知不同、滥用权利。Kotler认为产生渠道冲突的原因可能源于目标不一致、模糊的权力和角色、差异感知、中间商对制造商的依赖。Bert（2009）将渠道冲突的成因归结于以下几种可能：感知差异、期望差别、角色差异、稀缺资源、分决策歧、传播障碍等。

国内学者也对渠道冲突的成因进行了深入研究。冯丽云（2008）把渠道冲突的原因归纳为：任务和权力不明确、目标不一致、期望差异、知觉差异、角色错位、沟通困难及渠道成员间存在的资源稀缺控制[①]。另外，在追求自身利益最大化的激烈竞争中，生产商和中间商很难同心同德，步调一致，往往

---

① 丽云. 现代市场营销学[M]. 北京：经济管理出版社，2008：255.

是各行其是，各自为政①。因此，利益驱动便是造成冲突最根本的原因。李敬（2016）认为渠道冲突的原因很多，如定位不同、角色不同、沟通失败、意识形态差异、理解不同等，但总的来说，渠道冲突的原因可分为内在原因和直接原因。内在原因包括目标不同、任务和权利不明确、市场知觉差异等，直接原因是争占对方资金、价格方面冲突、大客户、分销商经营竞争对手产品、存货、技术服务问题等②。张剑渝从渠道关系的视角认为渠道冲突是渠道关系的内生属性，只要存在渠道关系就会存在冲突，这些冲突源自双方对市场、渠道目标、分销职能、沟通等方面的不同认知。韩燕从本质上将渠道冲突的原因归纳为渠道成员之间既相互依赖又相互矛盾。

通过前人的研究，本书总结出对渠道冲突成因主要归结为三个方面：目标不一致、认知差异、定位差异。

（一）目标不一致

渠道成员之间的目标差异性是客观存在的，这种差异是造成渠道冲突的根本原因。作为渠道成员会为渠道整体目标积极进行配合，这样也是为了减少运营成本，更好提高经济效益。然而，在完成整体渠道目标的过程中，每个渠道成员也有自己的利益驱动和价值衡量，同时也有表达自己不同观点和意见的权力。因为局部利益不同，作为渠道成员又具有平等的话语权，所以，导致成员个体目标与渠道整体目标之间的差别。当渠道成员的个体目标出现矛盾时，渠道冲突就无法避免地发生了。

（二）认知差异

认知差异则是指渠道成员由于价值观和世界观的不同，对待同一事件的态度也不相同，所以，在渠道中发生冲突事件是渠道成员由于认知差异造成的，他们会采取不同的策略和方法进行处置。当渠道成员对于解决成员之间存在的利益矛盾和整体目标不一致的时候，就容易产生渠道冲突。渠道成员对于认知的差异包括对事件的理解、对于决策信息的把握、对渠道未来发展的预期等。

由于信息沟通方面的原因产生的渠道冲突，首先是缺乏及时沟通。企业

---

① 杨春富. 营销渠道管理[M]. 江苏：东南大学出版社，2006：160.

② 张鲁秀. 电子商务背景下企业营销渠道研究[D]. 山东：山东理工大学，2009：34，41.

因无法及时顺畅地与渠道其他成员进行信息交流，引发渠道冲突。其次，信息沟通受到干扰。受到干扰的信息容易产生扭曲和失真，渠道成员接受有差异性的特定信息后做出不科学合理的选择行为，从而引起渠道冲突。

（三）定位差异

定位差异是指渠道成员在确定关于目标客户区分、市场区域划分、渠道分工的界限等问题上存在的差异和矛盾。如若不及时妥善处理这些矛盾和差异容易导致渠道冲突的发生。定位差异包括目标客户的定位差异、市场区域的定位差异、渠道分工的定位差异。

四、渠道冲突管理

国外渠道研究学者一直寻求渠道冲突管理的对策，Russell（2016）提出了界定产品线，以合资形式与渠道成员共同合作，投入更多资金开展进行营销活动，利用佣金和升高提成来完善财务制度[①]。科特勒认为制定统一的渠道目标是渠道管理的好办法，渠道成员共同追求的一直目标达成协议，如是否能够生存、市场份额多少、质量高低或顾客是否满意等达成共识，有助于缓解渠道冲突，有利于渠道管理。当渠道面临外界根据危险的竞争渠道或者顾客需求发生变化等外部威胁时，这类做法是非常行之有效的。Louis W.Stern提出的解决渠道冲突的方法是对渠道冲突最早进行时间控制，避免进一步恶化，造成不可挽回的局面。该方法一般需要完善健全双渠道制度和规范，从而在冲突升级为敌对的状态前将矛盾化解。

国内学者首先从渠道冲突功能性入手，可以产生更多适应渠道环境变革的动力。因为渠道成员的利益最大化以及竞争激烈的市场压迫，渠道冲突是难以避免的。从市场分析来讲，渠道冲突的激烈程度是判断渠道冲突双方实力以及市场发展程度的检验标准。虽然很多冲突是负面的，但关键不在于消除这些冲突，而在于如何更好地管理冲突。

杨春富（2013）将解决渠道冲突的对策分为消极对策和积极对策，并提出了渠道冲突管理需要积极对策沟通、构建长期合作关系、激励、建立联盟。

---

① Stephen J. Pettit, Dr. Frances Brassington. Principles of Marketing[D]. London: Financial Times/ Prentice Hall，2006：572.

消极对策包括：谈判、仲裁、调解、清除替补、退出等。渠道冲突管理的原则包括：确立共同目标、树立系统观念、制定规范制度，加强危机意识。宿春礼等则认为解决渠道冲突应该从对分销商的甄选、建立完备合理的分销制度、加强信息沟通等几个方面入手。

王国才等（2016）提出解决渠道冲突的流程主要包括：定期对渠道成员进行调查，及时地接收渠道成员对问题的反馈信息，进行市场营销渠道审计，评估渠道冲突的影响，根据冲突的类型，保持现状或解决渠道冲突办法。最后到达顾客，分销商是独立于制造商的经济体，双方都以追求自身利益最大化为目标，从而产生了经典的双重边际化问题。

总结国内外学者对渠道冲突管理策略的研究主要是从营销渠道结构、渠道成员的关系、制度规范等方面入手。一般总结为两个方面：一是在冲突出现后，采取某种行为方式来解决冲突，比如回避、迁就、激励等方式；一是在时间上控制冲突，在低层级上控制冲突就能防止其演化升级到更高层次的冲突。另外，通过建立制度化机制来解决冲突是最科学合理的办法，渠道成员通过制度和规范来处理冲突，可以做到有据可依。同时，因为大家都需要遵从规章制度，违反就会受到惩罚，可以提前让渠道成员三思后行，如果违规成本太高就会放弃，避免冲突发生。最后说明分渠道管理者并不是要完全规避所有的冲突，恶性冲突需要加以制止，良性冲突有可能促进渠道健康发展。

五、双渠道冲突

双渠道冲突分为外部渠道冲突和内部渠道冲突。在双渠道环境下，传统零售商会因为同网络渠道争夺顾客而产生冲突。渠道冲突的根源在于渠道成员的彼此依存是同 市场顾客群，网络渠道与传统实体渠道会对同一个顾客群展开竞争，咨询服务和售后服务也会导致顾客选择的重合。顾客可能会先到实体店中询问、尝试，然后再到网上购买。有时，顾客在网上购买产品却向零售商退货，零售商承担了服务顾客的成本，却没有得到销售收入。渠道成员对领域的不同界定也同样会导致渠道冲突。

目前，双渠道营销的企业都是采用传统渠道模式和网络渠道模式，于是企业内部就产生了不同分销渠道模式管理之间的渠道冲突，称之为内部渠道冲突。企业内部的渠道冲突通常源于对企业内部资源的争夺。然而，内部冲突的根本原因仍是不同人员的各种差异，与外部冲突不同在于渠道冲突是内部冲突，而不是企业之间的冲突。

双渠道环境下，企业内部冲突和外部冲突之间会相转换，相互影响。如果不对外部渠道商之间的冲突进行管理，就会导致内部渠道组织问的利益矛盾。同样，如果不对内部组织之间冲突进行有效管理，也会导致外部渠道商之间恶性竞争，导致市场混乱，顾客满意度下降，对渠道绩效造成损害。如何管理企业内外部渠道冲突，化解冲突，使渠道绩效利益最大化，对双渠道运营的企业来说既是机会，又面临着巨大的挑战。

六、企业双渠道冲突策略[①]

（一）4P策略

网络渠道已经成为企业渠道发展的必经之路，但为了避免渠道冲突，企业必须发展整合网络渠道和传统渠道的策略。将网络渠道引入现有渠道组合，关键在于把握渠道成员的利益点，企业通过网络渠道必须进行准确的市场细分，以最快捷方式提供服务来满足目标市场的需求。那么，为了避免双渠道冲突，企业需要在产品、价格、分销、促销上分别注意营销策略，避免冲突加剧。

1. 产品策略

企业通过细分市场来避免传统渠道和网络渠道的冲突，制造商通过禁止网上销售的产品种类在传统渠道销售来安抚传统渠道的经销商。企业通过在线提供的产品类别来减少不必要的渠道冲突。企业通过网络渠道产品使用一个另外的品牌名称区别同线下产品的差异。尽管本质上它与传统渠道销售的产品是相同的，但由于品牌不同，可以减少顾客的直接比较。

制造商关注顾客个性化定制，愿意通过网络渠道满足顾客细分市场的需求，并且通过网络渠道提供顾客需要的产品。另外，一些供应商运用一些销售方法区分线上销售和传统渠道销售的产品。企业还可以通过产品生命周期来规划网络渠道和零售渠道的销售途径，在投入期和成长期，顾客的需求很旺盛，产品的购买者和顾客通常都是那些追求时尚的人群，而他们同样对网

---

① 郭燕，周梅华. 双渠道环境下制造企业渠道冲突管理研究. 商业时代，2011：331–32.

络有偏好，可以通过网络来实现产品的销售。当产品进入成熟期和衰退期后，成本的压力和市场的成熟使销售越来越面向大范围的市场，同时面临的竞争压力也越来越大，这时会将渠道重点转向传统渠道。

制造商可以通过限制在网上销售产品的种类来保持较低水平的渠道冲突。其次，对于网上销售的产品使用一个特别的品牌名称也可保持较低水平的渠道冲突。最后，在产品生命周期中越早开拓网络渠道，企业渠道冲突越小。企业面临着网络渠道和传统渠道并存的局面。双渠道策略的实施引发了企业内部基于管理不同分销渠道模式的渠道冲突。

2. 价格策略

事实证明，价格是引发大部分渠道冲突的重要因素。网上定价是一个非常敏感的关键点。中间商非常在意制造商在网络渠道中的价格，跟踪企业网站上的信息和行动，特别是表现出对价格的关注，所以，制造商应该意识到渠道伙伴会关注其在因特网上的任何举动并迅速做出反应。所以，网上营销商对于他们的定价策略必须特别谨慎。越来越多的制造商认为在线销售的产品价格不低于传统渠道中间商的转卖价格业会保持较低水平的渠道冲突。经销商对于定价策略必须特别谨慎。越来越多的制造商认为，在线销售的产品价格不能低于传统渠道零售商的销售价格。

3. 分销策略

渠道系统必须执行三项基本功能：物流、资金流、信息流。网络渠道在信息沟通和指导交易方面很有可能代替传统渠道。然而，网络不能实现有形物品的物流。值得指出的是，对于数字产品和以电子方式传送的产品比如软件、音乐和报告，网络渠道能够实现全部的功能。何时因特网仅作为沟通的中介为顾客寻找最近的、最可能的产品资源，或者既作为信息中介又作为销售渠道是网络渠道不能实现有形物品的物流。因此，制造商仍然需要渠道伙伴来完成网上的订单。意识到这个局限性，很多制造商让其中间商积极地参与网上订单的物流配送。所以，制造商让其渠道成员来完成网上订单的物流配送，企业会保持较低水平的渠道冲突。

4. 促销策略

促销的实质在于买方和卖方之间的信息沟通。网络渠道的产生给制造商提供了可以直接对终端顾客进行促销的机会，同时，供应商也没有理由不在网站上推广其经销商，鼓励网上顾客使用其他的渠道（Gilbert A，2010）。一些制造商，如3M、GE、IBM，谨慎地操作以不伤害其传统渠道，通过提供详细的、带有搜索引擎的产品信息链接到分销商，但不接受网上订单服务。另外，还有一些企业意识到在网站上推广其经销商的好处，还鼓励经销商在其网站上做自己的广告。总之，制造商仅提供产品信息而不接受订单，企业会保持较低水平的冲突。

（二）双渠道冲突管理策略

通过对渠道冲突类型、渠道冲突模型进行分析，可得出双渠道环境下制造商与传统零售商的共赢管理策略。

首先，按区域进行细分，企业可考虑网络销售的重点是城市市场，而传统渠道则侧重于城镇和农村市场；其次，按照顾客的需求偏好进行细分。在细分市场上，对于偏好通过网络渠道购买的顾客，提供网络渠道服务，对于偏好通过传统零售渠道购买的目标顾客，侧重于传统的零售渠道。

有些供应商运用一些创造性的方法来区分在线销售和通过传统渠道销售的产品。一种方法是对因特网上销售的产品使用其他的品牌名称，减少终端顾客直接比较；另一种方法是考虑在线销售产品的生命周期，在投入期和成长期，通过网络来实现产品销售。当产品进入成熟期和衰退期，引发大部分渠道冲突的双渠道环境下的外部渠道冲突和内部渠道冲突会相互影响，相互转化。在对外部渠道成员进行区隔的同时，还必须在企业内部进行渠道管理组织间的整合。从企业内部着手来管理渠道冲突的可操作性更强，管理者可以采取措施从企业内部来预防冲突的发生，而不只是被动地对已出现的冲突做出反应。双渠道企业可采用以下步骤进行冲突管理：

1. 使用渠道整合目标

渠道成员之间需要共享资源，一起努力，这样才能实现目标。在企业内部，所有渠道管理组织都应以渠道整体绩效作为高级目标，避免为了自身组织的利益相互争夺和恶性竞争。鼓励是实施总体目标具体措施之一。还有一些企业在网站上推广其经销商，鼓励经销商在其网站上做广告。最后，企业必须根据整体绩效对各渠道组织进行激励，即如果网络渠道向传统渠道推荐顾客，网络渠道仍然能够因为整体绩效的提高而得到红利分配。企业采取渠道整合策略，是将渠道中的信息流、物流、商流、资金流进行整合，使各个渠道成员可以更为密切的合作，发挥网络营销渠道和传统营销渠道各自的优势，达到全面合作的局面。企业可以利用网络营销渠道的优势来弥补传统营销渠道不足，促进双方合作。

2. 注重协调关系，加强渠道成员间沟通

沟通是企业管理好渠道成员之间渠道冲突的一个重要方面，可在很大程度上避免渠道中的潜在冲突，并使显性冲突得以快速解决。大量的渠道管理实例表明，有相当一部分渠道冲突源于渠道成员之间因缺乏信息沟通而产生的错觉。加强它们之间的沟通可增进渠道成员之间的了解，消除彼此之间的误会，增加相互之间紧密合作的可能性。对于传统企业来说，加强渠道成员的信息沟通，特别是网络营销渠道成员和传统营销渠道成员之间信息的交流，对于管理电子商务环境下企业所面临的渠道冲突至关重要。企业可以采取以下几个方面的管理策略：

（1）加大渠道成员之间合作

传统企业可以在营销渠道的多个方面和分销商进行合作，如合作制定分销政策，产品定价和促销策略等。这些合作可以使渠道成员对企业的营销渠道相关信息更为了解，并共同参与形成一个相对统一的渠道秩序，大大降低了渠道发生冲突的概率。

在电子商务环境下，企业更要关注网络分销商和传统分销商之间合作，使双方形成紧密的合作关系，尽可能地避免冲突产生。首先，企业可以和网络分销商展开合作，如参与制定相关的渠道政策、市场政策。通过这样的合作，企业对所存在问题、机会以及渠道成员相互之间的关系有了一致的认识，可以更好地制定出使各方利益最优化，有利于营销渠道长远发展的渠道政策。

其次，企业对网络分销商和传统分销商在一些业务相关领域的合作给予政策支持。如网络分销商可以与顾客所在地的传统分销商进行合作，给顾客提供网络销售无法提供的售后服务，如修补、正品验证、退换货（可选，消费者与网络分销商需事先协商，并给予传统分销商一定的费用）等，企业和网络分销商支付传统分销商相应的费用。这样的合作可以有效地协调渠道各方的利益，减少渠道冲突。

最后，网购的顾客可以在传统分销商处享受售后服务，给实体零售店铺带来人气和潜在客户。这样企业不仅提供了更好的顾客体验，无形中提升了顾客满意度和企业的品牌形象，同时网络分销商和企业支付传统分销商一定的费用，减少了网络分销渠道给传统分销商带来的经济损失。

网络营销渠道有着信息沟通及时性的优势，对市场信息的接受更为迅速，传统分销商可以根据网络营销渠道所接受到的产品销售信息、竞争对手信息、顾客需求信息等，开展相应的营销活动，以便在竞争中获利。由于网络营销渠道也具备广泛区域性的特点，所以企业可以利用网络营销渠道，将产品销售于传统营销渠道无法覆盖区域的顾客，避免了网络营销渠道与传统营销渠道在企业网点范围内过度竞争产生的冲突，这同时也促进了企业营销渠道各个成员之间的合作。

首先，网络营销渠道接受了新的顾客，为企业开拓了新的市场，也增加了品牌影响力，同时促进了传统分销商的销售；

其次，企业可以根据某个未覆盖区域顾客的网购数据进行分析，当该地区的销售额达到一定额度时，则可以增加新的传统营销渠道在该区域进行销售。企业也可以利用传统营销渠道的优势，加强传统营销渠道和网络营销渠道之间合作。网络营销渠道存在一个很大的劣势，就是不能跟客户直接接触。企业通过渠道整合，可以让网购顾客所在区域的实体零售店铺帮助网络分销商完成一部分的售后服务，如修补衣服、正品验证等。这类合作会加深渠道双方互相之间了解，一定程度上共享客户资源，也为顾客提供更好的购物体验，从而使整个营销渠道获得价值增值。

另外，企业也可以通过整合营销渠道的物流，让实体经销商承担一部分网络营销渠道物流的任务，不再仅仅依靠第三方物流公司。

（2）渠道信息系统

随着网络信息技术的发展，渠道信息系统的作用越来越明显。传统服装企业注重并应用渠道信息系统，极大增加了渠道相关的信息量，可以使渠道成员不仅仅只关注自身的目标，而是追寻超级目标，达到营销渠道利益的最大化。首先，由于渠道信息系统的应用，信息量大增，沟通也更为方便快捷，渠道成员可以就渠道中存在问题和紧张的关系进行信息交换，减少因为错觉而产生的渠道冲突。其次，渠道信息系统可以帮助企业建立更为精确的渠道营销政策，有效地平衡网络营销渠道和传统营销渠道的利益冲突。如企业应用渠道信息系统将前一年度的销售数据以及相关的营销数据进行量化分析，结合对营销现状的判断，制定出最优的营销策略，如产品网络和零售定价，网络分销商和传统分销商的价格折扣等。并且通过渠道信息系统企业可以及时发现渠道运行中可能存在的问题，并进行分析和控制。

（3）分销商大会

企业需要定期或者不定期地召开分销商大会，增加分销商之间以及分销商对企业的了解。首先，通过分销商大会，网络分销商和传统分销商可以进行沟通交流，并对经营中所遇到双方利益的问题交换意见。其次，企业在分销商大会上关于渠道相关知识的培训使网络分销商和传统分销商对自身以及对方的渠道营销政策有了全面的认知，在面对相关渠道冲突可以更多地从对方的利益进行考虑，相应地减轻了冲突的程度。此外，分销商在大会上畅所欲言，发表各自的意见，有助于企业快速发现营销渠道中所存在的矛盾和冲突并采取相应的措施。

（4）工作人员交换

企业应鼓励公司与分销商进行工作人员的交换，增加互相了解，发现渠道中深层次的冲突。企业可以派出市场部的工作人员到传统分销商处工作一段时间了解传统分销商遇到了网络营销渠道的哪些冲突最为明显，传统分销商的业务员也可以派至企业的电子商务部门进行一段时间的工作，企业的网络营销渠道政策和营销渠道战略目标等有些不同角度的认识。同样，网络分销商处也可以派出业务人员去企业相应的工作岗位工作一段时间，如网络分销商的业务人员承担传统企业的电子商务相关工作。这些人员的互换会加深渠道各方的沟通，增加彼此的信任，将一部分渠道冲突消灭在无形之中。

3. 建立网络分销联盟

渠道协调是对渠道行为的同步化与整合。企业需要同时选择网络营销渠道和传统营销渠道才能使渠道的利益最大化。在渠道关系管理理论中，产销战略联盟被认为是解决渠道冲突的一个非常高效的方法。产销战略联盟，即从企业的战略层面出发，传统企业和网络分销商、传统经销商等渠道成员之间通过签署协议的形式，形成利益共同体，并遵照共同协商的渠道营销策略和政策一起开发市场并承担相应的风险及市场责任，共享经济利益。因此，建立产销战略联盟会使渠道成员会更关注企业的长远目标，规范其渠道行为，更好地解决彼此之间发生的冲突。

传统企业在电子商务的环境下，可以与网络分销商建立网络分销联盟，当企业在服装网络市场遇到强劲的竞争对手，企业和网络分销商会为了他们共同的战略目标而展开紧密合作。威胁会导致渠道冲突变得更加激烈，对渠道运行起破坏性作用，而渠道成员间的紧密合作会战胜威胁，使原本愈发激烈的渠道冲突得以缓和或消除。

另外，传统企业与网络分销商建立网络分销联盟也可以使网络分销商深刻了解企业渠道政策和目标，这其中也包括企业传统营销渠道的相关信息。网络分销商对传统营销渠道相关信息的了解，使其在采取渠道行为，面对与传统分销商竞争关系的时候，更多地考虑双方的利益，而不是仅仅从自身利益出发。

4. 建立渠道成员关系规范

传统企业不仅需要通过设计和制定相关的营销渠道政策进行冲突管理，也可以通过指导网络分销商、传统分销商管理其所处的关系，从而形成渠道关系规范，有利于预防和消除营销渠道中存在冲突。共同的期望通常包括：最快地适应电子商务环境，减少由此产生的谈判成本；最大化地进行渠道成员信息共享；相互团结，追求一致的利益等。随着时间不断推移，这些关系规范则会发展成企业营销渠道的一种关系职能。因为关系具有整体效应，企业可以通过建立营销渠道的强文化，使网络分销商和传统分销商在处理所面临关系时有着高水平的关系规范，而这种高水平的关系规范在渠道冲突管理中可以起到强有力的作用。

5. 成立渠道管理组织

传统企业通过传统营销渠道与网络营销渠道来开展电子商务环境下的营销活动，每个营销渠道成员都有其专业化分工。为了使各渠道成员之间有更好的分工协作，同时尽可能地管理好渠道冲突，企业需要建立其与网络分销商、传统分销商之间的渠道管理组织。建立渠道管理组织的作用是用以高效专业地处理渠道冲突，从而使渠道冲突得到快速响应并及时的解决，减少渠道冲突带来的负面影响。同时，渠道管理组织通过不定期的信息沟通机制，更新渠道相关信息，使渠道各成员对彼此以及与企业之间关系的认识趋于理性，有利于消除和解决渠道冲突。除此之外，该组织作为一个由渠道各成员和专家组成，具有一定权威性的专业组织，对已经爆发的渠道冲突进行调解与仲裁，解决冲突问题，均衡各成员的渠道控制权。

第十四章　研究结论、管理建议与展望

本章将对整个研究做一个全面总结，概括本书主要研究结论和重要管理启示，指出本书研究的局限性，并对今后的研究方向提出建议。

一、研究结论

本书总结出的研究结论如下：

第一，归纳出双渠道顾客消费行为形成机理并构建购物决策过程模型。

双渠道顾客进行消费时同样依据的是利益最大化原则，即以最小的成本换取最有价值的产品。根据前人的研究，可以推出双渠道消费行为是顾客主动选择特定渠道和服务方式的过程，也就是基于"交易交换"的基础，顾客进行的渠道选择行为。另外，随着交易的达成，顾客与企业之间会产生互动，同时就形成了顾客基于"关系交换"的基础进行的渠道保留行为。所以，双渠道顾客消费行为就是以交换为主线，贯穿整个过程，同时交换的过程就是顾客进行交易权衡的过程，权衡的基础就是价值。因此，笔者从交换、交易成本、顾客价值三个方面阐述双渠道顾客消费行为形成的机理。因为消费行为本身就是一个过程，因此，笔者构建的双渠道顾客购物决策过程模型就是包括选择、渠道评价及渠道保留在内的消费行为。

第二，将双渠道顾客选择的影响因素划分为四个维度，即顾客因素、渠道因素、产品因素和情景因素，并在实证中得到支持。

尽管学术界关于影响顾客渠道选择因素的研究不少，但都没有经过实证验证，本书将影响因素划分为四个维度，并进行了实证验证，只有网络摄入程度对信息搜寻选择没有显著影响，其他假设都得到了显著支持或者部分支持。这说明本书提出的渠道选择影响因素的构成维度是科学的。

第三，信息搜寻选择对购买选择有一定影响，并进行了实证验证。

信息搜寻选择对购买选择有影响，但并不显著。这说明顾客在购物过程中，搜寻信息和购买两种行为是既相关又分离的，同时验证Strieber et al.（2014）的观念：在信息搜索阶段，顾客倾向于使用多种渠道获取信息。这也说明不同渠道在搜索阶段存在替代效应。同时，也能够验证双渠道顾客的选择行为，就是顾客在交换时依据利益最大化原则，要经历对交易成本的衡量过程。

第四，购买选择对顾客价值的效用价值和体验价值都有显著影响，但是信息搜寻选择对体验价值没有任何影响，并通过了实证的研究。

购买选择的确直接影响顾客的效用价值和体验价值，直接说明双渠道购物的确能够带来更多的顾客价值。双渠道信息搜寻选择更能给顾客提供一定的效用价值，肯定了前人的研究：网络渠道相对于传统渠道在产品信息展示方面具有前所未有的优势，网络渠道正成为一种替代渠道。但本研究的信息搜寻选择对体验价值没什么影响，这可能同本研究选择的样本人群的网络掌握技术有关（拥有大学本科学历者达到83%），也就是当网络信息搜寻行为成为样本人群购物信息搜寻的主要方式时，就淡化了顾客的体验价值。

第五，从顾客视角衡量渠道绩效，并设计测量指标，并进行了实证研究。

关于顾客视角的渠道绩效研究一直没有人进行过实证研究，本书构建顾客满意的三个维度，即产品满意、服务满意和深层次满意，并分别设计它们的测量构面，作为渠道绩效评价指标对双渠道和单渠道绩效进行评价，得出了比较满意的评价等级。

第六，人口统计特征不同，特别是年龄不同，导致对渠道绩效衡量标准不同。

由于双渠道顾客主要集中于20~30岁之间，占到双渠道顾客调查总数的93.8%他们熟悉网络，善于上网购物，能够游刃有余地穿梭于双渠道进行消费行为，所以，他们对渠道的标准要求比较高，特别是对深层次需求的满意要求比较高；而单渠道顾客的购买人群主要集中在40岁以上，占到单渠道顾客调查总人数的65%，他们没有网络购物经验，所以，从顾客视角对渠道的评价主要依据自身的购物经验对比。

第七，构建顾客满意的构成维度，并设计出三个维度的构面，作为顾客视角的渠道绩效评价的指标，并经过实证验证。

本书构建了顾客满意的三个维度，即产品满意、服务满意和深层次需求满意，并设计出它们的构面。产品满意包括产品质量和产品价格；服务满意包括便利性、专业化、态度和效率；深层次需求满意包括信息沟通、定制化、成就感和尊重感。

无论双渠道顾客，还是单渠道顾客，对产品质量的满意度都不错，但对于服务方面的满意度差异较大。双渠道顾客对服务的便利性、服务的专业化和服务效率的满意度远远高于单渠道顾客，这说明，双渠道在服务方面的优越性。服务人员的信息沟通能力方面，双渠道更能让顾客感到满意，即双渠道方式获取的信息数量和质量毕竟要大于单渠道方式，但对实现顾客的特殊要求、顾客感受到的成就感和受尊重感，单渠道顾客要高于双渠道顾客。出现这种现象的原因可能是由于调查人群的人口特征不同，特别是年龄层次不同导致的评判标准不一样。例如大于40岁的单渠道顾客，他们的评判标准是以前的购物经验，甚至还有计划经济时期的购物经验，相对而言，这些顾客购物时明显感觉比以前受到尊重，成就感更高，个性化需求也能够得以实现。因此，单渠道顾客的深层次需求满意度比双渠道顾客要高一些。双渠道顾客人群多集中在20~40岁之间，受过良好教育，更懂得维护自身权益，所以，对深层次需求的标准要高一些，对成就感、尊重感和个性化需求满意度很低。

第八，由于互联网的冲击，本书深入研究顾客的消费模式的改变，全球消费模式会出现趋同方向，高科技会改变人们的消费模式，所以，从单一渠道消费模式逐步转向多渠道消费模式是大势所趋。

第九，双渠道的消费风险要大于单一渠道风险。在传统购物渠道中，个体动机、人格特质均对风险认知具有影响。互联网的快速发展使得网络渠道的支付风险、产品质量风险更大，不仅给顾客带来重大的经济损失，也给顾客本身带来风险，所以，分析消费风险，特别是在网络消费情景下对购物过程中风险的认知和规避是十分重要的。

二、管理启示

本书进行的双渠道顾客消费行为研究给双渠道建设的企业和管理者提供了有益的启示和指导。

第一，深入了解双渠道顾客的消费特性，结合企业实际，有的放矢地进行渠道建设。

双渠道顾客不是店铺顾客和网络顾客简单的叠加，他们既具有传统店铺顾客的保守和理性，也有网络客户的与时俱进，善于创新，他们的消费特性是复杂而极具当今消费主流人群特征的。从双渠道顾客的渠道选择实证研究和渠道绩效评价行为实证研究，可得出人口特征对顾客购物的渠道选择和渠道评价具有很大影响。双渠道顾客主要集中于20~40岁之间，占到双渠道顾客调查总数的93.8%，他们熟悉网络，善于上网购物，能够游刃有余地穿梭双渠道获取最大化的购物收益，并进行渠道选择行为和渠道评价行为。最重要的是，双渠道顾客维的权意识很强，对产品质量和服务态度要求高，并且善于把技术转化成消费手段、维权手段和沟通手段，所以，企业在进行双渠道建设的时候，一定要深入了解双渠道顾客的消费特性，结合企业的实际，有的放矢地进行渠道建设，不要盲目求大求全追求网络渠道建设，售后服务和网络技术平台都没有跟上，反而得不偿失。

第二，科学结合CRM和e-CRM，提高顾客满意度和信任度。

客户关系管理（CRM）是企业透过各种相关机制建立与利益相关者，尤其是与顾客间长期且稳固的需求与供应关系，以寻求经济利益和社会利益的最大化。在CRM中，网络只是企业联系和管理客户的技术手段，但随着网购人群的与日俱增，企业也非常重视网络客户的关系。治理与建立双渠道销售的企业应该科学结合CRM和e-CRM管理经验，总结出双渠道顾客关系管理机制。通过本书的两个实证研究可以得出，双渠道顾客是一群成熟、理性的消费人群，他们不会盲目追求高科技，技术只是为他们服务的手段，他们会选择适合自己的购物方式，通过网络进行信息搜寻，相机而动地选择购物渠道。企业只有真正了解双渠道顾客消费特性，与顾客发展长期的互惠联系，改善客户的关系质量，在产品和服务上全面提升顾客对企业的满意度和信任，帮助顾客实现价值最大化，才能最终建立和维持顾客的忠诚度。

第三，双渠道建设和发展应当是企业发展的长久大计。

随着网购人群数量突飞猛进的递增，很多网购平台，特别是团购平台，如雨后春笋般冒起，都在提示企业，真正的、大规模的网络购物时代已经来临。企业如何在现有传统店铺渠道的基础上，有效建设网络渠道已经是迫在眉睫需要考虑的发展战略。无论如何，双渠道建设和发展应当成为企业发展的长久大计。

第四，双渠道战略对企业的发展具有更大的潜力。

双渠道管理战略包括社区品牌化战略、融合战略、国际化战略、资本融合战略。

在当下经济新常态、消费升级、电商冲击和移动互联时代，实体商业的传统形态都在寻求转型，寻找新的发展契机，社区商业成了新的肥沃战场。城市零售边缘崛起，出现了"集聚—扩散"的趋势，众多的企业开始"微"化，落位在社区商业化，所以，企业要重视社区市场，重视社区品牌化战略。

在政府政策的支持下，各电商和传统零售业龙头纷纷布局跨境业务。在竞争越演越烈的情况下，跨境电商企业不可能什么都做，而会越来越专业化、垂直化。每一家的能力和资源有限，企业必须找到适合自己的生存空间，制定出适合本企业的国际化战略。

从资本走向而言，接下来的时代可能是线上线下资本融合的时代，这种合并会强化企业品牌，虽然经营内容可能未有质变，但规模效益会有一定显现，所以企业应当重视资本融合战略。

第五，双渠道供应链是电子商务发展到一定阶段的必然产物。

双渠道供应链是指线下实体渠道和线上网络渠道同时销售。线下渠道是指通过实体店进行产品销售的贸易渠道，线上渠道是指通过网络进行的电子商务贸易活动，所以，由两种渠所构成的供应链系统称之为双渠道供应链。一般情况下，双渠道供应链有四种运作模式：生产商负责生产，实体销售和网络销售；零售商负责零售，生产商负责网络直销；零售商负责零售，第三方负责网售（如淘宝网）；零售商负责网售和传统零售。

双渠道供应链是电子商务发展到一定阶段的必然产物。一般认为双渠道供应链的发展可以分为三个阶段：网络渠道尝试阶段，一批新兴企业尝试将产品和业务流程移植到互联网上，网络销售的优势也逐渐被大家意识到。另外，由于通过网络渠道去中介化，网络销售优势明显，生产商可以消除大量的中间环节，最大限度地获取边际利润。在双渠道融合与共存阶段，对传统销售渠道和网络销售渠道各自的优势和劣势有较客观的认识，主张发挥各自的优势，以弥补另一渠道的缺陷。于是，对于由"供—产—销"企业所构成的供应链来说，除了传统的销售渠道外，网络销售也开展得如火如荼，从而在渠道上呈现出传统渠道和电子渠道共存的双渠道特征。双渠道供应链管理策略：消除供需双方对抗策略，实施差异化策略；构建利益分享体系；促使经销商职能转变；建立供应链战略联盟。

第六，渠道冲突模型进行分析，可以得出双渠道环境下制造商与传统零售商的共赢管理策略。

按区域进行细分，企业可考虑网络销售的重点是城市市场，而传统渠道则侧重于城镇和农村市场；其次，按照顾客的需求偏好进行细分。在细分市场上，对于偏好通过网络渠道购买的顾客，提供网络渠道服务；对于偏好通过传统零售渠道购买的目标顾客，侧重于传统的零售渠道。

从企业内部着手来管理渠道冲突的可操作性更强，管理者可采取措施从企业内部来预防冲突的发生，而不只是被动地对已经出现的冲突做出反应。双渠道企业可以采用以下步骤进行冲突管理：使用渠道整合目标；注重协调关系，加强渠道成员间沟通；建立网络分销联盟；建立渠道成员关系规范；成立渠道管理组织。

三、研究局限性和展望

本书依据研究目的，遵循科学的研究范式，在文献回顾的基础上，结合相关理论，进行实证研究。研究的大多数内容都得到了实证的支持，基本达到了预期的研究目标。但由于关于双渠道消费行为的文献较少，且限于本人能力和科研条件的限制，本研究也存在一些局限性和不足，需要进一步改善，主要表现为：

（一）样本选择

根据研究内容，笔者对于样本的选择进行了严格的限定，并采取纸质问卷随机发放和电子问卷发放两种方式收集数据。调研样本总体上与当前我国网民的特征基本一致，但也存在一定的局限性。

在渠道选择行为研究中，问卷主要表现在样本的高学历现象较为明显。原因在于发放问卷时考虑到有收入来源、具备一定购买实力的人群作为主要调研对象，所以本研究以一部分MBA学生、博士生和研究生作为调研对象，再就是高学历人群对于网络问卷的参与度比较高。但这与当前我国网民低学历化的趋势不符，这将会降低研究的效度，从而使研究结论的说服力减弱。

将来的研究可以使样本的选择与网民各方面的特征尽量吻合，以使样本具有代表性，从而使研究的结论更具说服力。在渠道评价行为研究中，问卷数量较少，虽然得到了一定的研究成果，但还可以继续增大样本的数量进行研究。

（二）研究产品

本书研究主要考虑顾客在渠道中的消费行为，因此，在产品上进行了界定，也就是只考虑同一品牌、同一质量的相同产品在两个渠道中的转换过程，没有过多考虑产品差异性对双渠道顾客消费行为的影响。特别是在第五章渠道绩效研究中，特别界定了高标准化的搜索型产品作为研究产品，并没有对其他类型的产品进行分析，这也是需要进一步研究的地方。

（三）变量维度和测量指标

由于对双渠道顾客消费行为的研究很少，所以，在研究中的变量维度基本处于探索阶段，虽得到实证的支持，但还需要进一步的研究。比如，渠道选择影响因素的四个维度，以及四个维度的构面都需要进一步完善。另外，顾客渠道绩效的评价指标、定性指标太多，还需要进一步开发定量指标。

（四）渠道保留的实证研究

双渠道顾客的消费行为主要包括渠道选择行为、渠道评价行为和渠道保留行为，并且构建了三个理论模型，但由于时间和条件的关系，本书只进行了渠道选择和渠道评价两种行为的实证研究。笔者今后需要继续进行渠道保留的实证研究，进一步完善双渠道顾客消费行为研究。

附录Ⅰ：双渠道顾客购物选择调查问卷

尊敬的女士/先生，您好！

万分感谢您在百忙之中接受我们的问卷调查。您所提供的信息对我们的研究很有价值。本次调查是为了研究双渠道环境下，顾客选择网络渠道进行购物行为。请您根据实际情况填写本问卷内容，您的所有信息仅仅用于本次学术研究，将被完全保密，敬请放心填写！在此，感谢您的鼎力支持！

谢谢您的合作和付出宝贵的时间。祝您身体健康，工作愉快！

一、请问您在什么情况下进行购物会选择网络渠道？请您在对应的选项上打√。

序号	问项	非常不同意	不同意	一般	同意	非常同意
A1	更好获得商品信息，更好与人交流心得	1	2	3	4	5
A2	更不想被人打扰	1	2	3	4	5
A3	精神放松的进行购物过程	1	2	3	4	5
A4	购物过程更方便	1	2	3	4	5
A5	会达到我的预期水平	1	2	3	4	5
A6	不会带来金钱损失的购物过程	1	2	3	4	5
A7	要退货、换货或质量不好时，不会遭到别人嘲笑	1	2	3	4	5
A8	不满意的时候，不会烦躁不安	1	2	3	4	5

二、请根据实际情况在相应的数字上打√。

A9	您接触网络的时间	①1年以下	②1~3年	③3~4年	④4~5年	⑤5年以上
A10	您的网络渠道经验	①1年以下	②1~3年	③3~4年	④4~5年	⑤5年以上
A11	您平均每次上网时间	①1小时以下	②1~2小时	③2~3小时	④3~4小时	⑤4小时以上
A12	您使用因特网的频率	①一周以上	②三天至一周一次	③三天一次	④两天一次	⑤一天两次以上

三、在下列什么条件下，您会选择网络渠道进行购物？请在相应的数字上打√。

序号	问项	非常不同意	不同意	一般	同意	非常同意
B1	天气不好时会选择网络渠道	1	2	3	4	5
B2	交通拥挤时会选择网络渠道	1	2	3	4	5
B3	距离购物商店远时会选择网络渠道	1	2	3	4	5
B4	放假的时候会选择网络渠道	1	2	3	4	5
B5	隔上一段时间就会选择网络渠道	1	2	3	4	5
B6	时间紧张的时候选择网络渠道	1	2	3	4	5

四、什么样的产品会影响您选择网络渠道进行购物行为？请在相应的数字上打√。

序号	问项	非常不同意	不同意	一般	同意	非常同意
C1	价格高的产品会选择网络渠道	1	2	3	4	5
C2	标准化程度高的产品会选择网络渠道	1	2	3	4	5
C3	体验性产品（如衣服）会选择网络渠道	1	2	3	4	5
C4	搜索性产品（书、CD）会选择网络渠道	1	2	3	4	5
C5	品牌知名度高的产品会选择网络渠道	1	2	3	4	5
C6	广告多的产品会选择网络渠道	1	2	3	4	5

五、通过网络渠道购物有哪些益处？请在相应的数字上打√。

序号	问项	非常不同意	不同意	一般	同意	非常同意
D1	网络渠道更能获得满意的服务	1	2	3	4	5
D2	网络渠道更随时随地，得心应手	1	2	3	4	5
D3	网络渠道风险性低	1	2	3	4	5
D4	网络渠道更少花费时间、精力	1	2	3	4	5

六、请问您喜欢网络渠道进行购物行为吗？请您在对应的选项上打√。

序号	问项	非常不同意	不同意	一般	同意	非常同意
E1	喜欢上网搜寻相关商品的信息	1	2	3	4	5
E2	当想搜寻某一商品信息时，优先考虑因特网	1	2	3	4	5
E3	会把因特网当作搜寻商品信息的首选	1	2	3	4	5

序号	问项	非常不同意	不同意	一般	同意	非常同意
E4	通过网络搜寻商品信息也喜欢通过网络方式购买	1	2	3	4	5
F1	喜欢上网购买相关商品	1	2	3	4	5
F2	当想购买某一商品时，优先考虑因特网	1	2	3	4	5
F3	会把网络渠道当作购买商品的首选	1	2	3	4	5

七、请问您为什么喜欢网络渠道？请您在对应的选项上打√。

序号	问项	非常不同意	不同意	一般	同意	非常同意
G1	从经济角度考虑，通过网络渠道购物非常划算	1	2	3	4	5
G2	网络上购买的商品价格合理	1	2	3	4	5
G3	总的来讲，网络渠道能够得到优良的服务	1	2	3	4	5
H1	我在网上购物经历愉快	1	2	3	4	5
H2	网上购物为我带来良好的心情	1	2	3	4	5
H3	总之，我认为网络渠道是种享乐	1	2	3	4	5

五、您的基本情况

1. 您的性别：

　　□男　　　□女

2. 您的年龄：

　　□18岁以下　□18~24岁　□25~30岁　□31~35岁　□36~40岁

　　□41~50岁　□51~60岁　□60岁以上

3. 您的婚姻状况：

　　□已婚　　　□未婚

4. 您的职业：

　　□教师　□学生　□企事业单位人员　□机关工作人员

　　□专业技术人员　□个体户□商业、服务业人员　□其他

5. 您的教育程度：

　　□高中或高中以下（含中专）□大学专科　□大学本科

　　□硕士　□博士

6. 您的月收入：

   □无收入　□1000元以下　□1001~2000元　□2001~3000元

   □3001~4000元　□4001~5000元　□5001元以上

7. 您对因特网的熟悉程度：

   □很熟悉　□熟悉　□有点熟悉　□一般　□有点不太熟悉

   □不熟悉　□很不熟悉

8. 您经常的购物网站属于哪种类型（可多选）：

   □网站商城，如新浪、网易、雅虎等门户网站上的商城

   □专业销售网站，如专门经营旅游产品的、家具产品的、金银首饰的网站

   □网上超市，网上直接销售各类产品作为赢利模式的网站，像亚马逊、
   当当网

   □专业的B2C或C2C购物平台，如易趣、淘宝等购物网站平台

   □其他类型的购物网站，如校园BBS、个人网站等。

9. 您经常购买哪些产品或服务（可多选）：

   □书刊　□电脑及相关产品　□音像器材及制品　□照相器材

   □家电产品　□服装　□体育用品　□生活、家居用品及服务

   □医疗保健品及服务　□礼品服务　□金融、保险服务

   □教育学习服务　□票务服务　□旅店预订服务　□食品

   □办公用品　□化妆及首饰用品　□其他

附录Ⅱ：双渠道顾客渠道绩效评价调查问卷

尊敬的女士/先生，您好！

万分感谢您在百忙之中接受我们的问卷调查。您所提供的信息对我们的研究很有价值。本次调查是为了研究通过不同的渠道（网络渠道或者店铺渠道），您获得产品的满意度。请您根据实际情况填写本问卷内容，您的所有信息仅仅用于本次学术研究，将被完全保密，敬请放心填写！在此感谢您的鼎力支持！

谢谢您的合作和付出宝贵的时间。祝您身体健康，工作愉快！

解读：

店铺渠道：您通过商场、超市、专卖店、杂货铺等方式购买产品。

网络渠道：您通过互联网，比如淘宝网、易趣网、亚马逊、企业销售网站等方式购买产品。

一、请问您是通过网络渠道和店铺渠道都购买过以下哪种产品？

□书刊　□电脑及相关产品　□音像器材及制品　□照相器材　□没有

二、您认为购买产品时，您认为以下三个方面的能力哪个更重要？请按其重要性用数字1~5表示，5为最重要，1为最不重要，数字越小越不重要。

A：产品满意（产品本身）：＿＿＿＿＿＿

B：服务满意（购买产品过程获得的服务）：＿＿＿＿＿＿

C：心理满意（获得更多的快乐、成就感和尊重）：＿＿＿＿＿＿

三、您在最近三个月时期，印象最深刻一次购物产品过程中，对以下方面的满意度，请您在对应的选项上打√

指标＼评价	非常满意	比较满意	一般	不太满意	很不满意
产品质量					
产品价格					
服务便利性					

评价 指标	非常 满意	比较 满意	一般	不太 满意	很不 满意
服务专业化					
服务态度					
服务效率					
对方信息沟通的能力					
对产品或服务的特殊要求能够实现					
成就感					
被尊重感					

四、请回答下面问题

1. 请问最近一年中，您购买产品，因为质量问题要求卖家退货的次数足_____

2. 请问最近一年中，您因为对方的服务不好，引起争执的次数是_____

五、您的基本情况

1. 您的性别：

　　□男　　　□女

2. 您的年龄：

　　□18岁以下　　□18~24岁　　□25~30岁　　□31~35岁　　□36~40岁

　　□41~50岁　　□51~60岁　　□60岁以上

3. 您的婚姻状况：

　　□已婚　　　□未婚

4. 您的职业：

　　□教师　　□学生　　□企事业单位人员　　□机关工作人员

　　□专业技术人员　　□个体户□商业、服务业人员　　□其他

5. 您的教育程度：

　　□高中或高中以下（含中专）　　□大学专科　　□大学本科

　　□硕士　　□博士

6. 您的月收入：

　　□无收入　　□1000元以下　　□1001~2000元　　□2001~3000元

　　□3001~4000元　　□4001~5000元　　□5001元以上

参考文献

[1] A., Khalifa. Customer Value: A Review of Recent Literature and an Intergrative Configuration [J]. Management Decision, 2014, 42 (5): 645-666.

[2] A., Zeithaml, V. A., Malhotra, A. E-S-QUAL: a multiple-item scale for assessing electronic service quality [J]. Journal of Service Research, 2015, 7 (3): 213-233.

[3] Achrol. Ravi S., Torger Reve and Louis W Stern. "The Environmet of Marketing Channel Dyads: A framework for comparative Analysis" [J]. Journal of Marketing, 1983, 47 (Fall): 55-67

[4] Addis, M.Holbrook, M. B. On the Conceptual Link Between Mass Custom er and Experiential Consumption: an Explosion of Subjectivity [J]. Journal of Consumer Behaviour. 2011, 1 (1): 50-66.

[5] Agarwal, S., Teas, R. K. Perceived Value: Mediating Role of Perceived Risk [J]. Journal of Marketing Theory & Practice, 2011, 9 (4): 1-14.

[6] Albesa, J. G. Interaction channel choice in a multichannel environment: an empirical study [J]. International Journal of Bank Marketing, 2007, 25 (7): 490-506.

[7] M. Factors Influencing Intentions and the Intention-Behavior Relation [J]. Human Relations, 2003, 27 (1): 1-15.

[8] Ajzen, I. The Theory of Planned Behavior [J]. Organizational Behavior & Human Decision Processes, 2001, 50 (2): 179-211.

[9] Amy Wong, Amrik Sohal, Customers' Perspectives on Service Quality and Relationship Quality in Retail, Managing Service Quality. ABI/INFORM Global, 2002, 12 (6): 424-434.

[10] Anderson, R. E., Srinivasan, S. E-Satisfaction and E-loyalty: A

Contingency Framework [J]. Psycholog & Marketing, 2013, 20（2）: 123–138.

[11] Ansari, A., Mela, C. F.Neslin, S. A. Customer Channel Migration. Journal of Marketing Research（JMR）, 2008, 45（1）: 60–76.

[12] Arrow, K. J Economics Welfare and the Allocation of Resources for Invention National Bureau of Economics Research [M]. Princeton University Press, 1962（4）: 67–78.

[13] BaalV. DachC. Free Riding and Customer Retention across Retailers' Channels. Journal of Interactive Marketing, 2015, 19（2）: 75–85.

[14] Balasubramanian, S., Raghunathan, R., Mahajan, V. Consumers in a Multichannel Environment: Product utility, Process Utility, and Channel Choice [J]. Journal of Interactive Marketing, 2015, 19（2）: 12–30.

[15] Baker, J., Parasuraman, A., Grewal, D., Voss, G. B. The Influence of Multiple Store Environment Cues on Perceived Merchandise Value and Patronage Intentions [J]. Journal of Marketing, 2012, 66（2）: 120–141.

[16] Bakos, J.Y Redueing Buyer Reareh Costs: Implication for Electronic Marketplaces [J]. Management Science, 2007（43）: 1676–1692.

[17] Bart, Y., Shankar, V., Sultan, Are the Drivers and Role of Online Trust the Same for All Web Sites and Consumers? A Large-Scale Exploratory Empirical Study. Journal of Marketing, 2015, 69（4）: 133–152.

[18] Barrutia, Jose M. and Jon Charterina, Measuring the Impact of Informational Democracy on Consumer Power [J]. International Journal of Market Research, 2015, 48（3）: 351–372.

[19] Bauer, H. H., Falk, T., Hammer schmidt, M. eTrans Qual: A transaction Process-Based Approach for Capturing Service Quality in Online Shopping [J]. Journal of Business Research, 2016, 59（7）: 866–875.

[20] Bellman S Lohse G, Johnson E.Predictors of online buying behavior. Communications of the ACM（42: 12）, 1999: 32–38.

[21] Berry, L L. Relationship marketing of services-Growing interest, emerging perspectives [J]. Journal of the Academy of Marketing Science, 2015, 23（4）: 236–245.

[22] Bendoly, E., Blocher, J. D., Bretthauer, Online/In-Store Integration and Customer Retention [J]. Journal of Service Research, 2015, 7（4）: 313-327.

[23] Berry, L., Carbone, L. P. Haeckel, H. Managing the total customer experience. MIT Sloan Management Review, 2012, 43（3）: 85-89.

[24] Bitner, M, J. Building Service Relationships: 1t's all About Promises[J]. Journal of the Academy of Marketing Science, 2015, 23（4）: 246-251.

[25] Biswas D. Economics of Information in the Web Economy: Towardsa New Theory [J]. Journal of Business Research, 2014, 57（7）: 724-733.

[26] Black, N. J., Lockett, A., Ennew, C., Winklhofer, H., et al. Modelling Consumer Choice of Distribution Channels: An Illustration From Financial Services [J]. International Journal of Bank Marketing, 2012, 20（4）: 161-173.

[27] Bolton, Ruth N, JamesH Drew. A Multistage Model of Customers' Assessments of Service Quality and Value [J]. Journal of Consumer Research, 1991, 17（5）: 375-384.

[28] Bolton, G. E., Katok, E. & Ockenfels, A. How Effective are Online Reputation Mechanisms? [W]. Working Paper, Smeal College of Business Administration, Penn State University, 2012.

[29] Bollen, K. A. Structural Equations with latent Variables. New York: Wiley, 1989. Bourdeau, L., J.-C. Chebat, C. Couturier, Internet Consumer Value of University Students: E-mail-vs.-Web users. Journal of Retailing and Consumer Services, 2012. 9（2）: 61-69.

[30] Bourdeau, L., Chebat, J. C.& Couturier, C. Internet Consumer Value of University Students: E-mail-vs.-Web users[J]. Journal of Retailing and Service, 2012（9）: 61-69.

[31] Brady, M.& Cronin, J. Customer Orientation: Effects on Customer Service Perceptions and Outcome Behaviors [J]. Journal of Service Research, 2011, 3（3）: 241-251.

[32] Brown, Cz Brand loyalty-fact or fiction [J]. Advertising Age, 2000, 23（1）: 53-55.

[33] Brynjolfsson, E.& Smith, M. D. Frictionless commerce? A comparison of

Internet and conventional retailers [J]. Management Science, 2010, 46 (4): 563-585.

[34] Burgess, L. A conceptual framework for understanding and measuring perceived service quality in E-mail-vs.-Web users. Journal of Retailing and Consumer Services, 2017: 61-69.

[35] Burns, Mary Jane.Value in Exchange: The Consume Perspective [M]. Knoxville: The University of Tennessee, 2003 (6): 78-83.

[36] Bucklin, Louis, "A theory of channel control", Journal of Marketing, 37 (January), 2001: 39-47.

[37] Cameron, M. Content that works on the web [J]. Target Marketing, 2009, 1 (11): 22-58.

[38] Cao, Y., Gruca, T.S.&Klemz, B.R.Internetpricing, price satisfaction and customer satisfaction [J]. International Journal of Electronic Commerce, 2014 (2): 31-50.

[39] Chan, Siu-Cheung, Lu, Ming-te. Understanding Internet Banking Adoption and Use Behavior: A Hong Kong Perspective. Journal of Global Information Management, 2014, 12 (3): 21-43.

[40] Chen, Z., Dubinsky, A. J. A conceptual model of perceived customer value in e-commerce: A preliminary investigation. Psychology and Marketing, 2013, 20 (4): 323-347.

[41] Cheng, T. C. E., Lam, D. Y. C., Yeung, A. C. L. Adoption of Internet banking: An empirical study in Hong Kong. Decision Support Systems, 2016, 42 (3): 1558-1572.

[42] Chiang. K., Chhajed, D., Hess, J. D. Direct Marketing, Indirect Profits: A Strategic Analysis of Dual-Channel Supply-Chain Design. Management Science, 2013, 49 (1): 1-20.

[43] Choudhury, V., Karahanna, E. The Relative Advantage of Electronic Channels: a Multimensional View. MIS Quarterly, 2008, 32 (1): 179-200.

[44] Colgate, M., Lang, B. Switching barriers in consumer markets: an investigation of the financial services industry. Journal of Consumer Marketing

Science, 2011, 18（4）: 332–347.

[45] Gronroos, Christian.Quo Vadis Marketing Toward a Relationship Marketing Paradigm[J].Journal of Marketing Management, 2011（5）: 1–13.

[46] Crosby, Lawrence A, Evans, Kenneth R, and Cowles, Deborah. Relationship quality in services selling: an interpersonal influence perspective [J]. Journal of Marketing, 2000（54）: 68–81.

[47] Crosby, L. A An Interpersonal Evans, K. R., and Cowles, D, Relationship Quality in Services Selling: Influence Perspective. Journal of Marketing, 2000（54）: 68–81.

[48] Dabholkar P. A., Bagozzi R. P. An Attitudinal Model of Technology–Based Self–Service: Moderating Effects of Consumer Traits and Situational Factors.Journal of the Academy of Marketing Science, 2012, 30（3）: 184–201.

[49] Darius Palia, Frank Lichtenberg. Managerial Ownership and Firm Performance: A Re–examination Using Productivity Measurement. Journal of Corporate Finance, 2009（5）: 323–339.

[50] Darius Palia, Frank Lichtenberg. Managerial Ownership and Finn Performance: A Re–examination Using Productivity Measurement. Journal of Corporate Finance, 2009（5）: 323–339.

[51] DebreuC.The coefficien to fresourceutilization [J]. Economitrica, 1951, 19（3）: 173–292.

[52] Douglas B. Holt. Poststructuralist Lifestyle Analysis: Conceptualizing the Social Postmodernity [J]. Journal of Consumer Research, 2007, 23（March）.

[53] Eriksosn. T Executive and Tournament Theory: Empirical Tests on Danish Data [J]. Journal of Labor Economics, 2009（17）: 224–242.

[54] Engel, J. F., R. D.Blackwell, and P. W.Miniard, Consumer Behavior, Chicago: The Dryden Press, 1986.

[55] FoXall, GR.&Goldsmith, R.E.Consumer Psyehology of marketing[M]. London and NewYOrk • Routledge, 2004.

[56] Gao Y. Linking Information Content, Presentation Attributes, and System Design Features With Consumer Attitudes in Hypermedia Commercial Presentations

[A]. Dissertation for Doctoral Degree of City University of New York, 2012, 5（3）：15-28.

[57] Gale T Bradley. Managing Customer Value [M]. New York： the Free Press, 2004, 7（2）：45-61.

[58] Kolter, P.&G Armstrong. Principle of Marketing [M]. 9th Edition, Prentice Hall New Jersey, 2011, 8（21）：78-90.

[59] Gehrt, K. C., Yan, R.-N. Situational, Consumer, and Retailer Factors Catalog, and Store Shopping. International Journal of Retail Management, 2014, 32（1）：5-18.

[60] Gupta. Walter Z. An Empirical Study of Consumer Switching from Traditional to Electronic Channels： A Purchase-Decision Process Perspective [J]. International Journal of Electronic Commerce, 2014, 8（3）：131-161.

[61] Gwinner, K P, Gremler, D, and Bitner, M J. Relational benefits in services industries： The customer's perspective [J]. Journal of the Academy of Marketing Science, 2008, 26（2）：101-114.

[62] Gwinner, Kevin P., Dwayne D. Gremler and Mary Bitner. Relational Benefits in Services Industries： The Customer's Perspective [J]. Journal of the Academy of Marketing Science, 2008（26）：101-114.

[63] Han. Jaemin, Dooheum Han. A framework for analyzing customer value of Internet business. Journal of Information Technology Theory and Application, 2011, 3（5）：25-38.

[64] Haubl G, Trifts V.Consumer Decision Making in Online Shopping Environments： The Effects of Interactive Decision Aids [J]. Marketing Science, 2010, 19（1）：4-21.

[65] Heijden HV, Verhagen T, Creemers M.Predicting Online Purchase Behavior： Replications and Tests of Competing Models. Proceedings of the 34th Hawaii International Conference on System Sciences, 2011, 32（1）：5-18.

[66] Hoffman, Donna L. and Thomas P. computer-mediated environments： Conceptua lSO-68.Novak, "Marketing in hyper media foundations", Journal of Marketing, 2006：60（3）.

[67] Hoffman, D.L., Novak, T.P., and Chatterjee. Commercial scenarios for the web: opportunities and challenges [J]. Journal of Computer Mediated Communication, 2005, 5 (10): 43–56.

[68] Howard J. and J. N. Sheth. The Theory of Buyer Behavior [M]. Wiley, 1969 (3): 45–55.

[69] Howard and Sheth. The Yheory of Buyer Behavior [M]. New York: John Wiley, 1969 (1): 125–188.

[70] Hsiu Ju Rebecca Yen, Kevin P Gwinner. Internet Tetail Customer Loyalty: The Mediating Role of Relational Benefits [J]. International Journal of Service Industry Management, 2013, 14 (5): 483–500.

[71] Hunt, Shelby D.General Theories and the Fundamental Explanada of Market ing [J]. Journal of Marketing, 1983, 47 (Fall): 9–17.

[72] Indrajit Sinha, Wayne S Desarbo. An Integrated Approach toward the Spatial Modeling of Perceived Customer Value [J]. Journal of Marketing Research, 2008, 35 (5): 236–248.

[73] Jarvenpa.L, Tractinsky, Vitale M.Consumer trust in an Internet store. Information Technology and Management, 2010: 45–71.

[74] JN Sheth, Newman, B L Gross. Why We Buy Whawe buy: a Theory of Consumption Value [J]. Journal of Business Research, 2001, 22: 159–170.

[75] Johnson, DynamicsE. J., Moe, W. W., Fader, P. S., Bellman, S., et al.of Search Behaviour [J]. Management Science, 2014, 50 (3): On the Depth and 299–308.

[76] Johnson E. J., Moe, Fader P. S. et al. On the Depth and Dynamics of Online Search Behavior. Management Science, 2014, 50 (3): 299–308.

[77] Johnson Jean L (2009) "Strategic Integration in Industrial Distribution Channels; Managing the Interfirm Relationship as a Strategic Asset", Academy of Marketing Science Journal, Greenvale, Vol.27, Iss/1, 4–18.

[78] Klemperer, Paul. Markets with Consumer Switching Costs [J]. Quarterly Journal of Economics, 1987 (10): 375–394.

[79] Koopmans T C.Acitivity Analysis of Production and Allocation. Cowles

Comission for Research in Economics, Journal, Greenvale, Vol.27, Iss/1, 4–18.

[80] Kolter.Marketing's New Paradigm: What's Really Happening Out There [J]. Special Issue, 2002.

[81] KograonkaL.D.Amultivariate analysis of webusage[J]. Jounral of Advertising Reseacrh, 2009, 39（2）: 53–68.

[82] Louis W Stem, Adel J Anne T Coughlan, Marketing Channels, 第五版, 北京, 清华大学出版社, 2011（9）: 89.

[83] Lee, E. J., Overby, J. W. Creating value for online shoppers: Implications for Satisfaction and loyalty[J]. Journal Consumer Satisfaction, Dissatisfaction and Complaining Behavior, 2014, 17: 54.

[84] Loudon, D. L. Consumer Behavior: Concepts and Applications [A]. 4th Ed, McGrew-Hill, 2003.

[85] Lutz R, Kakkar P. The Psychological Situations as a Determinant of Consumer Behavior [J]. Advances in Consumer Research, 1974, 2（1）: 439–454.

[86] Magnus Kald, Fredrik Nilsson. Performance Measurement At Nordic Companies. European Management Journal, 2011, 18（1）: 113, 127.

[87] Magnus Kald, Fredrik Nilsson. Performance Measurement At Nordic Companies. European Management Journal, 2011, 18（1）: 113, 127.

[88] Mayer, R. C., Davis, J. H., & Schoorman, F D.（2005）. An integrative model of organizational trust. Academy of Management Review, 20: 709–734.

[89] Magrath, Alian J, Hardy, Kenneth G（1987）, "Selecting Sales and Distribution Channels", Industrial Marketing Management, Vol., 16, NO.4, 273–278.

[90] Mattson B. E. Situational Influence on Store Choice.Journal of Retailing, 1982, 58（3）: 46–58.

[91] Michael R.Solomon. Consumer Behavior Buying, Having, and Being[M]. 中国人民大学出版社, 6.

[92] Mourali, M., P. Antecedents of consumer relative preferences for interpersonal information sources in pre-purchase search [J]. Journal of Consumer

Behaviour, 2015, 4（5）: 307–318.

[93] Milgmm, Paul and John Rahects, 2002, Economics, Organization and Management, Englewood, N. J.Prentice Halt, 2012, 58（3）: 56–59.

[94] Morgan, Robert M. & Hunt, Shelby D.The Commitment–Trust Theory of Relationship Marketing [J]. Journal of Marketing, 2004, 58（July）: 20–38.

[95] Murray, K. B.Habits of Use77–88. Haubl, G. Explaining Cognitive Lock–on: The Role of Skill–based in Consumer Choice [J]. Journal of Consumer Research, 2017, 34（1）.

[96] Net–based customer support（C）. COIIECTER LatAm 2014, Universal de Talca, Chile, pp.CD Rom, 1–7.

[97] Nelson.P（1970）, "Information and Consumer Behavior" [J]. Journal of Political Economy, 78（2）: 311–329.

[98] Nicholson, M., Clarke, L, Blakemore, M. One Brand, Three Ways to Shop: Situational Variables and Multichannel Consumer Behavior. International Review of Retail [J]. Distribution and Consumer Research, 2012, 12（2）: 131–148.

[99] Novak, T .P., Joffman, D. L.& Yung, Y. F Measuring the customer experience in online environments: a structural modeling approach [J]. Marketing Science, 2010, 19（1）: 22–42.

[100] Oliver. Measurement and Evaluation of Satisfaction Processes in Retail Settings [J]. Journal of Retailing, 1981: 68–75.

[101] Oliver R. L. Satisfaction: A Behavioral Perspective on the Consumer. NewYork: McGraw–Hill, 2007.

[102] Ostrom and Iacobucci.Consumer Trade–off and the Evaluation of Service [J]. Journal of Marketing, 2005 , 320–341.

[103] Parasuraman A. The Impact of Technology on the Qualit–value–loyalty Chain: A Research Agenda [J]. Journal of the academy of marketing science, 2010, 28（10）: 156–174.

[104] Park, W., Jaworski, B.J.& Maclnnis, D. J. Strategic Brade & concept–image management. Journal of Marketing, 1986, 50（10）: 138–148.

[105] Peter J, Danaher Isaac W, Wilson.Robert A. Davis . A Comparison of

Online and Offline Consumer Brand Loyalty. Source: Marketing Science, Vol. 22, No. 4 (Autumn, 2013), 461–47. Published by: INFORMS.

[106] Philip Kotler. Marketing Management [M]. Beijing: Ts–inghua University Press, 2011.

[107] Ravi Kalakota, Andrew B. Whinston.Electronic commerce: a manager's guide [M]. Library of Congress Cataloging–in–Publication Data, 25.

[108] Rangaswamy A., Bruggen G. H. V. Opportunities and Challenges in Multichannel Marketing: An Introduction to the Special Issue. Journal of Interactive Marketing, 2015, 19 (2): 5–11.

[109] Ratchford, B. T., Talukdar, D., Lee, MS. A Model of Consumer Choice of the internet as an information Source. International Journal of Electronic Commerce, 2011 (5): 7–21.

[110] Rayport, J. F., Jaworski., B. J. Best Face Forward: Why Companies Must Improve Their Service Interfaces with Customers. Boston: Harvard Business School, 2015.

[111] Reardon, J., McCorkle, D. E. A consumer model for channel switching behavior [J]. International Journal of Retail & Distribution Management, 2012, 30 (4): 179–185, 446–456.

[112] Reinartz, W.& Kumar, V. On the profitability of long–life customers in a noncontractual setting: an empirical investigation and implications for marketing [J]. Journal of Marketing, 2010, 64 (10): 17–35.

[113] Reynolds, F. D. & W. R. Darden. Construing Life Style and Psychographics [M]. William D. Wells Chicago, 1974.

[114] Richard S.Williams. Performance Management: perspectives on Employee Performance [J]. International Thomason Business Press, 2009: 71–86.

[115] Scansaroli, Jay A and Vicng. Interactive retailing: Consumers online [J]. Chain Store Age, 2007 (Jan): 45–54.

[116] Schoenbachler.D., Gordon, G. L. Mufti–channel shopping: Understanding what drives channel choice .The Journal of Consumer Marketing. 2012, 19 (1): 42–53.

[117] Sheth, J. N., Newman, B. L& Gross, B. L.Why we buy what we buy:

A theory of consumption values [J]. Journal of Business Research, 2001, 22（2）: 159-170.

[118] Sheth, J. N., Sisodia, R. S., Sharma, A. 'The Antecedents and Consequences of Customer-Centric Marketing [J]. Journal of the Academy of Marketing Science, 2010, 28（1）: 55-66.

[119] Shim, S. and M.A. Eastlick, The hierarchical influence of personal values on mall shopping attitute and behavior [J]. Journal of Retailing, 2008, 74（1）: 139-160.

[120] Siiderlund, M., &Julander, C. R., （2013）. The variable nature cf services: an empirical examination of trust and its effects on customers' satisfaction responses to poor and good service, Total Quality Management, 14（3）: 291-304.

[121] Simon Majaro, The Essence of Marketing, Prentice Hall International Limited, 2003: 240, 168.

[122] Sirdeshmukh, D., Singh, J., & Sabol, B.（2012）. Consumer trust, value, and loyalty in relational exchanges [J]. Journal of Marketing, 66（1）: 15-37.

[123] Sitkin, S. B., &Roth, N. L.（2003）. Explaining the limited effectiveness of legalistic "remedies" fortrust distrust. Organization Science, 4（3）: 367-392.

[124] Smith, J. B., & Barclay, D. W.（2003）. Team selling effectiveness: a small group perspective [J]. Journal of Business-to-Business Markting, （2）: 1835.

[125] Smith, J., & Barclay, D.（2007）. The effects of organizational differences and trust on the effectiveness of selling partner relationships [J]. Journal of Marketing, 61: 3-21.

[126] Solomon, L.（1960）. The influence of some types of power relationships and game strategies upon the development of interpersonal trust [J]. Journal of Abnormal and Social Psychology, 61: 223-230.

[127] Spreitzer, G., & Mishra, A.（2009）. Giving up control without losing control. Group and Organization Management, 24: 155-187.

[128] Stephanie M Noble, Joanna Phillips. Relationship Hindrance: Why Would Consumers Not Want a Relationship with a Retailer [J]. Journal of Retailing,

2014, 80（4）: 289–303.

[129] Stone R N, GronhaugK. Perceived Risk: FurtherConsiderations forThe Marketing Discipline. European [J]. Journal of Marketing, 2003, 27（3）: 39–50.

[130] Strickland, L. H.（1958）. Surveillance and tnrst [J]. Journal of Personality, 26: 201–215.

[131] Strebel J., ErdemT., Swait J. Consumer Search in High Technology Markets: Exploring the Use of Traditional Information Channels.Journal of Consumer Psychology, 2014, 14（2）: 96–104.

[132] Suh, B., &Han, I.（2013）. The impact of customer trust and perception of security control on the acceptance of electronic commerce. International [J]. Journal of Electronic Commerce, 7（3）: 135–161.

[133] Swan, J. E., Bowers, M. R., &Richardson, L. D.Customer trust in the salesperson: an integrative review and meta–analysis of the empirical literature [J]. Journal of Business Research, 2009, 44: 93–107.

[134] Swan, J. E., Trawick, I. F., Rink, D. R., &Roberts, J. J.（1988）. Measuring dimension of purchaser trust of industrial salespeople[J]. Journal of Personal Selling & Sales Management,（8）: 1–9.

[135] Swan, J. E., Trawick, I. F, &Silva, D. W.（1985）. How industrial salespeople gain customer trust. Industrial Marketing Management, 14（8）: 203–211.

[36] Thomas McCarthy（1985）, "Reflections on Rationalization in The Theory of Communicative Action", 7（3）: 135–161.

[137] Thorsten Hennig–Thurau, Kevin P Gwinner, Dwayne Gremler. Why Customers Build Relationships with Companies–and Why Not[C] RelationshipMarketing: Gaining Competitive Advantage Through Customer Satisfaction and Customer Retention. Berlin: Springer, 2010: 369–391.

[138] Tiernan, B. The Hybrid Company: Reach All Your Customers Through Multi–channels Anytime, Anywhere. New Jersey: Wiley, 2012.

[139] Williamson.0.E.Transaction Cost Economics [M].New York Free Press, 2005: 25.

[140] Wilson Jantrania. Understanding the Value of Relationship [J].Asia–

Austrilia Marketing Journal, 2004, 2: 55–66.

[141] Yiloski, T. A sequence analysis of consumers' online searches. Internet Research, 2015, 15（2）: 181–194.

[142] Varlander, S., Yakhlef, A. Cross–selling: The power of embodied interactions [J].Journal of Retailing and Consumer Services, 2008, 15（6）: 480–490.

[143] Van Birgelen, M., de Jong, A., de Ruyter, K. Mufti–channel service retailing: The effects of channel performance satisfaction on behavioral intentions [J]. Journal of Retailing, 2016, 82（4）: 367–377.

[144] Van–Dijk, G., Minocha, S., Laing, A. Consumers, channels and communication: Online and offline communication in service consumption. Interacting with Computers, 2007, 19: 7–19.

[145] Venkatesan, R., Kumar, V., Ravishanker, N. Multichannel Shopping: Causes and Consequences [J]. Journal of Marketing, 2007, 71（2）: 114–132.

[146] Venkatesh, V., Davis.F.D. A Theoretical Extension of the Technology Acceptance Model: Four Longitudinal Field Studies[J]. Management Science, 2010, 46（2）: 186–204.

[147] Venkatesh, V., Morris, M.G., Davis, G.B., Davis, F.D. User Acceptance of Information Technology: Toward a Unified View. MIS Quarterly, 2013, 27（3）: 425–478.

[148] Verhoef, P.C. and B. Donkers, The effect of acquisition channels on customer loyalty and cross–buying [J]. Journal of Interactive Marketing, 2015, 19（2）: 31–43.

[149] Verhoef, P. C., Neslin, S. A., Vroomen, B. Multichannel customer management: Understanding the research–shopper phenomenon. International [J]. Jounal of Research in Marketing, 2007, 24: 129–148.

[150] Wallace, D. W., Giese, J. L., Johnson, J. L. Customer Retailer Loyalty in the Context of Multiple Channel Strategies [J]. Journal of Retailing, 2014, 80: 249–263.

[151] Wang, Ye Diana, Henry H. Emurian. An overview of online trust: Concepts, elements, and implications[J]. Computers in Human Behavior, 2015,

21: 105-125.

[152] Wee, K., Neo, L.& Ramcachandra, R. Cyberbuying in China, Hong Kong and Singapore.tracking the who, where, why and what of buying online [J]. International Journal of Retail and Distribution Management, 2010 (28): 307-317.

[153] Williamson, O. E. The economic institutions of Capitalism [M]. The Free Press, New York, 1985.

[154] Wolfinbarger, M.& Gilly, M. C. ETail SQ: Dimensionalizing, measuring and predicting e Tail quality [J]. Journal of Retailing, 2013, 79 (3): 183-198.

[155] Woo, G. K., Chang, L.& Stephen, J. H. Effects of an online virtual community on customer loyalty and travel product purchases [J]. Tourism Management, 2014 (25): 343-355.

[156] Woodruff, R. B. Customer value.The next source for competitive advantage [J]. Journal of the Academy of Marketing Science, 2007, 25 (2): 139-153.

[157] Wolfinbarger, M., Gilly, M. C. Shopping Online for Freedom, Control and Fun [J]. California Management Review, 2011, 43 (2): 34-55.

[158] Wolfinbarger, M., Gilly, M. C. eTai1Q: Dimensionalizing, Measuring and Predicting Etail Quality. Journal of Retailing, 2013, 79 (3): 183-198.

[159] Woodruff, R. B. Customer value: the next source for competitive edge [J]. Journal of the Academy of Marketing Science, 2007, 25 (2): 139-153.

[160] Wu, L-L., Chen, J.-L. An extension of Trust and TAM model with TPB in the initial adoption of on-line tax: An empirical study[J]. International Journal of Human-Computer Studies, 2015, 62: 784-808.

[161] Wulf, K. D., Odekerken, S.& Lacobucci, D. Investments in consumer relationships: A cross-country and cross-industry exploration [J]. Journal of Marketing, 2011, 65 (4): 33-50.

[162] Xue, M.& Harker, P. Customer efficiency: Concept and its impact on e-business managemen [J]. Journal of Service Research, 2012 (4): 253-267.

[163] Yan, A., &Gray, B. (2004). Bargaining power management control and performance in unit. Academy of Management Journal, 37 (6): 1478-1517.

[164] Yang, Z. L.& Jun, M. J. Consumer perception of e-service quality:

From Internet purchaser and non-purchaser perspectives [J]. Journal of Business Strategy, 2012, 19（1）: 19-41

[165] Yang, S., Park, J., Park, J. Consumers' channel choice for university-licensed products: Exploring factors of consumer acceptance with social identification [J]. Journal of Retailing & Consumer Services, 2007, 14（3）: 165-174.

[166] Yagil, D.（2012）. The relationship of customer satisfaction and service workers perceived control: Examination of three models [J]. International Journal of Servic industry Management, 4: 382-398.

[167] Yiloski, T. A sequence analysis of consumers' online searches [J]. Internet Research, 2015, 15（2）: 181-194.

[168] Yoo, B., Donthu, N.& Lee, S. An examination of selected marketing mix elements and brand equity [J]. Journal of the Academy of Marketing Science, 2010, 28（2）: 195-212.

[169] Zaichowsky, J. L. Measuring the involvement construct [J]. Journal of Consumer Research, 1985,（12）: 341-352.

[170] Zaheer, A., & Mceivily, V. P. 'The strategic value of buyer-supplier relationships [J]. International Journal of Purchasing and Materials Management, 2008（3）: 20-26.

[171] Zajonc, R. B.. Feeling and thinking: preferences need no inferences. American Psychologist, 1980（2）: 151-175.

[172] Zajonc, R. B.. On the primacy of affect. American Psychologist, 1984（2）: 117-123.

[173] Zajonc, R. B., &Markus, H.. Affective and cognitive factors in preferences [J]. Journal of Consumer Research, 1982（2）: 123-131.

[174] Zaltman, G., &Moorman, C.. The management and use of advertising research. Journal of Advertising Research, 2008（6）: 11-30.

[175] Zeithaml, V A., Berry, L. L.& Parasuraman, A. The behavioural consequences of service quality [J]. Journal of Marketing, 2006, 60（2）: 31-46.

[176] Zeithaml, V A., Parasuraman, A.& Malhotra, A. Service quality delivery through web sites: A critical review of extant knowledge [J]. Journal of the

Academy of Marketing Science，2012，30（4）：362–375.

[177] Zhan，Chen.，DeVaney，S. A.& Liu，S. Consumers'value perception of an e–store&its impact on e–store loyalty intention [A]. the Seventh Triennial AMS/ACRA Retailing Conference，2013，30（4）：362–375.

[178] 卜妙金. 分销渠道决策与管理[M]. 东北财经大学出版社，2011（4）：201–220.

[179] 蔡洪民. 基于交易成本理论的长春顶园公司分销渠道优化研究[D]. 吉林大学图书馆，2016（7）：9–10.

[180] 查金祥. B2C电子商务顾客价值与顾客忠诚的关系研究[D]. 浙江大学图书馆，2016（5）：9–12.

[181] 陈建勋，于姝. 顾客、顾客与客户的区分及其营销意义[J]. 兰州学刊，2007（11）：61–62.

[182] 陈秋红. 基于交易成本的我国家电营销渠道的整合[D]. 湖南农业大学图书馆，2006（7）：2–7.

[183] 陈克明，王艳玲. 市场营销角度的顾客再定义[J]. 商业时代，2005，（11）：23–45.

[184] 董大海，李广辉，杨毅. 顾客网上购物感知风险构面研究[J]. 管理学报，2015，2（1）：55–60.

[185] 代祺，周庭锐，胡培. 情境视角下从众与反从众消费行为研究[J]. 管理科学，2007（4）：20–39.

[186] 杜栋，庞庆华. 现代综合评价方法与案例精选[M]. 清华大学出版社，2015（9）：35.

[187] 冯丽云. 分销渠道管理.经济管理出版社[M]. 2012（6）：225.

[188] 符国群. 顾客行为学[M]. 北京：高等教育出版社，2010（7）：370.

[189] 郭勇. 产品分销与渠道策划[M]. 中国时代经济出版社，2005（6）：112–135.

[190] 胡娟. 销售渠道管理. 北京工业大学出版社，2004（1）：203–245.

[191] 江林. 顾客的购买行为与决策过程.顾客心理与行为[M]. 中国人民大学出版社，180.

[192] 蒋侃. 基于理性和体验的B2C双渠道消费行为研究[D]. 华中科技大

学图书馆，2009，4：15.

[193] 科斯. 社会成本问题，财产权利与制度变迁一产权学派与新制度学派译文集 [M]. 上海二联书店，2004（7）：32.

[194] 刘辉. 汽车营销渠道绩效评价体系研究[D]. 同济大学图书馆，2006（1）：13-15.

[195] 李宛颖. 在线销售考虑因素之研究[D]. 高雄：中山大学，2000：45-49.

[196] 李飞. 分销渠道设计与管理[M]. 清华大学出版社，2003（7）：77-85.

[197] 李华敏，崔瑜琴. 基于情境理论的顾客行为影响因素研究[J]. 商业研究，2016（3）.

[198] 李东进. 关于我国顾客搜寻信息努力的实证研究[J]. 南开学报，2009（9）：30-35.

[199] 刘人怀，姚作为. 关系质量研究述评[J]. 外国经济与管理，2015（1）：27-33.

[200] 刘志刚，马云峰. 顾客忠诚度与顾客保留度分析[J]. 武汉科技大学学报（社会科学版），2013（6）：46-54.

[201] 罗海成. 服务业顾客忠诚研究[M]. 南开大学出版社，天津，2006：132-135.

[202] 雷培莉. 分销集道管理学[M]. 经济管理出版社，2013（4）：340-356.

[203] 李双双，陈毅文，李江予. 顾客网上购物决策模型分析. 心理学科学进展，2006（2）：294-299.

[204] 刘坤. 顾客满意度理论综述[J]. 山东通信技术，2015（12）：297-302.

[205] 路萍，柯冬香. 基于6指标度量的分销渠道顾客满意度评价[J]. 计算机工程与设计，2007（2）：921-925.

[206] 牡占民，桂琳，何美丽，吴春霞. 现代企业营销渠道. 中国时代经济出版社，2014.

[207] 马克态. 分销渠道管理[M]. 中国国际广播出版社，2013（6）：109-143.

[208] 马翠嫦. B2C网站信息呈现与顾客信息搜寻关系研究[J]. 现代图书情报技术，2007（4）：21-26.

[209] 马庆国. 管理科学研究方法与研究生学位论文的评判参考标准[J].

管理世界，2014（12）：99–109.

[210] 马新宏. 基于AHP的模糊综合评价在市场营销渠道效果评价中的应用[J]. 供应链，2008（9）.

[211] 桑辉，徐辉. 顾客网上购物动机研究[J]. 消费经济，2015（6）：82–86.

[212] 宋晓兵，董大海. 顾客与网络商店的关系价值研究[J]. 管理科学，2008（2）：72–81.

[213] 汤俊. 顾客满意理论及应用研究综述[J]. 商场现代化，2016（5）：55–57.

[214] 田家华. 蜂产品企业营销渠道绩效评价研究[D]. 福建农林大学图书馆，2009（4）.

[215] 王全胜，韩顺平，陈传明. 西方顾客渠道选择行为研究评析[J]. 南京社会科学，2009（7）：32–36.

[216] 王颖，王方华. 企业双渠道营销网络的冲突与治理. 价格理论与实践，2013：60–61.

[217] 王颖，王方华. 营销渠道理论研究的范式演变与最新进展[J]. 市场营销导刊，2016（6）：23–26.

[218] 王娜. 基于我国市场环境下顾客网络购物影响因素分析[D]. 吉林大学图书馆，15.

[219] 王建. 渠道绩效评价[D]. 北京理工大学图书馆，2016（3）：112–113.

[220] 王蓉，等. 农产品流通渠道模糊综合评价[N]. 江西农业大学学报，2016（6）.

[221] 王海峰. 基于Fuzzy–AHP模型的营销渠道绩效评价[J]. 商业研究，2009（11）：108–115.

[222] 威廉姆森；交易费用经济学：契约关系的规制，载于陈郁：企业制度与市场组织—交易费用经济学文选，上海三联书店、上海人民出版社，2006：30.

[223] 吴兆龙，丁晓. 顾客保留的竞争战略选择[J]. 管理现代化，2014（4）：37–41.

[224] 武永红，范秀成. 基于顾客价值的企业竞争力整合模型探析[J]. 中国软科学，2014（11）：86.

[224] 吴明隆. 问卷统计分析实务——SPSS操作与应用.[M]重庆大学出版社，2016（5）：194.

[226] 肖亮. 基于AHP与模糊方法的企业营销渠道绩效评价[J]. 科技创业，2009（3）.

[227] 杨晓燕. 中国顾客行为研究综述[J]. 经济经纬，2013（1）：56-58.

[228] 袁熙娟. 网络营销渠道绩效评价中的顾客价值研究[D]. 同济大学经济与管理学院. 同济大学图书馆，2009（3）：48-51.

[229] 袁泳. 论版权法、技术保护措施和替代的可能性[J]. 知识产权，2009（5）：13-17.

[230] 赵滨. 关系质量契合渠道顾客关系价值的研究[D]. 西安理工大学图书馆，2008（8）：15-19.

[231] 张闯. 渠道依赖、权力结构与策略：社会网络视角的研究. 东北财经大学图书馆，2007（6）：14-20.

[232] 张正德. 网络购物实现你足不出户便可购遍全世界的美梦[N]. 2007. http：//www.ehengte.eoln/shoP/

[233] 张传忠，雷鸣，分销管理[M]. 武汉大学出版社，2014（8）：104-114.

[234] 张广玲. 分销渠道管理[M]. 武汉大学出版社，2015（5）：332-334.

[235] 张广玲，武华丽，余娜. 关系价值构成维度研究述评[J]. 科技进步与对策，2016（10）：192-196.

[236] 张闯. 交换与营销观念：一个营销理论的整合模型[C]. 营销科学会议论文，2014.

[237] 庄贵军，营销渠道管理[M]. 北京大学出版社，2014（6）：145-149.

[238] 庄贵军. 营销渠道控制：理论与模型[J]. 管理学报，2014（7）：82-88.

[239] 钟佑德. 网站特性对网路购物知觉风险、资讯搜寻策略之研究[D]. 中国台湾：国立中央大学企业管理研究所，2010.

[240] 张庚森，陈宝胜，陈金贤. 营销渠道整合研究. 西安交通大学学报，2012（12）：32-30.

[241] 张圣泉，王汉新，王晓燕. 顾客满意、顾客忠诚与顾客保留之间的关系研究——从关系营销的研究视角出发[J]. 江苏商论，2016（3）：32-34.